문해력
해결 정답은
한자다

❷

김종혁

어려서 서당에 다니며 접한 한자에 관심을 갖고 대학(성균관대학교 문과대학 중어중문학과 졸업)과 대학원(고려대학교 교육대학원 한문교육과 수료)에서 그와 관련된 공부를 했다. 우리나라 최초로 프로그램식 한자 학습서와 부수 관련 책을 집필했으며, 전통문화연구회에서는 한자급수를, 한국교원연수원에서는 상용한자를 강의했다. 홍익대학교, 중앙대학교, 경희대학교, 서울시립대학교 등 여러 대학에서 특강을 통해 학생들을 지도했고, 한자교육진흥회 지도사 연수원에서는 20년 넘게 문자학을 바탕으로 한자를 교육했다. 현재는 서울시 남부여성발전센터에서 25년 동안 아동한자지도사 교육과정을 통해 한자지도사 양성에 힘쓰고 있다.
주요 저서로는 『부수를 알면 한자가 보인다』, 『부수로 한자 정복하기』, 『한자 부수 제대로 알면 공부가 쉽다』, 『중학한자 부수로 끝내기』, 『문자학으로 익히는 사자소학』, 『한·중·일 공용한자 808』(공저) 등이 있다.

문해력 해결 정답은 한자다 2

2026년 1월 7일 초판 1쇄 펴냄

지은이 김종혁
펴낸이 김흥국
펴낸곳 보고사

책임편집 황효은
표지디자인 김규범

등록 1990년 12월 13일 제6-0429호
주소 경기도 파주시 회동길 337-15
전화 031-955-9797 팩스 02-922-6990
메일 bogosabooks@naver.com
http://www.bogosabooks.co.kr

ISBN 979-11-6587-945-7 03720

정가 20,000원

문해력
해결 정답은
한자다

김종혁

2

보고사
BOGOSA

머리말

우리나라 사람들은 한글이라는 고유固有 문자文字를 사용하고 있다. 한글은 세종대왕世宗大王이 1443년에 창제創製한 문자로, 배우기 쉽고 모든 소리를 표기表記할 수 있는 음성音聲 문자라는 특징을 가지고 있다. 그 덕분에 오늘날 우리나라 사람이라면 거의 모두가 글을 쓰거나 읽을 수 있게 되었다. 한데 요즘 글을 쓰고 읽기는 하지만 그 글의 내용을 제대로 이해하지 못하는 사람들이 적지 않다.

이는 우리나라[國] 말[語]인 국어國語가 순우리말인 고유어固有語로만 이뤄지지 않고 외래어外來語와 혼종어混種語와 한자어漢字語로도 이뤄져 있기 때문이다. 그중 고유어는 '미리내'나 '시나브로'와 같은 말이고, 외래어는 '빵'이나 '아이스크림'처럼 다른 나라에서 들어온 말이다. 반면에 혼종어는 '깡통'이나 '깡패'처럼 서로 다른 언어言語에서 비롯된 둘 이상의 낱말이 합쳐져 새롭게 이뤄진 말이다. '깡통'은 영어 'can'과 한자 '筒[통 통]'자에서, '깡패'는 영어 'gang'과 한자 '牌[패 패]'자에서 비롯된 말이기 때문이다. 한자어는 '작금昨今'이나 '금일今日'처럼 한자로 이뤄진 말이다.

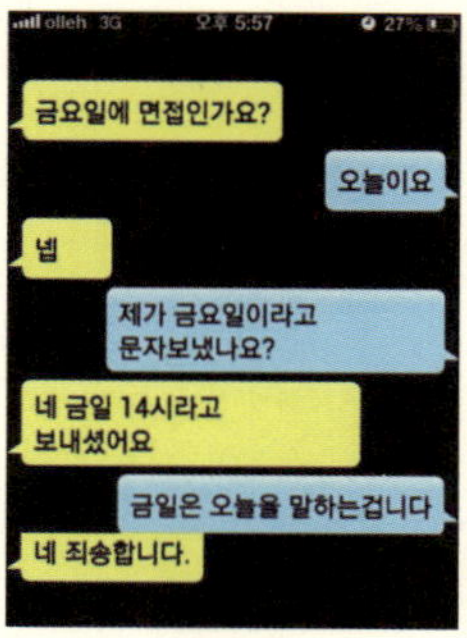

메신저 대화 캡쳐

그런데 혼종어 대부분이 한자를 덧붙이고 있으니 2022년 국립국어원國立國語院에서 조사한 우리말 원어原語 구성構成 비율

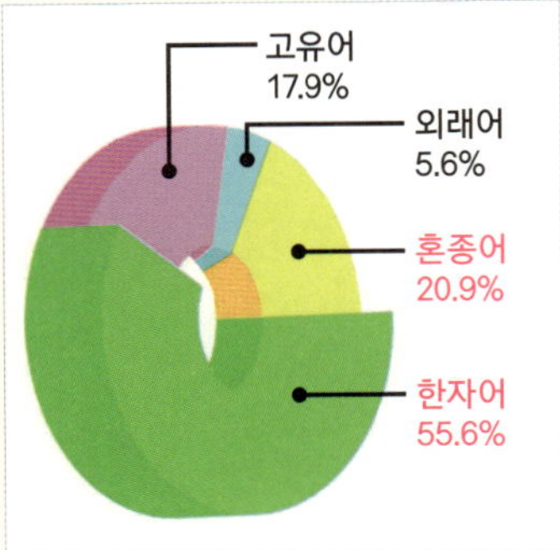

우리말 원어 구성 비율
(국립국어원, 2022)

比率로 보면 한자와 관련된 말이 70% 이상을 차지함을 알 수 있다. 그러니 국어를 제대로 알려면 한자를 알아야 한다. 더구나 한자어는 우리말에서 추상적抽象的인 생각을 나타내는 개념어概念語의 90%를 차지하고 있다. 그렇게 한자를 알아야 글의 개념을 파악할 수 있는데, 한자를 모르니 결국 개념을 파악하지 못해 글의 내용을 제대로 이해하지 못하는 사람이 된 것이다.

오늘날 이 같은 상황이 되다 보니 인터넷에서 '대입 승부처 과목'을 검색하면 다음과 같은 제목의 글이 뜬다.

"대입 승부처 과목, 국어 어려운 이유"

"대입 승부처 과목? 수학도 영어도 아닌 국어... 초등부터 잡아라!"

"대입 승부처 과목은? 국어에서 답을 찾다"

"대입의 승부처 과목, 국어 중학교 때 어떻게 대비하나요?"

이를 보면 공부하는 학생들이 어렵게 여기는 과목이 국어임을 알 수 있다. 공부하는 학생들에게 수학이나 영어는 그 문제의 정답이 분명하게 드러나는데, 국어의 경우는 한자로 이뤄진 개념어의 뜻을 제대로 파악하지 못하면 정답이 분명하게 드러나지 않기 때문이다.

사실 국어뿐 아니라 영어와 수학, 그 외에 사회·과학·음악·미술·체육 등의 과목에 쓰인 학습도구어學習道具語들도 대부분 한자로 이뤄진 개념어들이다. 예컨대 영어의 '관사冠詞'나 '동명사動名詞'나 '관계대명사關係代名詞' 등이나 수학의 '등호等號'나

'방정식方程式'이나 '기약분수旣約分數' 등과 같은 말이 바로 한자로 이뤄졌다.

따라서 한자는 국·영·수 등의 과목을 공부하는 데 기본이 되는 문자라 할 수 있다. 마치 국·영·수가 우리나라 전통적인 집을 지을 때 그 위용威容을 드러내는 지붕이라면 한자는 주춧돌인 셈이다. 한데 집을 지을 때 지붕부터 올릴 수는 없다. 주춧돌부터 먼저 놓아야 한다. 그럼에도 지붕부터 올리려 하니 글을 이해하는 능력인 문해력文解力에 문제가 생긴 것이다.

모든 학문學問의 출발점은 문자를 아는 데부터 시작한다. 한데 우리나라 사람이 사용하는 많은 말이 앞서 설명했듯 한자와 관련이 있으니 이를 제대로 알아 두어야 함은 당연하다 하겠다. 본서는 이를 해결하기 위해 쓰였다.

그동안 혼자 연구하며 독립군獨立軍처럼 여기까지 왔다. 여기까지 오는 데 어려움이 많았다. 漢字學, 달리 文字學을 제대로 배울 곳도, 제대로 가르쳐 주는 사람도 없는 35년 전부터 이에 대해 천착穿鑿하며 오늘에 이른 것이다. 문자학은 그냥 한자를 쓰고 외우는 학문이 아니다. 하나의 한자에는 그 문자가 만들어진 당시當時의 문화文化를 담고 있는데, 그런 문화를 담고 있는 한자를 정확하게 파악하기 위해 그 한자가 어떤 형태로 만들어졌는지, 어떻게 그 뜻을 갖게 되었는지, 왜 그처럼 읽히게 되었는지를 연구해야 한다.

이를 연구하며 그동안 주로 가르치는 이들을 위한 공구서工具書만 썼다. 이 책은 필자가 배우는 이들을 위해 본격적으로 쓴 맨 처음 학습서學習書다. 그 내용도 30년쯤 교육 현장에서 가르치고 있는 내용을 바탕으로 집필했다. '아는 만큼 보인다'고 하는데, 아는 만큼 쓸 수 있음도 이 책을 집필하면서 몸소 깨닫게 되었다. 그런 책을 집필하는 데 물심양면物心兩面으로 도움을 준 아내 안윤숙에게 고마운 마음을 전하며, 책이 세상의 빛을 보는 데 애써 주신 출판사 관계자들께도 고마운 마음을 전한다.

2025년 6월 19일

김종혁

일러두기

1. 이 책은 교육용 한자 1,800자 가운데, 학습의 기초가 되는 핵심 부수자를 학습 대상으로 삼아 구성하였다. 부수자는 한글 자모 순(ㄱ·ㄴ·ㄷ·ㄹ…)에 따라 배열하였다.
2. 한자의 음과 뜻을 함께 제시할 때, 음성학적 정보임을 나타내기 위해 대괄호 [ ]를 사용하였다.
3. 학습 대상 한자를 설명할 때는, 글의 도입부에 인문학적 내용을 담아 독자들이 보다 편안하게 글을 읽기 시작할 수 있도록 구성하였다.
4. 학습자들이 한자를 자연스럽게 익히도록, 본문에 의도적으로 한자를 자주 노출하였다. 이때 한글과 한자를 괄호 없이 병기하되, 한자를 먼저 제시할 경우에는 해당 한글을 소괄호 ( )로 표기하였다.
5. 학습 대상 한자의 자원(字原) 이해를 돕기 위해, 갑골문·금문·소전 순으로 자형을 배열하고, 문자학(한자학)을 바탕으로 이를 설명하였다. 관련 자형이 없는 경우는 생략하였다.
6. 학교 교과 학습이나 일상 언어생활에서 자주 사용되는 학습 도구어와 상식 개념어를 수록하여, 독자의 어휘력 향상에 도움이 되도록 구성하였다.
7. 한자어 풀이에는 『표준국어대사전』(국립국어원 발행)을 바탕으로 하였으며, 필요한 경우 저자가 내용을 수정하거나 보완하였다.
8. 교육용 학습 자료로의 활용을 고려하여, 학습 목표가 되는 주요 한자어에는 위 첨자로 번호를 순차적으로 부여하여 표기하였다.
9. 학습자의 이해를 돕기 위해 다양한 사진과 그림을 수록하였으며, 글쓰기나 언어생활에 유용한 속담과 관용구도 풍부하게 담았다.

차례

文 [글월 문] 모든 글은 그림에서 출발

바티칸 시국 시스티나 성당 성화

세상世上의 모든 '글'은 '그림'에서 출발出發했다. '그림'을 풀어 쓴 'ㄱ+ㅡ+ㄹ+ㅣ+ㅁ'에서 'ㄱ+ㅡ+ㄹ'이 '글'이 된 것과 같다. 세계世界에서 가장 뛰어나다고 하는 문자文字인 우리 한글도 기본자基本字가 입의 여러 부위部位 모양模樣을 그려 그 자형字形이 이뤄졌다.

한때 그림은 글을 대신代身하기도 했다. 유럽Europe의 오래된 성당聖堂들 벽壁이나 천장天障에 그려진 그림은 예술작품藝術作品을 넘어서 그림으로 보는 성경책聖經冊과 다름없었다. 읽고 쓰지 못하는 사람들이 많았던 시대時代에 그림으로 성경책 내용內

한글 기본 자모음의 상형성 분류 자료

구분	자음 제자 상형성					모음 제자 상형성		
	아음자	설음자	순음자	치음자	후음자	점모음자	횡모음자	종모음자
기본 형태	ㄱ	ㄴ	ㅁ	ㅅ	ㅇ	·	ㅡ	ㅣ
발음 형태								
발음 방법	혀뿌리가 목구멍을 막는 모양	혀끝이 잇몸에 붙는 모양	입이 위아래 입술을 합하는 모양	혀가 윗잇몸에 붙는 모양	입술과 목구멍이 열려 통하는 모양	입을 연 모양	입을 쭈그린 모양	입을 벌린 모양

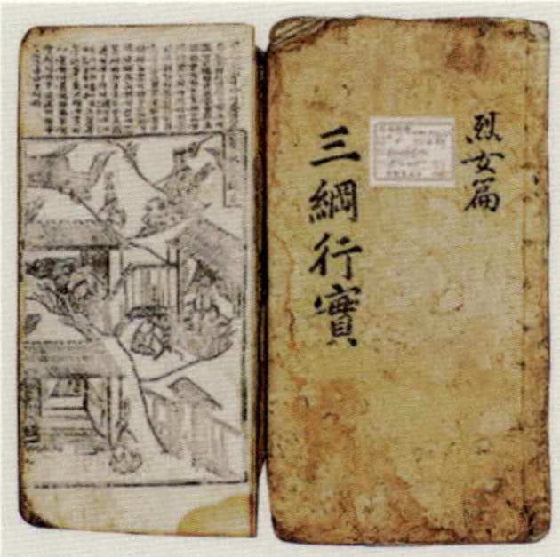

『삼강행실도』

容을 표현表現함으로써 종교宗教의 목적目的을 달성達成했던 것이다.

유교儒教를 통치이념統治理念으로 삼았던 조선시대朝鮮時代에도 유교적儒教的 가치관價值觀을 담아 나라가 백성百姓에게 전傳하고자 했던 내용을 담은 책冊들을 보면 글보다 그림을 앞장세워 이용利用하고 있다. 『효행록孝行錄』이나 『삼강행실도三綱行實圖』 등이 바로 그런 책이다.

실질문맹률이 문제

하지만 다행多幸히 우리나라는 세종대왕世宗大王이 누구나 쉽게 익힐 수 있는 훈민정음訓民正音을 창제創製한 덕분德分에 오늘날 세계 어느 나라보다 문맹률文盲率이 낮은 나라가 되었다. 곧 글을 읽고 쓰지 못하는 사람이 거의 없는 나라가 된 것이다.

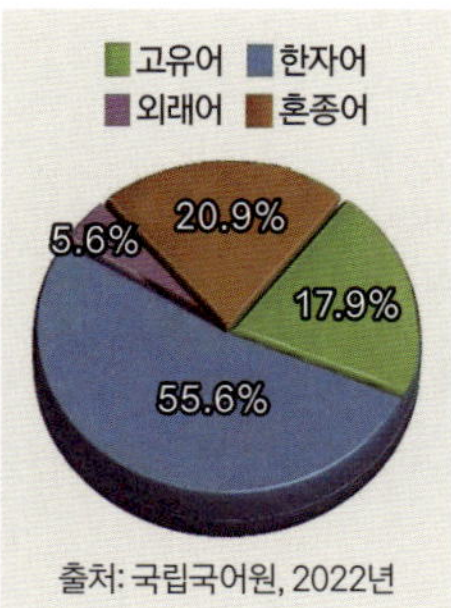

우리말 원어 구성 비율

그러나 오늘날 글을 읽고 쓰지만 글의 의미意味를 제대로 이해理解 못하는 이른바 실질문맹實質文盲이 문제問題가 되고 있다. 그렇게 실질문맹이 문제가 된 것은 우리나라 말의 70% 이상이 한자어漢字語나 혼용어混用語로 이뤄져 있는데, 그 개념概念을 이해하는 데 필수적必須的인 한자漢字를 모르기 때문이다. 필자筆者가 이 책을 쓰고 있는 것도 그 때문이다.

사실 "공자 앞에서 문자 쓴다"는 말의 문자文字는 구체적具體的으로 말하면 한자를 말한다. 예전에 문자를 쓰는 사람은 한자를 알고 쓰는 사람이었던 것이다. 한글이 1446년에 반포頒布되기 전까지 우리나라에서 기록記錄을 하는 데 사용使用했던 문자가 바로 한자였다.

오늘날 우리나라[國] 말[語]인 국어國語의 모든 어휘語彙를 담고 있는 국어사전國語辭典에 한자와 관련된 어휘가 그처럼 많은 것도 한글 이전以前에 한자를 사용했기 때문이다. 결국 오늘날 우리나라 사람들이 어휘를 제대로 이해하고 사용하려면 한자라는 문자를 알아야 한다.

文자는 사람 가슴에 문신의 무늬를 그어 놓은 모습

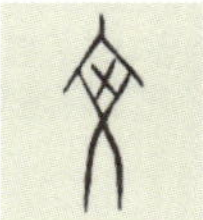
갑골문 文자

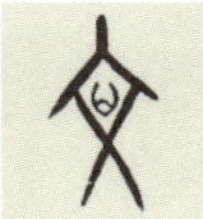
갑골문 文자

갑골문 文자

금문 文자

소전 文자

무늬를 그어 넣은 사람

바로 그 '문자'의 '문'은 한자로 文[글월 문]자다. 文자는 갑골문 자형으로 살피면 사람 가슴에 문신文身의 무늬를 그어 넣은 모습으로 나타내고 있다. 따라서 文자는 원래 '무늬'를 뜻했고, 그 무늬와 관련된 '문신'의 '문'을 표기表記하는 한자로도 쓰이고 있다.

하지만 후대後代에 실[糸]로 짠 옷감에 무늬를 들인다 하여 糸[실 사]자를 덧붙인 紋[무늬 문]자가 그 뜻을 대신代身하자, 文자는 그어서 무늬를 넣어 그린 '그림'에서 비롯된 '글'이나 '글월'의 뜻을 지니게 되었다.

원래 '글월'은 15세기世紀에 '글발'로 쓰였다. '글발'은 명사名辭 '글'과 접미사接尾辭 '-발'이 결합結合하면서 'ㄹ'과 모음母音 사이에서 'ㅂ'이 'ㅸ'으로 바뀐 것이다. 그러나 15세기 중엽中葉부터 '글발'은 '글왈' 혹은 '글월'로 쓰이게 되었다. 이후 17세기까지 '글왈'과 '글월'이 함께 쓰이다가 18세기 이래以來에 '글월'로 정착定着하면서 현재現在에 이르렀다. 그 '글월'은 오늘날 다시 줄여 쓰면서 '글'이라 하고 있다.

'문신'도 한자로 文자를 써서 文身

세계 4대 문명의 발상지

세계世界 4대四大 문명文明의 발상지發祥地는 모두 큰 강江을 끼고 이뤄졌다. 큰물이 질 때마다 상류上流로부터 떠내려 온 토사土砂에 의해 형성形成된 기름진 땅이 있어 농사農事짓기에도 좋았다. 게다가 모두 중위도中緯度 부근附近 지방地方에 있어 온화溫和한 기후氣候에 강수량降水量도 풍부豐富했다. 농사짓기 좋은 땅과 좋은 기후가 있었기에 풍부한 식량食糧이 생산生産될 수 있었다. 그렇게 풍부한 식량은 사람들이 윤택潤澤하게 사는 데 큰 도움을 주었고, 풍부한 삶을 배경背景으로 문화文化가 발달되면서 많은 사람들이 모여 살게 되었다.

지구상의 위도와 기후

풍부한 식량을 생산하려면 수리水利 관개灌漑 사업事業이 발달할 수밖에 없었다. 이런 일은 많은 사람이 동원動員이 되어야 했는데, 그런 상황狀況에서 권력자權力者가 등장登場하게 되었다. 그 권력자는 일반一般 사람들을 다스리기 위해 위엄威嚴이 있어야 했고, 그 위엄을 드러내기 위해 몸에 그림 등으로 문신文身을 했다. 바로 그 문신을 한 모습으로 황하문명黃河文明에서 '글월(글)'을 뜻하는 文자가 생겨나게 된 것이다. 따라서 '문신'

도 한자로 文자를 사용해 文身으로 쓰고 있다.

그렇게 그림에서 출발出發한 글(글월)은 오늘날 다시 거꾸로 돌아가 그림으로 인식認識되기도 한다. 한글 모음母音으로만 쓴 'ㅠ ㅠ'가 눈물을 흘리고 있는 그림으로 받아들여져 '울고 있다'라는 의미意味로 인식되는 채팅어가 된 것이 바로 그런 경우境遇다. 영어英語의 알파벳 대문자大文字 'OTL' 같은 경우도 '좌절挫折'로 인식되는 채팅어로 쓰이고 있다.

'좌절'을 의미하는 'OTL'

文자가 그대로 '무늬'를 뜻하기도

오늘날 文자의 본래 뜻인 '무늬'를 紋자가 대신하고 있지만 때로는 文자가 그대로 '무늬'를 뜻하기도 한다. 山水文(산수문)[1]이나 無文土器(무문토기)[2]의 文자가 그런 뜻으로 쓰이고 있다.

산수문전

山水文은 '산[山]과 물[水]과 같은 자연의 경치와 관련된 무늬[文]'를 의미한다. 그런 山水文으로 유명有名한 보물寶物에 백제시대百濟時代 때에 만들어진 山水文塼(산수문전)[3]이 있는데, 山水文塼의 塼[벽돌 전]자는 '벽돌'을 뜻하는 한자다. 따라서 山水文塼은 '산[山]과 물[水]과 같은 자연의 경치와 관련된 무늬[文]가 보이는 벽돌[塼]'을 이른다.

즐문토기

無文土器는 '무늬[文]가 없이[無] 흙[土]으로 만든 그릇[器]'으로, 민무늬토기라 하기도 한다. 신석기시대新石器時代에 '빗살[櫛]의 무늬[文]가 보이는 흙[土]으로 빚은 그릇[器]'이라 하여 빗살무늬토기라 하기도 하는 櫛文土器(즐문토기)[4]에 견주어 無文土

器는 청동기시대靑銅器時代의 토기를 대표代表한다.

아울러 山水文이나 無文土器의 文자는 紋[무늬 문]자로 바꿔 山水紋(산수문)이나 無紋土器(무문토기)로 쓰기도 한다. 櫛文土器도 櫛紋土器(즐문토기)로 쓰기도 한다.

'글(글월)'의 뜻으로 쓰이는 文자

하지만 文자는 오늘날 文樣(문양)이나 文彩(문채)에서처럼 '무늬'의 뜻으로 쓰이기보다 文字(문자)나 文章(문장)에서처럼 '글(글월)'의 뜻으로 더 자주 쓰이고 있다. 그처럼 '글(글월)'의 뜻으로 쓰이는 文자가 덧붙여지는 말에는 漢文(한문)[5]· 諺文(언문)[6]· 國文(국문)[7]· 英文(영문)[8] 등이 있다.

漢文은 '한자[漢]를 가지고 옛 중국어中國語의 문법文法에 따라 지은 글[文]'을 말한다. 나아가 한자漢字를 통속적通俗的으로 일컫는 말로도 쓰이고 있다. 하지만 漢文은 언어言語고, 한자는 文字다. 한자는 漢文을 구성構成하는 데 도움을 주는 도구道具가 되는 文字인 것이다. 아울러 그 한자는 우리나라[國] 말[語]인 국어國語의 구성에도 도움을 주는 文字고, 일본日本의 말인 일본어日本語의 구성에도 도움을 주는 文字다. 따라서 일본에서는 한자 교육을 우리나라와 달리 '국어' 교육 과정의 일부一部에 포함시켜 실시하고 있다. 사실 우리나라도 그처럼 해야 한다. 한자를 제대로 몰라 그 개념槪念을 제대로 파악把握하지 못하고, 어휘력語彙力이 부족不足한 학생들이 적지 않기 때문이다.

諺文의 諺[상말 언]자는 지난날 순우리말인 '한글'을 뜻하는 한자다. 따라서 諺文은 漢文에 대對해 '한글[諺]로 된 글[文]'을 말한다. 예컨대 '시경[詩經]의 내용을 한글[諺]로 풀이한[解] 책'은 『詩經諺解(시경언해)』라 하고, '두보[杜]의 시[詩]를 한글[諺]로 풀이한[解] 책'은 『杜詩諺解(두시언해)』라 한다.

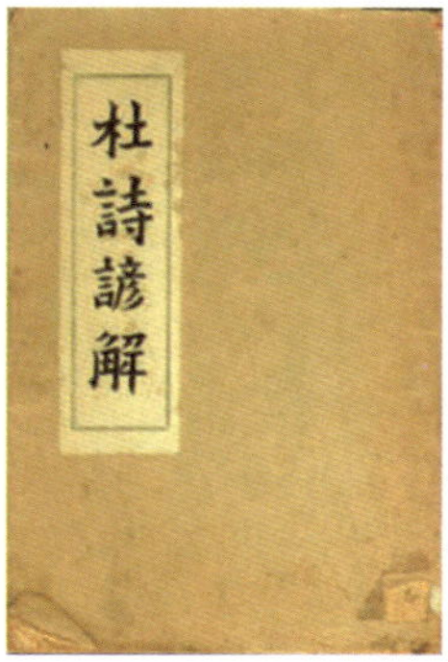

『두시언해』

國文은 국어사전國語辭典에 '나라 고유의 글자. 또는 그 글자로 쓴 글'이라 풀이하고 있다. 한데 國文이란 말은 한자인 國[나라 국]자와 文자로 이뤄져 있다. 그 말 자체自體가 한자로 이뤄진 것이다. 앞서 언급言及했듯 한자는 우리나라 고유固有의 글자인 한글이 반포頒布되어 쓰이기 전에 우리말을 표기表記하던 文字였다. 따라서 한자는 우리나라 말인 국어의 일부를 구성하는 文字다. 결국 國文은 사전 풀이와 달리 '한글과 한자와 서양 등의 외래에서 들어온 말로 이뤄진 글'이라 해야 한다. 그처럼 본다면 國文과 漢文을 합친 말인 國漢文(국한문)도 그 말 자체에 어폐語弊가 있다 하겠다.

국문 **國文** 명
나라 고유의 글자.
또는 그 글자로 쓴 글.

'국문'의 뜻

英文은 '알파벳으로 이뤄진 영어[英]로 쓴 글[文]'을 이르는데, 영어英語는 18세기에서 19세기까지 영국英國의 영향력이 지구地球 각各 지역地域에 전파되면서 세계에서 가장 큰 힘을 발휘하는 언어言語가 되었다.

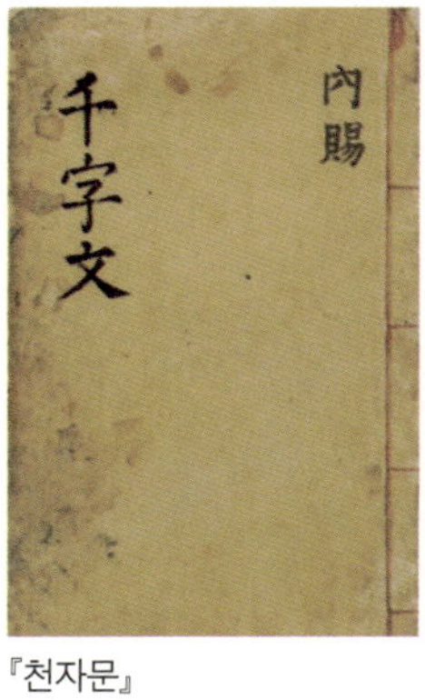

『천자문』

천자문 · 상량문 · 사발통문

아울러 文자는 千字文(천자문)[9] · 上樑文(상량문)[10] · 沙鉢通文(사

주흥사 초상화

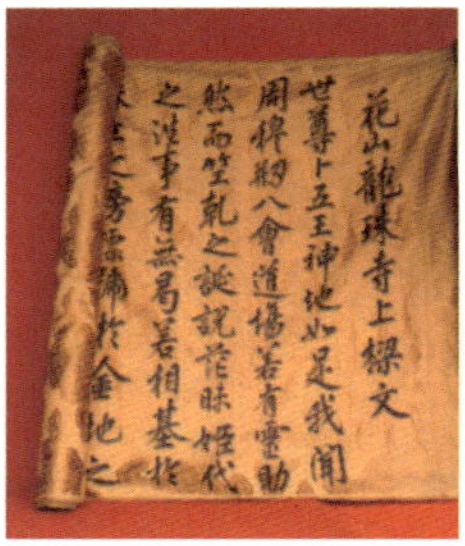

용주사 상량문

마룻대를 올리는 모습

사발통문

발통문)[11]· 死後藥方文(사후약방문)[12]의 말에서도 '글'의 뜻으로 쓰이고 있다.

『千字文』은 예부터 우리나라에서 한자漢字인 文字를 배우는 초학자初學者들의 입문서入門書로 널리 사용使用되어 왔다. 중국中國 양梁나라 주흥사周興嗣가 무제武帝의 명命으로 지은 책冊이다. 1구句 4자字 250구句로, 모두 '천[千] 개의 글자[字]로 이뤄진 글[文]'이기에 千字文이라 한다. 주흥사가 이를 하룻밤 사이에 만들면서 어찌나 고민苦悶했는지 머리털이 세어서 그만 '흰[白] 머리[首]로 변하게 한 글[文]'이라 하여 白首文(백수문)[13]이라고도 한다.

上樑文은 '용마루에 마룻대[樑(棟)]를 올릴[上] 때에 집의 내력을 적어 넣은 글[文]'을 말한다. 예부터 집 짓는 일은 중대사重大事였기에 중요重要한 과정過程의 일이 시작始作될 때는 반드시 의례儀禮를 치렀다. 그중에서도 지붕 용마루에 마룻대를 올리는 일을 가장 중시重視했다. 따라서 '마룻대'를 뜻하는 棟[마룻대 동]자를 써서 上棟文(상동문)이라 해야 하지만, 그 棟자가 '들보'를 뜻하는 樑[들보 량]자와 합쳐져 棟樑(동량)으로 흔히 사용되면서 뜻에 구분區分을 하지 않게 되자 오늘날은 上樑文이라 하고 있다. 곧 마룻대를 올리는 '上棟(상동)' 때 의례儀禮를 행行하되, 그 명칭名稱은 들보를 올리는 '上樑(상량)'으로 바꿔 부르게 된 것으로 보인다.

沙鉢通文은 '사발[沙鉢]을 엎어서 그린 원圓을 중심中心으로 거사擧事에 참여參與하는 이들의 이름을 둘러가며 적어 차례로 돌려보도록 통지하는[通] 글[文]'을 말한다. 격문檄文이나 호소문呼訴文 따위를 쓸 때에 누가 주모자主謀者인지 알지 못하도록 서명署名에 참여한 사람들의 이름을 사발 모양으로 둥글게 뻥 돌려 적었기에 그처럼 부른 것이다.

『순오지』

死後藥方文은 조선朝鮮 인조仁祖 때 학자學者 홍만종洪萬宗의 『순오지旬五志』에 나오는 말이다. '사람이 죽은[死] 뒤[後]에 살릴 약[藥]을 처방한[方] 글[文]'이란 말이다. 때가 지나 일이 다 틀어진 후에야 뒤늦게 대책對策을 세움을 비유적比喩的으로 이른다. 곧 모든 일이 끝난 뒤에 쓸데없는 짓을 한다 함을 이르는 "굿이 끝난 뒤에 장구를 친다"나 "말을 잃어버린 후에 마구간을 고친다"와 통通하는 말이라 하겠다. 이는 어떤 일이 일어나기 전에 미리미리 근본적根本的인 대책을 세울 줄 아는 현명賢明한 사람이 되어야 한다는 것을 말해 주고 있다. 死後淸心丸(사후청심환)이라 하기도 한다.

조침문 · 조의제문 · 토황소격문

김종직 초상화

그 외에 文자를 덧붙이면서 글과 관련된 말에는 弔針文(조침문)[14] · 弔義帝文(조의제문)[15] · 討黃巢檄文(토황소격문)[16] 등이 있다.

弔針文은 '바늘[針]을 의인화擬人化하여 조상하는[弔] 내용을 쓴 글[文]'로, 조선朝鮮 순조純祖 때에 유씨부인兪氏夫人이란 사람이 지은 수필隨筆이다.

弔義帝文은 '항우項羽가 초楚나라 회왕懷王인 의제[義帝]를 죽인 데에 대해 조상하는[弔] 글[文]'로, 조선 성종成宗 때에 김

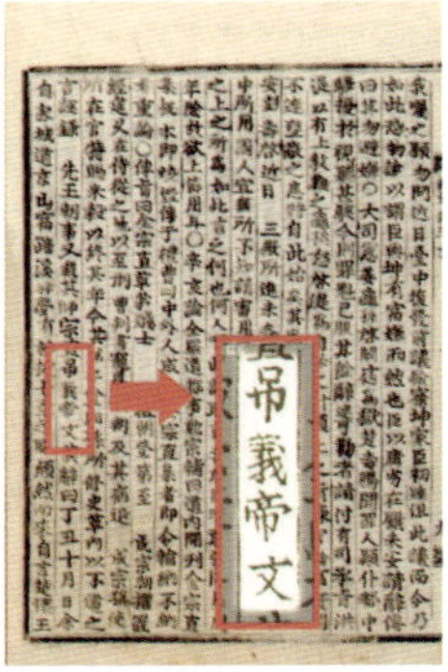

조선왕조실록의 조의제문

종직金宗直이 세조世祖가 단종端宗을 몰아내고 왕위王位를 찬탈簒奪한 것을 빗댄 내용內容과 관련關聯이 있다. 조선의 수많은 선비가 화禍를 당當했던 사화士禍의 빌미를 만드는 데 시발점始發點이 된 글이다.

討黃巢檄文은 '황소[黃巢]를 치기[討] 위해 지은 격문[檄文]'으로, 신라新羅 때에 최치원崔致遠이 중국 당唐나라에서 벼슬하며 지은 글이다.

최치원 초상화

문장의 종류나 문장을 쓰는 목적에 따른 말

뿐만 아니라 文자는 문장文章의 종류種類나 문장을 쓰는 목적目的에 따른 말이나 문장 간에 의미관계意味關係를 나타내는 말에서도 그 쓰임을 엿볼 수 있다.

문장의 종류로 살피면, 서술어敍述語의 표현表現에 따라 '말하는 이가 하고 싶은 말을 평범하게[平] 서술하는[敍] 글[文]'인 平敍文(평서문)[17], '말하는 이가 듣는 이에게 의심스런[疑] 것을 묻는[問] 글[文]'인 疑問文(의문문)[18], '말하는 이가 듣는 이에게 어떤 행동을 하라고 명령[命令]하는 글[文]'인 命令文(명령문)[19], '말하는 이가 듣는 이에게 어떤 행동을 같이하자고 청하거나[請] 권하는[誘] 글[文]'인 請誘文(청유문)[20], '말하는 이가 자기 마음속 깊이 느끼어[感] 탄복하는[歎] 글[文]'인 感歎文(감탄문)[21] 등이 있다.

또 문장을 쓰는 목적에 따라 살피면, '여러 곳을 다니며[行]

보고·듣고·느끼고·겪은 바를 계통을 세워 적은[紀] 글[文]'인 紀行文(기행문)[22], '어떤 사물이나 현상을 보고 마음속에서 일어나는 느낌[感]이나 생각[想]을 쓴 글[文]'인 感想文(감상문)[23], '안부나 용무에 관한 글[書]을 편지[簡]에 적어 쓴 글[文]'인 書簡文(서간문)[24], '사물의 옳고 그름 따위를 분석해 비판하고[批] 평가하는[評] 글[文]'인 批評文(비평문)[25], '읽는 이들이 어떠한 사항에 대해 이해할 수 있도록 객관적이고 논리적으로 말해서[說] 밝히는[明] 글[文]'인 說明文(설명문)[26], '어떤 주제에 관하여 자기의 생각이나 주장을 체계적으로 논하며[論] 말하는[說] 글[文]'인 論說文(논설문)[27] 등이 있다.

약 1300년 전의 기행문(왕오천축국전)

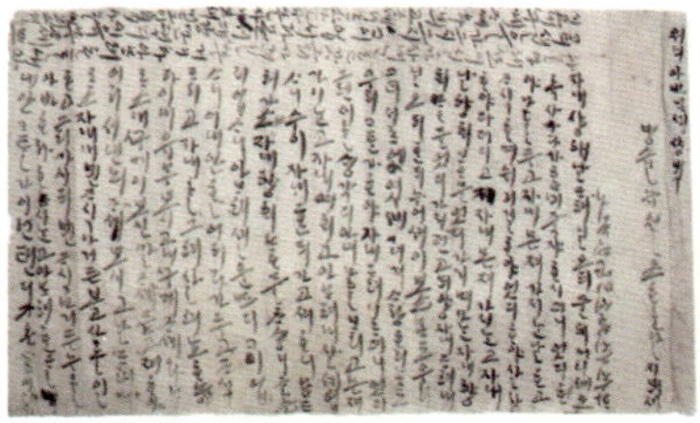
400년 이전의 서간문

아울러 문장 간의 의미관계로 구분하면 '그러하다 수긍하고[肯] 인정한[定] 의미를 지닌 글[文]'인 肯定文(긍정문)[28], '그 내용에 그렇지 않거나 옳지 않다고[否] 인정[定]한 의미를 지닌 글[文]'인 否定文(부정문)[29], '주어主語가 제 힘으로 능히[能] 움직이는[動] 의미를 지닌 글[文]'인 能動文(능동문)[30], '주어가 남에게 어떤 행동을 당하여[被] 움직이는[動] 의미를 지닌 글[文]'인 被動文(피동문)[31], '지시하는 의미가 서로 반대[反]가 되는 의미[義]를 지닌 글[文]'인 反義文(반의문)[32], '주어가 다른 사람이나 대상에게 동작을 시켜서[使] 움직이는[動] 의미를 지닌 글[文]'인 使動文(사동문)[33] 등이 있다.

門 [문 문] 문은 열어 두기 위해 만들어

울타리를 두른 초가집

정착생활定着生活을 하면서 짓고 살게 된 집에서 사람들은 맹수猛獸 침입侵入이나 외부인外部人 시선視線으로부터 집 안을 보호保護하기 위해 울타리나 담을 두르고, 그 울타리나 담의 일부一部에 사람이 들고나는 문門을 만들었다.

그렇게 만들어진 문을 사람들은 때론 열어두기도 하고, 때론 닫아두기도 한다. 그런데 그렇게 열어두거나 닫아두는 문을 사람들은 열어두기 위해 만들어 놓은 것일까? 닫아두기 위해 만들어 놓은 것일까?

만약萬若 문을 닫아두기만 하기 위해 만들었다면 애써 울타리나 담의 일부를 터 따로 문을 만들 필요가 없었을 것이다. 이로 볼 때 문은 열어두기 위해 만들어진 것이라 하겠다.

그럼에도 오늘날 주거문화住居文化가 주로 아파트apart나 연립주택聯立住宅으로 바뀌면서 문을 꽉 닫아두고 이웃과 단절斷絶하며 사는 이들이 적지 않다. 하지만 문은 단절의 장애물障碍物이 아니라 소통疏通의 통로通路가 되어야 할 것이다.

문을 열어 마음의 문을 열어

그러나 문을 열고 사는 것도, 닫고 사는 것도 사람 마음에 달려있다. 구창모具昌謨라는 가수歌手가 "문을 열어 마음의 문을 열어 문을 열어 마음의 문을 열어 그 문으로 가만히 내가 들어가게(〈문을 열어〉 가사 일부)"라고 노래한 것처럼 문을 여는 것은 먼저 마음에서부터 시작始作되어야 한다.

예전에 부모님과 담양潭陽 소쇄원瀟灑園에 간 적이 있었다. 그때 소쇄원에는 아예 대문이 없었고, 집 안을 둘러 싼 담의 한쪽을 터놓은 곳에는 문짝조차 없었다. 언제나 누구나 수시隨時로 드나들 수 있도록 문을 터놓은 집주인主人의 마음을 단번單番에 헤아릴 수 있었다. 문의 효능效能은 그처럼 열어두는 데 있다 하겠다.

문짝이 없는 소쇄원 오곡문

門자는 마주 선 기둥에 각기 한 짝씩 문

한자에서 바로 그 '문'을 뜻하는 門[문 문]자는 마주 선 기둥에 각기 한 짝씩 문이 달려있는 모양에서 그 자형이 비롯되었다. 그처럼 만들어진 門은 출입出入의 기능機能을 주로 하지만 건물建物의 영역領域을 구분區分하거나 무언가 기념記念하거나 기원祈願하기 위해 만들어지기도 한다.

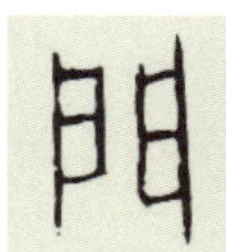

갑골문 門자

금문 門자

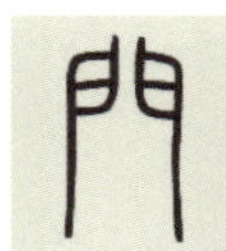

소전 門자

두 짝의 문

방문과 대문과 이문과 영문

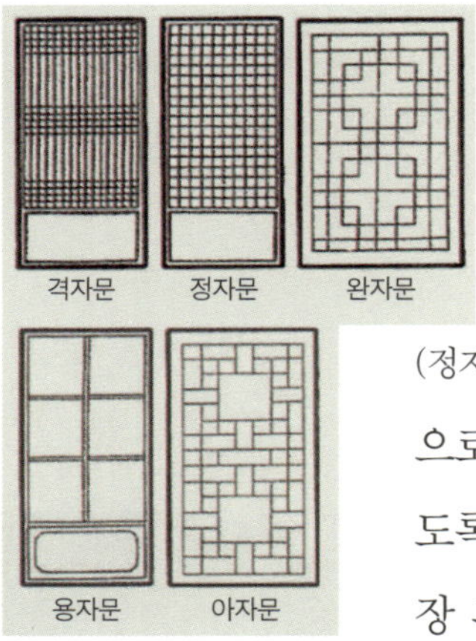

여러 창살 모양의 방문

문은 흔히 사람이 드나드는 곳에 만들어 놓는다. 그런 문으로 '사람이 방[房]을 드나드는 곳에 난 문[門]'은 房門(방문)[1]이다.

房門은 다시 창살 모양에 따라 格子門(격자문)·井字門(정자문)·卍字門(만자문→완자문)·用字門(용자문)·亞字門(아자문) 등으로 구분區分된다. 그중에 '일정한 간격間隔으로 직각直角이 되도록 만든 격자[格子]에 맞춰 짠 문[門]'인 格子門(격자문)[2]을 가장 흔히 볼 수 있다. 다른 문들은 문살 모양이 井[우물 정]·卍[만자 만]·用[쓸 용]·亞[버금 아]자가 쓰인 것처럼 보이기에 그런 명칭名稱으로 불리고 있다.

내소사 꽃살문

그러나 누가 봐도 房門의 백미白眉는 '꽃살문'이라 하겠다. 불가佛家에서 상징물象徵物로 삼는 연꽃·국화·모란의 꽃들을 새긴 문인 꽃살문으로는 전북全北 부안扶安 내소사來蘇寺 법당法堂 문이 널리 알려져 있다.

또 '집을 드나드는 곳에 난 큰[大] 문[門]'은 大門(대문)[3]이라 하고, '마을[里]을 드나드는 곳에 난 문[門]'은 里門(이문)[4]이라 한다. 그런 大門이나 里門에는 다시 세워진 취지趣旨에 따라 旌閭門(정려문)[5]이나 烈女門(열녀문)[6]이 있다.

旌閭門은 '충신忠臣이나 효자孝子나 열녀烈女 등을 표창[旌]하기 위해 이문[閭]이나 대문 앞에 세우던 문[門]'이었다. 그 旌閭門의 일종이 烈女門으로, 烈女門은 '열녀[烈女]의 행적을 기리기 위해 세운 문[門]'이다.

旌閭門이나 烈女門은 붉은 물감으로 칠하고 윗부분에 화살을 장식裝飾했기에 '붉다'를 뜻하는 紅[붉을 홍]자와 '화살'을 뜻하는 箭[화살 전]자를 합쳐 紅箭門(홍전문)[7]이라 하기도 한다.

나아가 紅箭門은 능陵·원園·묘廟·궁궐宮闕·관아官衙·사당祠堂 등의 앞에 '붉게[紅] 칠하고 화살[箭]을 장식해 세우는 문[門]'이기도 하다. 紅箭門의 箭[화살 전]자의 뜻 '화살(살)'을 빌려 '홍살문'이라 하기도 한다. 문을 붉은 물감으로 칠하고 화살로 장식한 것은 잡귀雜鬼를 막고 신성神聖한 곳임을 알리기 위해서였다.

화순옹주 열녀문

융건릉 홍전문

또 營門(영문)[8]은 원래 '군영軍營이나 병영兵營, 또는 감영監營 등에 지어진[營] 큰 출입문[門]'을 말한다. 그런 營門은 고관高官들만 드나들기 때문에 보통 때는 늘 닫혀 있었다. 일반一般 관리官吏들은 營門 뒤에 따로 나있는 조그마한 쪽문을 이용했다. 그처럼 營門은 아무나 드나들 수 없는 곳이기에 어떻게 이용되며, 언제 열리고 언제 닫히는지 일반 사람들이 도무지 알 수 없었다. 여기서 유래由來하여 "영문을 알 수 없다"는 말이 생겨났다. 오늘날 까닭이나 사유事由를 모르는 일이면 그 營門에 비유比喩해 '영문을 모를 일'이라 말하고 있다.

문패나 문지방이나 문벌

문 가운데 집 안으로 드나드는 大門은 집의 얼굴에 해당하는 곳인데, 그 大門과 관련된 말에 門牌(문패)[9]나 門地枋(문지방)[10]이 있다. 또 門閥(문벌)[11]도 大門과 관련된 말이다.

門牌는 집 안팎으로 드나드는 '문[門]의 주변에 이름 따위를 적어서 붙이는 돌이나 나무로 된 조그마한 조각인 패[牌]'를 말한다. 주로 한옥韓屋 大門에서 볼 수 있는데, 집안 가장家長의 이름만 쓰여 있는 경우境遇가 대부분大部分이다. 하지만 이는 안일과 바깥일이 구분區分되었던 시절時節을 반영反影한 것이다. 오늘날은 일에 남녀男女 구별區別이 없는 시대時代다. 부부夫婦 이름을 나란히 표기表記하는 것이 마땅하다 하겠다.

부부 이름 표기 문패

門地枋은 집 외부外部와 내부內部, 방房과 방 등 공간空間의 영역領域을 구분하기 위해 '문[門]에서 땅[地] 쪽 바닥에 설치하는 나무[枋]'다. 옛날에는 門地枋 높이가 권위權威와 위엄威嚴을 상징象徵하기도 하여, 궁궐宮闕이나 양반가兩班家 大門에 門地枋을 높게 설치設置해 출입出入을 쉽게 할 수 없도록 했다. 이는 또 나쁜 기운氣運을 막고자 하는 나무이기도 했다. 門地枋의 枋[다목 방]자 뜻이 '다목'인데, '다목'은 '단목'에서 비롯되었다. '단목'은 한자로 '丹[붉을 단]'자와 '木[나무 목]'자를 써서 '붉은 나무'를 의미하는데, 예부터 붉은 색色은 귀신鬼神을 쫓는 빛깔로 여겨졌다. 이로써 왜 門地枋에 枋자를 썼는지 미뤄 짐작할 수 있을 것이다.

대문의 문지방(아래쪽)

문밖의 두 기둥인 閥과 閱

門閥의 閥[문벌 벌]자는 옛날 왕족王族이나 높은 벼슬아치가 사는 집의 대문[門] 밖 좌우左右의 두 기둥 가운데 좌측左側의 기둥[閥]을 이르는 한자였다. 반면에 우측右側의 기둥은 閱(열)이라 했다. 두 기둥에는 집주인主人의 공로功勞를 드러내는 표지

標識를 했다. 그로써 閥(벌)자를 쓰는 門閥은 '집안 대대로 내려 오는 사회적 신분이나 지위'를 의미하게 되었다.

성문과 관문

화성 장안문

그 외에 '성[城]을 드나드는 곳에 난 문[門]'은 城門(성문)[12]이라 하는데, 그 城門으로 한양도성漢陽都城이었던 오늘날의 서울에는 四大門(사대문)과 四小門(사소문)이 있다.

조선朝鮮 건국建國의 주역主役 정도전鄭道傳은 한양도성을 설계設計하면서 동서남북東西南北의 성벽城壁에 四大門을 만들어 사람이 마땅히 갖추어야 할 네 가지 성품性品과 관련된 한자漢字인 '인의예지仁義禮智'를 넣어 문의 이름을 지었다. 조선이 유교儒敎 나라라는 사실을 천명闡明하려 했던 것이다.

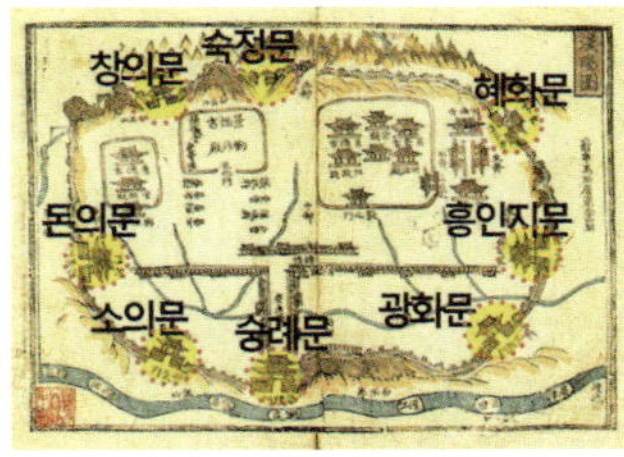

〈도성도〉(위백규)에 보이는 사대문과 사소문

그리하여 동서남북의 四大門은 각각 興仁之門(흥인지문)[13]·敦義門(돈의문)·崇禮門(숭례문)[14]·昭智門(소지문)이라 하려 했는데, 그중에 昭智門은 정작 肅淸門(숙청문)으로 불리다가 나중에 肅靖門(숙정문)이라 했다.

오늘날 四大門 가운데 '예[禮]를 숭상하라[崇]는 의미를 지닌 문[門]'인 崇禮門은 국보國寶 제1호로 지정指定되어 있고, '인[仁]을 일으키라[興] 하는[之] 의미를 지닌 문[門]'인 興仁之門은 보물寶物 제1호로 지정되어 있다.

옛 숭례문(상)과 흥인지문(하)

崇禮門이 국보가 된 것은, 2008년 화재火災로 일부가 손실損

〈근정전진하도〉

失되어 보수補修했지만, 1398년에 건립建立되어 현존現存 우리 나라 도성都城 건축물建築物 가운데 가장 오래되었고, 장중莊重한 규모規模와 균형均衡의 아름다움을 지녀 한국적韓國的 건축미建築美를 지니고 있기 때문이다.

반면에 興仁之門은 장식裝飾과 기교미技巧美가 돋보이지만 崇禮門에 비해 400여 년이나 지난 조선 말기末期에 지어졌기에 보물로 지정되어 있다.

그처럼 崇禮門을 四大門 가운데 가장 먼저 지은 것은 왕王이 남녘을 향해 남면南面하고, 신하臣下나 사신使臣은 왕의 용안龍顔을 마주하는 남녘의 문을 통해 입궐入闕했기 때문이다.

개성 남대문

그 崇禮門을 적지 않은 이들이 南大門(남대문)[15]이라 하기도 하나 문화재청文化財廳에서 국보로 지칭指稱할 때는 반드시 崇禮門이라 이르길 권勸하고 있다.

崇禮門이란 말은 고유명사固有名詞인 반면 南大門이란 말은 일반명사一般名辭기 때문이다. 南大門은 '남녘[南]에 크게[大] 지어진 문[門]'이면 모두 지칭指稱할 수 있는 말인 것이다. 뿐만 아니라 개성開城에는 고유명사로 지칭指稱하는 南大門이 실제實際로 존재存在하고 있다. 이를 구분區分해 써야 할 필요必要가 있음을 알 수 있다.

문경 조령 관문

또 국경國境이나 요새要塞의 城門에 있는 문은 關門(관문)[16]으로, 關門은 '나라의 경계나 주요 지점地點의 통로通路에서 지나가는 사람과 물품物品을 조사調査하는 데 관계하는[關] 문[門]'을 이른다.

나아가 城門이나 關門은 대개 문의 윗부분을 무지개 모양으로 반쯤 둥글게 만드는데, 그렇게 '무지개[虹霓] 모양으로 만든 문[門]'은 '무지개'를 뜻하는 두 한자인 虹[무지개 홍]자와 霓[무지개 예]자를 합쳐 虹霓門(홍예문)[17]이라 한다. 虹霓門은 오랜 시간時間이 지나도 잘 무너지지 않는 구조構造를 지닌 문이다.

홍예문 형태로 지어진 콜로세움

산문과 일주문과 자하문

아울러 주로 '산[山]에 있는 사찰寺刹을 드나드는 문[門]'은 山門(산문)[18]이며, 큰 사찰의 山門에 흔히 '한[一] 줄의 기둥[柱]으로 이뤄진 문[門]'은 一柱門(일주문)[19]이라 한다.

범어사 일주문

그 외에 사찰의 문으로는 紫霞門(자하문)[20]이 있다. 紫霞門은 석가모니불釋迦牟尼佛을 모신 대웅전大雄殿 영역領域으로 들어가는 문인데, '紫霞(자하)'는 자줏빛[紫]을 띤 금색金色 광명光明이 안개[霞]처럼 서린다는 의미로, 부처님 몸에서 비롯된 말이다. 따라서 '자줏빛[紫]을 띤 금색 안개[霞]가 서린 문[門]'인 紫霞門을 통과通過하면 부처님의 세계世界로 들어간다는 의미를 지니게 된다.

불국사 자하문과 백운교 청운교

불국사佛國寺에 가서 백운교白雲橋와 청운교靑雲橋 계단을 오르면 紫霞門이 있다. 바로 그 백운교와 청운교 계단을 올라 紫霞門을 통해 부처님의 세계로 들어가도록 한 것이다.

한데 서울 종로구鐘路區 청운동淸雲洞에도 紫霞門이 있다. 그 紫霞門은 원래 한양도성漢陽都城의 四小門 가운데 北門(북문)에

옛 창의문(자하문)

속하는 彰義門(창의문)이다. 바로 그 彰義門을 紫霞門이라 부르기도 한 것이다. 그처럼 紫霞門이라 부르게 된 것은 그 지역地域을 '개성開城의 경치 좋은 자하동紫霞洞처럼 골이 깊고, 물과 바위가 아름다워' 자하골이라 부른 데서 비롯되었다.

독립문과 영은문과 개선문

완공 후 독립문(좌)과 영은문 주초(우)

콘스탄티누스 개선문

그 외에 서울 서대문구西大門區에는 獨立門(독립문)[21]이 있다. 獨立門은 1894년(고종 31) 갑오개혁甲午改革 이후 '자주권自主權을 행사行事하는 나라로 독립[獨立]의 결의決意를 다짐하려고 만든 문[門]'이다. 원래 '중국中國 사신使臣을 은혜롭게[恩] 맞이하는[迎] 문[門]'인 迎恩門(영은문)[22]을 헐고 그 옆에 건립建立했다. 사대외교事大外交의 표상表象으로 인식認識된 迎恩門 대신에 독립협회獨立協會를 조직組織한 서재필徐載弼을 중심中心으로 뜻있는 많은 애국지사愛國志士와 국민國民들의 호응呼應을 받아 만들었는데, 건축양식建築樣式은 프랑스France 파리Paris 凱旋門(개선문)[23]을 본떴다.

한데 파리 凱旋門도 원래原來는 로마Roma에 있는 콘스탄티누스Constantinus 凱旋門을 본떠 만들어진 것으로 알려져 있다.

凱旋門은 "모든 길은 로마로 통한다(All roads lead to Rome)."고 하던 시절時節의 고대古代 로마에서 '장군이나 황제들이 전쟁에서 이기고[凱] 돌아오는[旋] 것을 경축하기 위해 만든 문[門]' 이었다.

그런 凱旋門에 콘스탄티누스 凱旋門이 있었는데, 바로 그 凱旋門을 본떠 만든 것이 파리에 있는 凱旋門이었던 것이다. 결국 獨立門은 파리의 凱旋門을, 파리의 凱旋門은 로마의 콘스탄티누스 凱旋門을 본떠 만들어졌다.

파리 개선문

수구문과 등용문

그 외에 門자는 그 의미意味가 확대擴大되어 무언가 들어가거나 나가는 모든 통로通路를 이르는 데도 쓰이고 있다. 水口門(수구문)[24]과 登龍門(등용문)[25]의 '門'이 그런 뜻으로 쓰였다.

水口門은 '성城 안의 물[水]이 성 밖으로 흘러 나가는 어귀[口]에 만든 문[門]'을 말한다. 조선시대 한양도성漢陽都城에는 청계천淸溪川의 지류支流가 흘러 나가는 水口門이 光熙門(광희문)과 가까운 곳에 있었다. 그 때문에 당시 사람들은 光熙門을 水口門이라 하기도 했다.

도성도에 표현된 광희문

한데 조선시대朝鮮時代에는 한양도성에 사는 사람이 죽으면 시신屍身을 성城 밖으로 내보내야 했다. 이때 시신을 남동쪽으로 내보내는 門이 光熙門이었다. 따라서 水口門의 水[물 수]자를 대신해 '주검'을 뜻하는 屍[주검 시]자를 덧붙여 光熙門을 屍口

광희문 밖에 버려진 대한제국군 시신

〈이어도용문〉과 〈약리도〉

門(시구문)이라 하기도 했다.

예부터 여러 사람이 모여서 술을 마실 때 나이 많은 순順으로 술잔 돌리는 것을 "수구문 차례次例"라는 속담俗談으로 일렀는데, 이는 시신이 되어 水口門 밖으로 나갈 차례를 말한 것이다. 곧 늙고 병들어 죽을 때가 가까움을 이르는 말이라 할 수 있다.

登龍門은 '용문[龍門]에 오른다[登]'는 의미로, 어려운 관문關門을 통과通過해 크게 출세出世하게 됨을 이른다.

龍門은 황하黃河 상류上流 협곡峽谷의 문인데, 잉어가 이를 통과하면 용龍이 된다는 전설傳說에서 비롯된 말이 登龍門이다. "대부분의 작가 지망생들은 신춘문예를 문단의 등용문으로 여긴다"에서처럼 활용活用되고 있다.

門자는 '어귀'나 '들머리'를 뜻하기도

미주알 명
항문을 이루는 창자의 끝 부분.
[유의어] 똥구멍, 밑살, 항문

'미주알'의 뜻

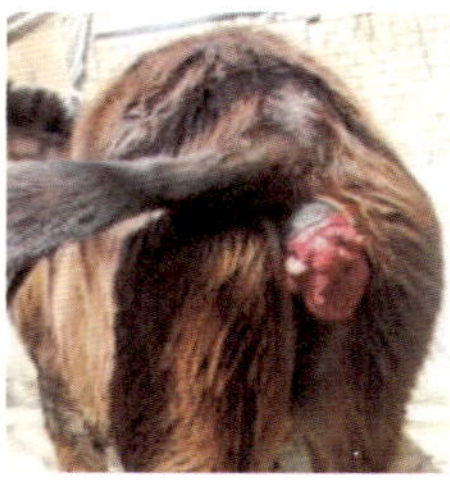

말의 항문

나아가 門자는 무언가 들어가거나 나가는 모든 통로通路뿐 아니라 사물이 들어가는 '어귀'나 '들머리'를 뜻하기도 한다. 그런 뜻을 지닌 말로 肛門(항문)[26]·頂門(정문)[27]·砲門(포문)[28]·幽門(유문)[29] 등이 있다.

肛門은 '소화기관消化器官의 가장 아래쪽에 있는 똥구멍[肛] 어귀[門]'를 말하는데, 그 肛門을 이루는 창자의 끝은 '미주알'이라 하기도 한다. 미주알은 다시 운韻을 맞추기 위해 만든 의미 없는 말인 '고주알'을 덧붙여 '미주알고주알'로 흔히 쓰이고 있다. 마치 '눈치'에 덧붙이는 '코치'나 '세월아'에 덧붙이는 '네월아'처럼.

오늘날 '미주알고주알'은 '아주 사소한 일까지 속속들이'의 의미로 쓰이는데, 이는 창자 끝부분까지 캐낼 정도로 치밀緻密하게 사안事案을 꼬치꼬치 캐낸다는 데서 비롯되었다.

또 '미주알'은 달리 '미잘'이라 하는데, '미잘'은 '말미잘'이란 말로 활용活用되고 있다. '말미잘'은 말의 肛門처럼 생겼다는 데서 비롯되었다 하고 있기 때문이다.

말미잘

頂門은 '머리 위의 정수리[頂] 숫구멍(숨구멍)이 있는 어귀[門]'로, 정수리가 굳지 않은 갓난아이 때에 숨 쉴 때마다 발딱발딱 뛰는 곳을 이른다. 頂門一鍼(정문일침)[30]이란 말에 활용되는데, 頂門一鍼은 '정수리[頂] 숫구멍(숨구멍)이 있는 어귀[門]에 한 번[一] 침[鍼]을 놓다'라는 의미로, 상대방相對方의 급소急所를 찌르는 따끔한 충고忠告나 교훈敎訓을 이르기도 한다. "선생님이 내 논문의 오류에 대해서 정문일침을 가해 주셔서 더 나은 논문을 쓸 수 있었다"의 글에서처럼 활용되고 있다.

정문

砲門은 '대포[砲]의 탄알이 나가는 어귀[門]'를 말한다.

幽門은 '위胃의 아래쪽에서 꾸불꾸불하면서 어두운[幽] 십이지장十二指腸으로 이어지는 들머리[門]'로, 幽門狹窄(유문협착)[31]이란 말로 활용되고 있다.

幽門狹窄은 '위胃의 아래쪽에 들머리[幽門] 부분의 속이 좁아지다[狹窄]'라는 말로, 그로 인해 위의 내용물內容物이 십이지장十二指腸으로 잘 지나가지 못하게 된 상태를 이른다. 암癌이나 위궤양胃潰瘍 따위일 때 많이 나타나며, 선천적先天的인 경우境遇도 있다.

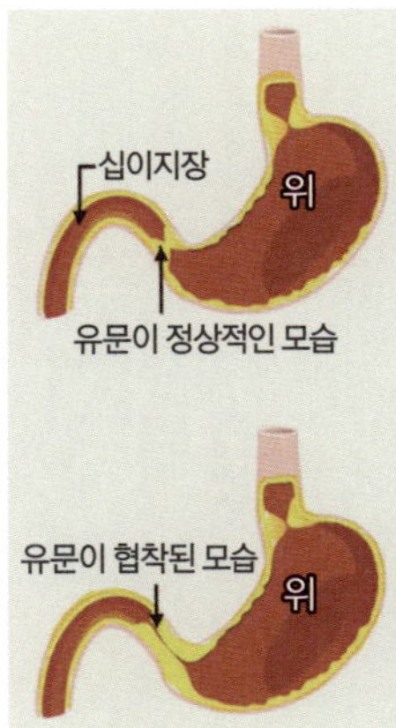

유문협착 관련 자료

門자는 '집'이나 '집안'을 뜻하기도

현관의 '소문만복래'

또한 門자는 문이 모든 집, 집안에 갖춰져 있기에 '집'이나 '집안'을 뜻하기도 한다. 家門(가문)이나 門中(문중)의 門자가 바로 그런 뜻으로 쓰였다.

나아가 '권세[權]가 있는 집안[門]과 세력[勢]을 가진 집안[家]'을 이르는 權門勢家(권문세가)[32]나 '이름난[名] 집안[門]과 크게[巨] 번창한 집안[族]'을 이르는 名門巨族(명문거족)[33]의 門자도 그런 뜻으로 쓰이고 있다.

뿐만 아니라 '한 집안[門]이 멸망하는[滅] 재앙[殃]'을 이르는 滅門之禍(멸문지화)[34]나 '웃는[笑] 집안[門]에 많은[萬] 복[福]이 오다[來]'라는 말인 笑門萬福來(소문만복래)[35]에서도 그런 뜻을 지닌 門자의 쓰임을 엿볼 수 있다.

門자는 '배움터'를 뜻하기도

성문사과 〈공자성적도〉

그 외에 門자는 집 가운데에서도 재능才能이 있는 사람을 양성養成하는 곳인 '배움터'를 뜻하기도 하는데, 그런 뜻을 담고 있는 말이 바로 同門受學(동문수학)[36]이나 孔門十哲(공문십철)[37]이다.

同門受學은 '한가지[同] 배움터[門]에서 배움[學]을 받았다[受]'는 의미로, 한 스승 밑에서 함께 학문學問을 닦았음을 이른다.

孔門十哲은 '공자[孔] 배움터[門]에 열[十] 명의 학덕學德과 사리事理에 밝은[哲] 제자弟子'라는 말로, 안연顔淵·민자건閔子騫·염백우冉伯牛·중궁仲弓·재아宰我·자공子貢·염유冉有·계로季路·자유子游·자하子夏를 이른다. 공자孔子는 제자가 약 3천여 명이 넘었다고 하는데, 그중에서도 육예六藝에 능能한 제자를 가리켜 '72현賢'이라 칭稱했다. 십철十哲은 또 그중에서도 열 명을 가린 것이다.

〈대성지성문선왕전도〉

門자는 '분야'의 뜻을 지니기도

뿐만 아니라 門자는 배움터에서 닦는 학문의 여러 부문部門 가운데 하나의 '분야分野'를 뜻하기도 한다.

'어떤 한 분야[門] 밖[外]의 사람[漢]'을 이르는 말인 門外漢(문외한)[38]의 門자가 바로 그런 뜻으로 쓰이고 있다.

아울러 '어떤 한 분야[門]에 들어가[入] 배우는 데 도움이 되는 서적[書]'인 入門書(입문서)[39]나 '오로지[專] 한 분야[門]만 연구해 상당한 지식과 경험을 쌓은 사람[家]'인 專門家(전문가)[40]의 門자도 그런 뜻으로 쓰이고 있다.

한자 입문서

그 외에 門자는 '포砲가 몇 門'하는 식의 말에서처럼 '대포大砲를 세는 수사數詞'로도 쓰이며, '생물 분류학상 단위[종種·속屬·과科·목目·강綱·문門·계系]'의 하나로도 쓰이고 있다.

米 [쌀 미] 손이 여든여덟 번

쌀 '미(米)'자 속에는
여덟 '팔(八)'이 두 번 들어있다지요.
논 갈고 볍씨 뿌리고
모내기하고 병충해 막아주고
햅쌀 한 톨이 반짝이며 태어나기 위해서는
농부의 손이 여든여덟 번 오간다지요.
그러니, 나는 한 수저의 밥을 떠먹으며
땀과 눈물이 밴 농부의 노역을,
그 갈기진 손을 맛나게 씹고 있는 거지요.

벼를 베는 모습

이영식 시인詩人의 시詩 「시 한 편 읽고 나서」 일부一部다. 흔히 米자를 八十八로 파자破字하여 말하는데, 시에서는 이를 활용活用해 "농부의 손이 여든여덟 번 오간다지요"라고 했다.

쌀로 지은 밥을 먹는 건 잠깐이지만 그런 밥을 먹을 수 있게 되기까지는 많은 시간과 농부農夫의 손길이 있었기에 가능한 일이다. 해서 그런 농부의 수고를 기리기 위해 2015년 농림축산식품부와 농협은 8월 18일을 '쌀의 날'로 제정했다.

쌀 명
①벼에서 껍질을 벗겨 낸 알맹이. ②멥쌀을 보리쌀 따위의 잡곡이나 찹쌀에 상대하여 이르는 말. ③볏과에 속한 곡식의 껍질을 벗긴 알을 통틀어 이르는 말. 쌀, 보리쌀, 좁쌀 따위가 있다.

'쌀'의 뜻

쌀은 볏과에 속한 곡물의 껍질을 벗긴 알

그렇게 농부農夫의 많은 수고를 통해 우리 입으로 들어가는 쌀은 흔히 '벼에서 껍질을 벗겨낸 알맹이'로만 생각한다.

하지만 국어사전國語辭典에서 쌀의 설명을 살피면 '볏과에 속한 곡식의 껍질을 벗긴 알을 통틀어 이르는 말. 쌀, 보리쌀, 좁쌀 따위가 있다'라고도 풀이하고 있다.

볏과 곡물의 이삭

그처럼 쌀은 원래 볏과에 속한 곡물穀物의 껍질을 벗긴 알을 통틀어 이르는 말이었다. 그런 쌀로는 벼에서 나는 볍쌀 외에 보리쌀, 좁쌀, 밀쌀, 기장쌀, 귀리쌀, 옥수수쌀, 메밀쌀 등이 있다. 그러나 후대後代로 내려오면서 모든 곡물 가운데 가장 중요하게 여겨진 벼의 알맹이를 가리키는 데 주로 사용되고 있다. 따라서 오늘날 '쌀'하면 벼의 알맹이로 흔히 받아들여진다.

벼 이삭

米자는 볏과 곡물의 이삭 줄기에 딸린 알갱이

바로 그 '쌀'을 뜻하는 米[쌀 미]자는 갑골문 자형으로 살피면 벼·보리·밀·귀리·기장 등의 볏과 곡물 이삭 줄기에 딸린 산개散開한 몇 개의 작은 곡물 알갱이로 나타

갑골문 米자

금문 米자

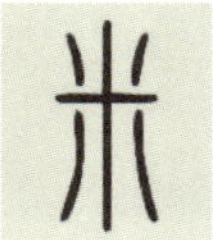

소전 米자

내고 있다. 그렇게 이삭 줄기에 달린 볏과 곡물의 알갱이를 나타낸 데서 米자는 후대에 그 알갱이에서 껍질을 벗긴 알맹이인 '쌀'의 뜻을 지니게 되었다.

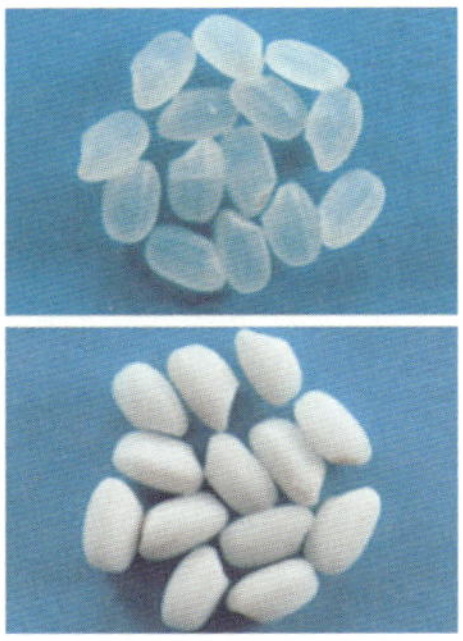
찹쌀(상)과 입쌀(하)

'찹쌀'과 '입쌀'

이밥에 고깃국

벼에서 나는 쌀에는 '찹쌀'과 '입쌀'이 있다. 사람들이 흔히 말하는 '쌀'은 '입쌀'을 말하며, '입쌀'은 '멥쌀'로 불리기도 한다.

'찹쌀'의 '차'는 '차조·찰조·찰기장·찰콩' 등에도 보이는데, '차(찰)'는 찰기를 의미하는 말이다. 반면에 '입쌀'은 찰기가 적거나 없는 쌀로, '입쌀'의 '이'는 쌀을 뜻하는 한자 米[쌀 미]자의 음 '미'와 관련이 있는 것으로 보인다.

이팝나무

보릿고개가 있던 시절時節에 가난한 사람의 소원所願이었던 "이밥에 고깃국"에서 '이밥'은 입쌀로 지은 밥을 말한다. 봄이면 쌀밥처럼 하얗게 꽃피는 '이팝나무'의 '이팝'도 입쌀로 지은 '이밥'에서 온 말이다.

나팔꽃(상)과 메꽃(하)

'멥쌀'의 '메'는 오늘날에도 제사상祭祀床에 올리는 쌀밥을 이르는 데 쓰이고 있다. 옛날 배고픈 시절에는 초근목피草根木皮로 연명延命을 했는데, 이때 캐먹었던 풀뿌리로 녹말綠末이 많은 메꽃의 뿌리가 있었다. 이 '메꽃'의 '메'도 제사상에 올리는 쌀밥을 이르는 '메'와 같다. '메꽃'은 친척뻘인 '나팔꽃'과 꽃모양이 비슷해 언뜻 구분區分이 쉽지 않은데, 이를 잘 구분해 알아둠이 좋겠다.

현미와 백미

나락(상)과 왕겨(중)와 현미(하)

나아가 논에서 자라는 벼 열매를 흔히 '나락'이라 하는데, '나락'은 겉껍질인 왕겨와 알맹이인 玄米(현미)[1]로 이뤄져 있다.

일반적一般的으로 이르는 쌀은 왕겨를 제거除去하고 남은 알맹이 전체全體인 玄米를 가리키기도 하고, 다시 왕겨와 玄米의 겨층을 제거한 흰쌀인 白米(백미)[2]를 가리키기도 한다.

곧 白米는 '玄米보다 겨층을 더 벗겨 희게[白] 만든 쌀[米]'을 말한다. 白米는 순우리말로 '쓿은쌀'인데, '쓿다'는 '찧어서 껍질을 벗기고 깨끗하게 하다'라는 의미다. 이를 뜻하는 한자는 精[쓿을 정]자이며, '쌀[米]을 깨끗하게 쓿는[精] 일'은 精米(정미)[3]라 한다. 또 도정搗精이라 하기도 한다.

쌀을 도정, 정미하는 곳

玄米는 '白米보다 색깔이 어두운[玄] 쌀[米]'이라 하여 '어둡다'는 뜻을 지니기도 하는 玄[검을 현]자를 덧붙였다.

아울러 그런 도정 과정過程에서 '겨층을 50% 정도[五分] 찧어[搗] 없앤 쌀[米]'은 五分搗米(오분도미)[4], '겨층을 70% 정도[七分] 찧어[搗] 없앤 쌀[米]'은 七分搗米(칠분도미)[5]라 한다.

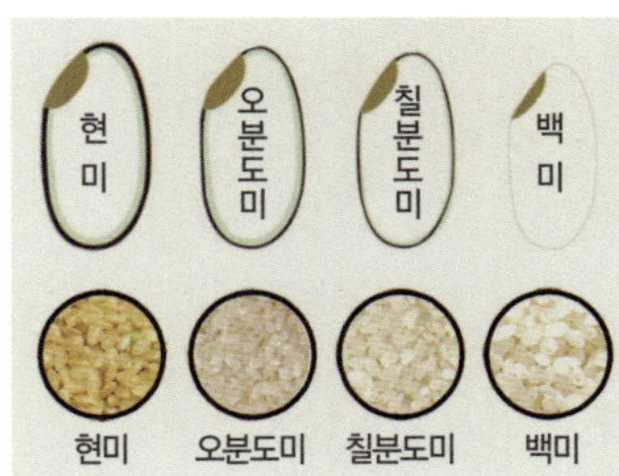

도정 정도를 알려주는 도해

그 외에 전문적專門的으로 '쓿어서[精] 깨끗하게 쌀[米] 만드는 곳[所]'은 精米所(정미소)[6]라 하며, 금방 精米해서 겉껍질이 벗겨진 매우 '엷은 노르께한 쌀[米]의 빛깔[色]'은 米色(미색)[7]이라 한다. 米色은 영어로 '오프화이트off white'라 하는데, 사전辭典에서 '거의 흰색으로 보일 만큼 밝은 색이지만 흰색과 약간의 차이가 나는 색'으로 풀이하고 있다.

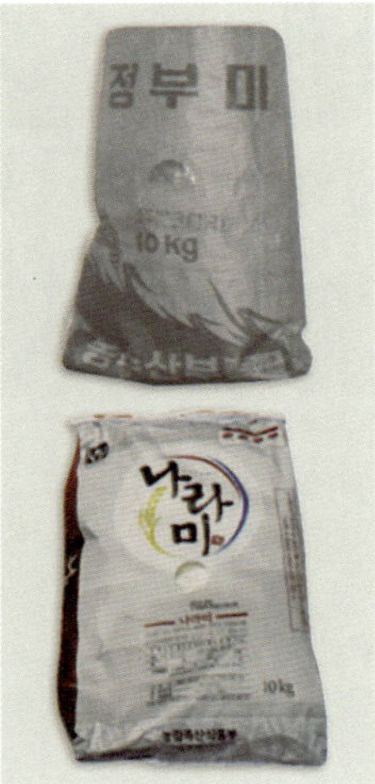

정부미와 나라미

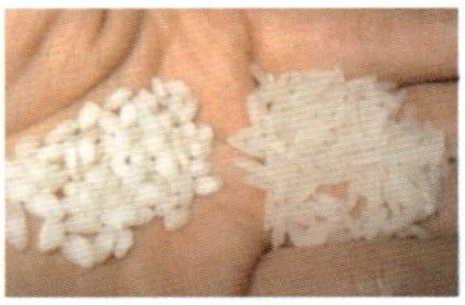
일반미(좌)와 안남미(우)

안남도호부 관련 지도

정부미와 일반미와 안남미

또 쌀에는 政府米(정부미)[8]와 一般米(일반미)[9]가 있고, 외국外國에서 생산生産되어 우리나라에 들어오는 安南米(안남미)[10]가 있다.

政府米는 '쌀값 조절을 위해 정부[政府]가 사들여 보유하고 있는 쌀[米]'을 말한다. 우리나라는 생산된 쌀 가운데 농가農家에서 보유保有하는 쌀을 제외除外하고 정부政府의 관리管理 아래에서 쌀을 유통流通시키고 있다. 政府米는 쌀값 조절調節 이외에 국공립학교國公立學校·군부대軍部隊·교도소矯導所·기초생활수급자基礎生活受給者·독거노인獨居老人·재난구호災難救護 등에 쓰이고 있다. 오늘날은 '나라미'라 하고 있다.

반면反面에 一般米는 '그해 생산된 일반[一般] 품종의 쌀[米]'을 政府米에 상대相對하여 이르는 말이다.

安南米는 품종品種과 상관相關없이 전全 세계世界 생산량生産量의 90%를 차지하는 쌀이다. '인도차이나반도의 안남[安南]에서 생산하는 끈기가 적은 쌀[米]'을 말한다.

安南은 중국中國 당唐나라 때에 하노이Hanoi에 설치設置한 안남도호부安南都護府에서 유래由來하는 말인데, 오늘날의 베트남Vietnam 중부中部와 북부北部를 가리킨다. 바로 그곳을 중심中心으로 생산되는 쌀이 安南米인 것이다.

공양미 · 대동미 · 오두미 · 군량미

또 米자는 供養米(공양미)[11]· 大同米(대동미)[12]· 五斗米(오두미)[13]· 軍糧米(군량미)[14]· 炭化米(탄화미)[15] 등에서 그 쓰임을 엿볼 수 있다.

공양미 삼백석 모으기(곡성군)

供養米의 供養은 웃어른을 모시어 음식飮食 이바지[供]를 하며 봉양한다[養]는 말인데, 불가佛家에서는 죽은 이의 영혼靈魂에게 음식 등을 바치는 일을 의미하기도 한다. 供養米는 바로 그런 '공양[供養]에 쓰는 쌀[米]'을 이른다. 〈심청전沈淸傳〉에 등장登場하는 심청이가 아버지 심봉사沈奉事 눈을 뜨게 하기 위해 절에 바친 삼백석三百石의 쌀이 바로 供養米였다.

大同米는 조선朝鮮 중기中期 · 후기後期에 실시實施된 대동법大同法과 관련된 말이다. 대동법은 여러 공물貢物을 쌀로 통일統一해 크게[大] 한가지[同]가 되도록 한 납세納稅와 관련된 법[法]을 말한다. 바로 그렇게 '크게[大] 한가지[同]가 되도록 한 법에 따라 거두던 쌀[米]'을 大同米라 한다.

도연명 초상화

五斗米는 '다섯[五] 말[斗]의 쌀[米]'이라는 의미로, 오늘날은 얼마 안 되는 봉급俸給을 이르는 말로 쓰이고 있다. 동진東晉 말기末期에 관리官吏 생활을 하던 도연명陶淵明이 쌀 다섯 말 때문에 윗사람에게 허리를 굽힐 수 없다고 하여 벼슬을 버리고 집으로 돌아왔다는 데서 유래由來했다.

軍糧米는 '군사[軍]의 양식[糧]으로 쓰는 쌀[米]'을 의미한다. 軍糧米로 쓰이는 쌀은 군대軍隊에서 무기武器와 더불어 단연

소로리 탄화미

1순위順位에 드는 보급품補給品에 속한다.

炭化米는 오래된 유적지遺蹟地에서 출토出土되는데, '불에 타거나 지층地層 안에서 자연自然 탄화[炭火]되어 남아 있는 쌀[米]'을 말한다.

1988년에 충북忠北 청원군淸原郡 옥산면玉山面 소로리小魯里, 구석기舊石器 유적遺蹟의 토탄층土炭層에서 발굴發掘된 炭化米는 1만 3천 년 이전以前의 것으로 추정推定되고 있다. 2000년 말 필리핀의 국제미작연구소國際米作硏究所가 세계世界 28개국 500여 명의 학자學者들을 초청招請해 개최開催한 국제 벼 유전학술회의遺傳學術會議에서 세계에서 가장 오래된 쌀로 인정認定받은 바 있다.

낙정미

그 외에 米자는 供出米(공출미)·救護米(구호미)·備蓄米(비축미)·落庭米(낙정미) 등에서도 여전히 그 쓰임을 살펴볼 수 있다.

미음과 절미운동

쌀미음

나아가 쌀로 만든 음식飮食인 米飮(미음)[16]에서도 米자의 쓰임을 엿볼 수 있는데, 米飮은 원래原來 '좁쌀·멥쌀·찹쌀·기장쌀 등의 쌀[米]을 껍질만 남을 정도로 푹 고아서 체로 걸러낸 음식[飮]'을 일렀다. 그 가운데 멥쌀·찹쌀의 쌀[糹]로 만든 米飮은 糹米飮(쌀미음)이라 했다.

한데 糹米飮의 糹[쌀 쌀]자는 우리나라에서만 필요必要에 따라 만들어 쓰고 있는 한자漢字다. 糹負袋(쌀부대)나 糹盜賊(쌀도적)이란 말에서도 그 쓰임을 살펴볼 수 있다.

쌀은 우리나라에서 1970년대 중반中盤까지만 해도 자급자족自給自足이 안 되어 아껴 먹어야 했던 곡물穀物이었다. 따라서 나라에서 '쌀[米]을 절약[節]하는 운동[運動]'을 벌이기도 했는데, 그것이 바로 節米運動(절미운동)[17]이었다.

당시 어머니들은 밥을 지을 때 식구食口 한 명당名當 쌀을 한 숟가락씩 덜어내며 절약節約을 했다. 음식점飮食店이나 숙박업소宿泊業所에서는 '쌀[米]을 먹지 않는[無] 날[日]'인 無米日(무비일)[18]이 되면 신설新設된 식품위생법食品衛生法 조항條項에 따라 쌀이 들어간 음식을 팔지 못했다. 학교에서는 선생님들이 도시락 뚜껑을 열어 혼식混食 검사檢査를 할 정도로 쌀을 절약했다.

그런 쌀이 오늘날은 남아돌고 있다. 산림녹화山林綠化가 이뤄지고, 본격적으로 저수지貯水池나 댐dam이 만들어지면서 수리水利 시설施設도 갖춰졌으며, 벼의 품종品種도 개량改良이 되면서 해마다 풍작豐作이 이뤄지고 있기 때문이다.

게다가 날씨가 갈수록 온난화溫暖化하여 벼의 생육生育에 도움이 되면서 수확收穫이 풍성豐盛해진 반면 1인당人當 쌀 소비량消費量은 갈수록 줄어들면서 결국 쌀이 남아돌고 있는 상황이 된 것이다. 그처럼 쌀이 남아돌게 되자 그 가치價値가 하락下落되면서 홀대忽待를 받고 있어 문제問題가 되고 있다. 급기야 사람이 먹는 쌀값이 개가 먹는 사료飼料값만도 못할 지경이 되어 벼농사 짓는 이들이 어려움을 겪는 처지가 되었다. 그런 이들을 위해 요식업料食業 관계자들이 쌀을 이용한 다양한 먹을거리 개발開發에 관심을 기울였으면 좋겠다.

쌀도적, 쌀벌레

절미운동의 모습

1월1일부터 無米日폐지

쌀·보리混食시책은 지속

무미일 관련 기사

선생님이 혼식 검사하는 모습

쌀값에 대한 항의 팻말

미수 · 희수 · 산수 · 졸수 · 백수

喜자 초서

傘자 초서

卒자 초서

桒자 속자

米자는 앞서 언급言及했듯 八十八로 파자破字된다고 했는데, 실제實際로는 丷十八로 파자된다. 한데 半(반)자가 半자로, 曾(증)자가 曾자로, 兼(겸)자가 兼자로도 쓸 수 있는 데서 보듯 八의 형태와 丷의 형태는 바꿔 쓸 수 있기에 米자를 파자한 丷十八을 八十八로 본 것이다. 그렇게 米자는 八十八로 볼 수 있기에, 그로 인해 나이와 관련된 말인 米壽(미수)[19]는 '88[八十八]세歲의 수명[壽]'을 이른다.

나아가 米壽처럼 파자하여 나이를 이르는 말로는 77세의 喜壽(희수), 80세의 傘壽(산수), 90세의 卒壽(졸수), 99세의 白壽(백수)가 있다.

喜壽의 喜[기쁠 희]자는 초서草書로 쓰면 七十七(칠십칠)로, 傘壽의 傘[우산 산]자는 초서로 쓰면 八十(팔십)으로, 卒壽의 卒[마칠 졸]자는 초서로 쓰면 九十(구십)으로 쓰이는 것처럼 보이기 때문이다.

또 桑壽(상수)는 桑[뽕나무 상]자의 속자俗字인 桒자가 네 개의 十(십)자와 八(팔)로 이뤄졌기에 48세를 이른다. 아울러 白壽의 白[흰 백]자는 100을 뜻하는 百[일백 백]자에서 一자가 없는 것으로 보아 100에서 1을 뺀 99세를 이른다.

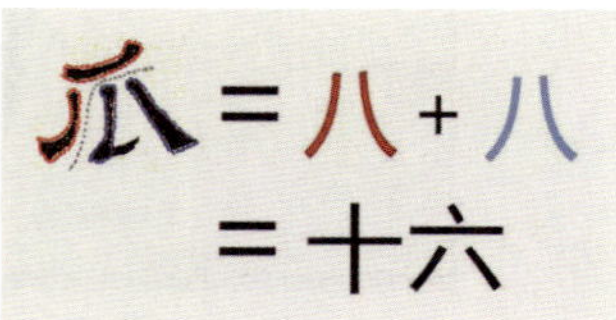

瓜자의 파자

그 외에 瓜年(과년)은 瓜[오이 과]자를 파자하면 八[여덟 팔]자 두 개가 쓰인 한자처럼 보이기에 八자 둘을 합친 수인 16과 관련해 16세의 여자 나이를 이르는 말로 쓰이고 있다. 아울러 瓜年은 八자 둘을 곱한 수인 64와 관련해 64

세의 남자 나이를 이르기도 한다.

미국과 백미

나아가 米자는 나라 이름에서도 그 쓰임을 엿볼 수 있는데, 사실 우리나라와 달리 일본日本에서는 오늘날 '아메리카America'를 줄여 한자로 米國(미국)이라 표기表記하고 있기 때문이다.

우리나라도 조선朝鮮 말기末期에는 중국中國처럼 美國으로 표기했으나 일제강점기日帝强占期에는 일본의 영향을 받아 米國으로 표기했다. 북한北漢은 오늘날에도 여전如前히 米國으로 표기하고 있다. 하지만 우리나라는 일제강점기를 지나 미군정기美軍政期에 확실確實하게 美國으로 바꿔 표기하고 있다.

또 중국에서는 길이 단위單位인 m(미터)를 이르는 한자로 米자를 사용하고 있다. 따라서 100m경주競走의 100m는 한자로 百米(백미)로 표기하고 있다. 우리나라에서도 100m를 굳이 한자로 표기한다면 百米로 쓰고 있다.

미국 美國 명
米国(べいこく), アメリカ(合衆国(がっしゅうこく)).

'米國' 관련 일본어 자료

1920년 7월 5일 『동아일보』

百米赛跑
bǎimǐ sàipǎo
백 미터 경주

'100m경주' 관련 중국어 자료

方 [모 방] 모난 돌이 정에 맞는다

사람으로서 사람들과의 만남 속에서
모나지 않게 사람다움을 잃지 않고 산다는 것이
얼마나 어려운 일인가(전상국 『외딴길』)

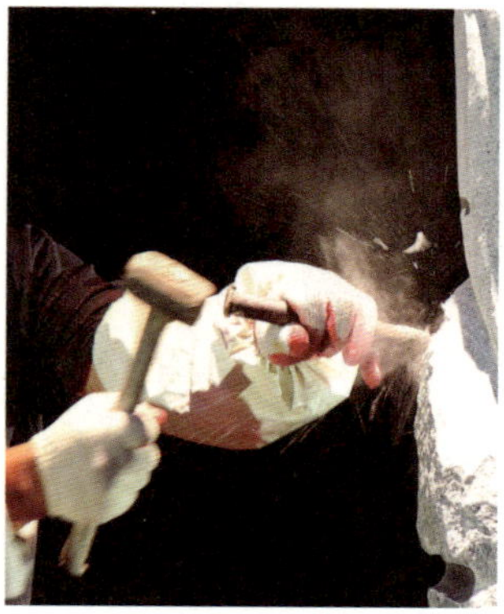
정에 맞는 모난 돌

글 속에서 모나지 않게 산다는 것이 어렵다 했는데, 세상世上을 혼자만 산다면 모난 것이나 둥근 것이나 문제問題가 되진 않는다. 그러나 사람은 사회적社會的 동물動物이다. 남과 더불어 살면서 모난 부분部分이 있게 되면, 상대相對가 그 모난 부분에 다칠 수 있게 된다. 해서 어려서 눈에 띄거나 주변 사람들과 다른 모난 행동行動을 하면 윗사람들이 종종 야단惹端을 치며 자제自制시키는 것도 그 때문일 것이다.

그럼에도 모난 행동이 계속된다면 "모난 돌이 정에 맞는다"는 속담俗談처럼 결국 제재制裁를 받게 된다. 둥글게 되라고, 둥글게 살라고 강요强要 당當하는 것이다.

모난 것은 그 자체로 형태가 바른 것

하지만 둥글지 않고 모난 것은 그 자체自體로 형태形態가 바른 것이다. 모난 형태로 되어 있는 두부豆腐의 개수個數를 셀 때에 '모난'의 '모'를 써서 '한 모', '두 모', '세 모'하는데, 그 두부 형태가 바른 것처럼. "모난 돌이 정에 맞는다"는 속담도 두각頭角을 나타내는 사람이 남에게 미움을 받는다는 말이기도 하지만 바르기가 너무 강强한 사람이 남의 공박攻駁을 받는다는 말이기도 한 것이 그 때문이다.

두부 한 모

그처럼 모난 것은 바른 것이기도 하기에 모난 행동은 상황狀況에 따라 바른 행동이 될 수도 있다. 더구나 오늘날은 정보통신情報通信 기술技術이 발달發達한 제4차第四次 산업혁명産業革命의 시대時代다. 이런 시대에서는 모나지 않은 돌이 그다지 쓸모가 없다. 자신이 바르다고 여기면 강하게 어필하는 사람만 주목注目받는 사회社會가 된 것이다. 그것도 그냥 대충 모난 돌이 아니라 아주 독특獨特하게 모난 돌이어야 두드려 맞지 않고 오히려 창조적創造的인 존재存在로 남의 주목을 받게 된다. 자타自他 모두가 인정認定하는 모난 돌, 창조적인 사람이 되는 것이 요청要請되는 시대가 바로 오늘날이다.

4차 산업혁명을 표현한 그림

方자는 쌍날따비와 같은 옛날의 쟁기

한자에서는 모난 돌의 '모'를 뜻하는 데 方[모 방]자를 쓰고 있

갑골문 方자

금문 方자

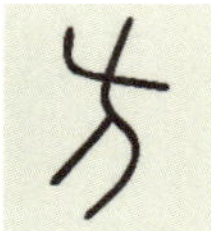

소전 方자

다. 그 方자는 쌍날따비와 같은 옛날의 쟁기를 나타내면서 쟁기의 생명력生命力이 땅을 파는 모난 부분에 있기 때문에 결국 그 뜻이 '모'가 되었다.

쌍날따비

금문 耒자

'모'는 물건物件의 거죽으로 쑥 나온 귀퉁이를 이르는데, 한자가 쓰이기 시작始作하면서 본격적本格的으로 농사農事를 짓기 시작하던 때에 '모난 물건'으로 귀중貴重하게 여겼던 것은 바로 따비와 같은 원시적原始的인 형태形態의 쟁기였다. 따라서 '쟁기'를 뜻하는 耒[쟁기 뢰]자 고문자古文字 자형字形에서도 方자와 똑같은 자형을 엿볼 수 있다.

농경문청동기에 새겨진 따비로 일하는 사람

方자는 '네모'의 뜻을 지니기도

돈방석이 아닌 방석

方자는 모난 것 가운데 바르게 모난 형태인 '네모'의 뜻을 지니기도 한다. 方席(방석)[1]· 方舟(방주)[2]· 天圓地方(천원지방)[3]의 方자가 그런 뜻으로 쓰였다.

方席은 앉을 때 사용하는 작은 깔개로, '주로 네모[方]지게 만들어 밑이 배기거나 바닥이 찬 자리[席]에 까는 물건物件'이다. 그런 方席으로 '돈방석'은 돈을 넣어 깔고 앉은 方席으로 여기는 이들이 적지 않은데, 사실 돈방석은 옷감인 베와 관련이 있다.

고려시대高麗時代에 우리나라에서 건원중보乾元重寶라는 동전

銅錢의 돈이 처음 만들어졌지만 조선朝鮮 말기末期까지 돈이 제대로 유통流通되지 못했다. 여전히 물물교환物物交換이 성행盛行했는데, 돈을 사용하지 않고 주로 생활필수품生活必需品인 쌀이나 베로 값을 치렀다. 의식衣食을 해결解決하는 쌀과 베가 당시當時에는 가장 귀중貴重했기 때문이다. 한데 돈을 대신代身한 베는 양쪽 끝에 관청官廳의 도장圖章을 찍어 사용했다. 그런 베를 가진 이들은 거래去來가 성사成事되기 전에 흔히 이를 方席처럼 깔고 앉았는데, 그것이 바로 돈방석이었다.

건원중보

方舟는 '네모[方]가 진 배[舟]'로, 성경聖經 창세기創世記에 나오는 의義로운 사람 노아Noah가 하나님의 계시啓示를 받아 만들었다. 노아는 그의 가족家族과 여러 동물動物을 한 쌍雙씩 그 方舟에 태워 모두 대홍수大洪水를 피避할 수 있게 했다.

이탈리아 '노아의 방주' 벽화

天圓地方은 '하늘[天]은 둥글고[圓] 땅[地]은 네모[方]지다'라는 말인데, 이 말에서는 옛날 한자문화권漢字文化圈 사람들의 세계관世界觀을 엿볼 수 있다.

실제로 옛날 사람이 그려놓은 〈천지도天地圖〉를 살피면 하늘은 둥그렇게 땅은 네모지게 표현하고 있음을 볼 수 있다.

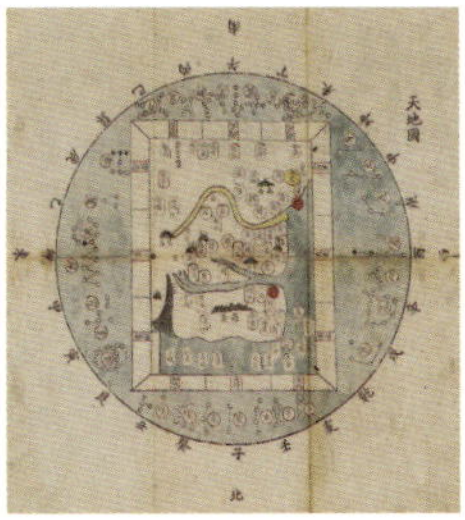

천원지방을 표현한 〈천지도〉

方자는 '방향'이나 '방면'의 뜻을 지니기도

나아가 옛날 사람들이 세상의 땅을 네모로 여기면서 비롯된 동서남북東西南北과 관련해 方자는 '방향'이나 '방면'의 뜻을 지니기도 한다. 一方(일방)[4]·雙方(쌍방)[5]·四方(사방)[6]·五方(오방)[7]·八

方(팔방)[8]·十方(십방)[9]·二十四方(이십사방)[10]·萬方(만방)[11]의 方자가 모두 그런 뜻으로 쓰이고 있다.

一方은 '어느 한[一] 방향[方]'이란 말로, 다시 一方通行(일방통행)이나 一方行爲(일방행위)에서 그 쓰임을 엿볼 수 있다.

雙方은 '이쪽과 저쪽 두[雙] 방향[方]'이란 말로, 雙方通行(쌍방통행)이나 雙方行爲(쌍방행위)에서 그 쓰임을 엿볼 수 있다. 또 雙方過失(쌍방과실)이나 雙方暴行(쌍방폭행)에 쓰이기도 한다.

四方은 '동·서·남·북의 네[四] 방향[方]'을 이르는 말로, 그 '동·서·남·북[四方]과 하늘[天]과 땅[地]을 아우르는 온 세상'을 의미하는 四方天地(사방천지)[12]에서 그 쓰임을 엿볼 수 있다.

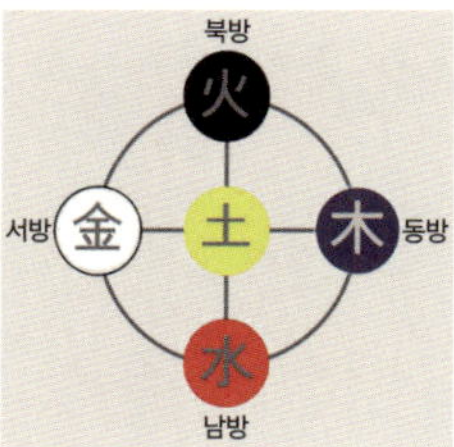

오방색

오방신

五方은 '동·서·남·북과 그 중앙의 다섯[五] 방면[方]'을 이르는 말로, 다시 五方色(오방색)이나 五方神(오방신)에 덧붙여 쓰이고 있다. 五方色[13]은 '다섯[五] 방면[方]을 상징象徵하는 색[色]'으로, 동東의 청색靑色·서西의 백색白色·남南의 적색赤色·북北의 흑색黑色·중앙中央의 황색黃色을 이른다. 五方神[14]은 '다섯[五] 방면[方]을 지키는 신[神]'으로, 동의 청제靑帝·서의 백제白帝·남의 적제赤帝·북의 흑제黑帝·중앙의 황제黃帝을 이른다.

八方은 '여덟[八] 방면[方]'을 이르는데, 이는 동東·서西·남南·북北·북동北東·남동南東·북서北西·남서南西를 말한다. 또 그 八方으로 여러 방면을 충분히 가리킬 수 있는 데서 '여러 방면'의 의미를 지니기도 한다. 따라서 八方이 덧붙여진 말인 八方美人(팔방미인)[15]은 '여러 방면[八方]에 아름다운[美] 사람[人]'을 의미한다. 아울러 여러 방면에 능통能通한 사람을 비유적比喩的으로 이르기도 한다.

十方은 '사방四方·사우四隅·상하上下의 열[十] 방향[方]을 통틀어 이르는 말'로, 역시 '여러 방면'이나 '모든 방면'을 의미하기도 한다. 한데 그 十方을 불가佛家에서 '시방'으로 읽기 때문에 '모든 방면[十方]의 세계[世界]'를 이르는 말인 十方世界(시방세계)[16]도 '시방세계'로 읽고 있다.

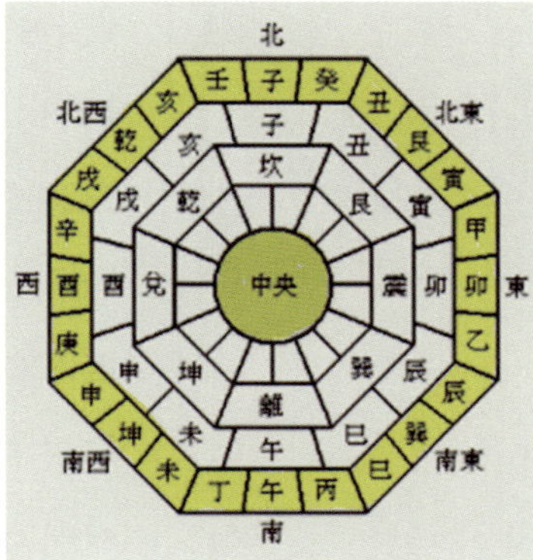

이십사방위

二十四方은 '공간空間을 스물넷[二十四]의 방향[方]으로 나눈 것'인데, 방향을 하루 24시간처럼 구분區分한 것이다.

萬方은 '많다'의 뜻을 지니기도 하는 萬[일만 만]자가 덧붙여진 말로, 많은 방면과 관련해 '모든 방면'의 의미로 쓰이고 있다. "우리 선수들은 이번 올림픽에서 좋은 성적을 거두어 국위를 만방에 떨쳤다"와 같은 말에서처럼 활용活用되고 있다.

方자는 '사방'의 뜻을 지니기도

또 방향方向은 흔히 동서남북의 사방四方으로 일컫기에 方자는 '사방'의 뜻을 지니기도 한다. 方寸(방촌)[17]이나 方丈(방장)[18]의 方자가 그런 뜻으로 쓰이고 있다.

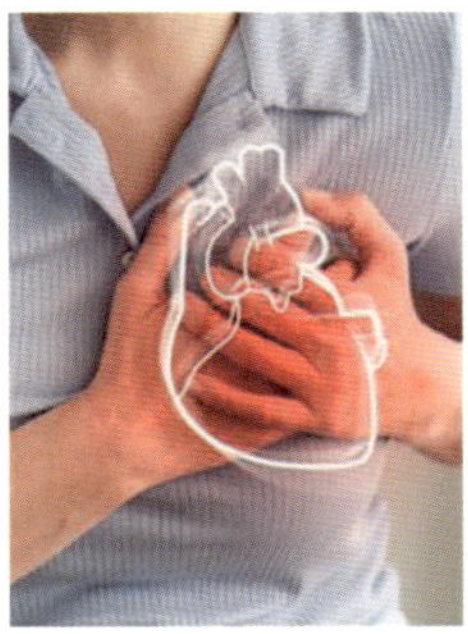
방촌(마음)

方寸은 '사방[方] 한 치[寸]의 넓이'를 말한다. 나아가 사람 가슴속 사방 한 치의 넓이에 마음이 깃들어 있다 하여 '마음'을 의미하는 말로도 쓰이고 있다.

따라서 '기미독립선언서己未獨立宣言書'에 나오는 '方寸의 刃

법정 스님이 머물렀던 방

삼신산 중의 하나인 방장산

만행산에서 바라본 지리산

(인)을 懷(회)하고[19]'는 '마음[方寸]의 칼[刃]을 품고[懷]'라는 의미며, '마음속으로 굳은 결심을 하다'라는 의미로도 풀이한다.

方丈은 '사방[方] 1장[丈]이 되는 넓이'를 말한다. 1장은 1척尺의 열 배로 약 3미터쯤에 해당該當하는 길이인데, 불가佛家에서 화상和尙·국사國師·주지住持 등等 높은 승려僧侶의 처소處所는 흔히 바로 그런 四方의 길이를 지닌 공간空間으로 이뤄졌다. 따라서 方丈은 높은 승려의 처소를 이르기도 하고, 나아가 한 절을 주관主管하는 승려를 이르기도 한다.

한데 그 '方丈'을 '房長(방장)'으로 여기는 이들이 적지 않다. 하지만 房長은 감방監房 안의 죄수罪囚 가운데 맨 먼저 갇힌 사람을 이른다.

아울러 方丈은 지리산智異山을 달리 이르는 方丈山(방장산)에서도 그 쓰임을 살펴볼 수 있다.

方丈山은 원래 봉래산蓬萊山·영주산瀛洲山과 더불어 중국中國 전설傳說에 나오는 상상想像의 삼신산三神山 가운데 하나였다. 바로 그 중국의 삼신산을 본떠 우리나라에서도 지리산을 方丈山이라 했고, 금강산金剛山과 한라산漢拏山을 봉래산과 영주산으로도 불렀다.

方자는 '방법'의 뜻을 지니기도

나아가 方자는 일정一定한 방향方向이나 방면方面을 정해두고 무언가 행하는 데서 '방법'의 뜻을 지니기도 한다. 百方(백방)[20]·祕方(비방)[21]·韓方(한방)[22]·單方藥(단방약)[23]·處方箋(처방전)[24]·藥方文(약방문)[25]·『鄕藥救急方(향약구급방)[26]』의 方자가 그런 뜻으로 쓰였다.

百方은 百姓(백성)·百藥(백약)·百獸(백수)에서처럼 '모든'의 뜻으로도 쓰이는 百[일백 백]자를 덧붙여 '모든[百] 방법[方]'을 의미하는 말로, 온갖 수단手段과 방도方途를 이르기도 한다.

祕方은 '숨겨[祕] 놓은 방법[方]'이란 말로, 특히 자기自己만 알고 남에게 공개公開하지 않는 특효特效의 藥方文을 이른다.

韓方은 '의술醫術에서 예부터 전해진 우리나라[韓]만의 방법[方]'이란 말인데, 그 방법은 약藥의 처방處方과 관련이 있다.

그런 약의 처방으로, '한[單] 가지 약제藥劑로 처방[方]해 병을 다스리는 약[藥]'은 單方藥이라 한다.

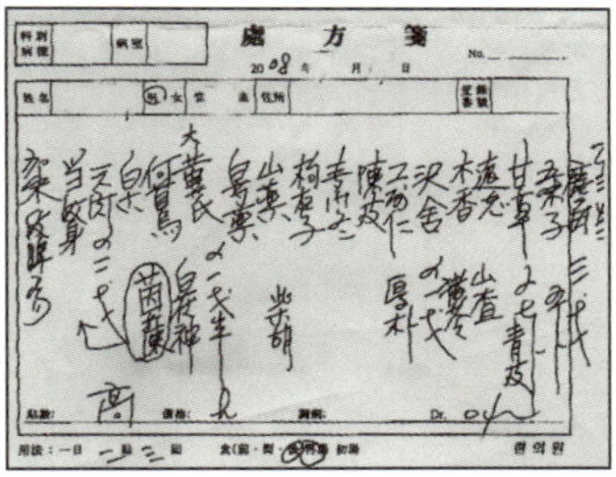

한방 처방전

아울러 處方箋은 '병이 낫도록 약[藥]을 처방[處方]한 글[文]을 쓴 작은 종이인 찌지[箋]'를 이르는데, 이는 藥方文이라 하기도 한다.

따라서 藥方文도 '병을 낫도록 약[藥]을 처방[處方]한 글[文]'과 관련이 있는데, 죽은[死] 후[後]에는 그 藥方文이 필요가 없게 된다. 이를 의미하는 말이 바로 死後藥方文(사후약방문)[27]이다.

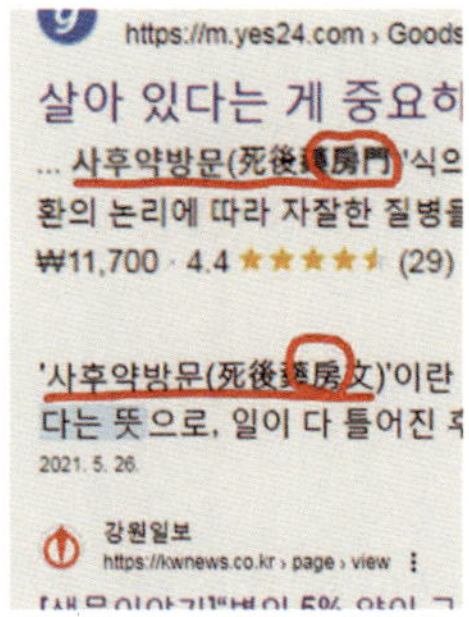

잘못 쓰인 '사후약방문'

다시 말하면 死後藥方文은 '죽은[死] 뒤[後]에 병이 낫도록 약[藥]을 처방[方]한 글[文]'을 의미하며, 이는 이미 때가 지난 후에 대책對策을 세우거나 후회後悔해도 소용所用없음을 이르는 데 쓰이는 말이다.

한데 死後藥方文을 '死後藥房門'으로 잘못 알고 '죽은[死] 뒤

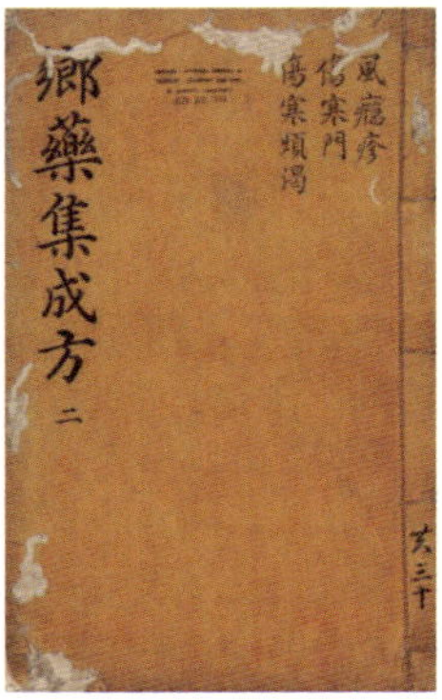

『향약집성방』

[後]에 약방[藥房] 문[門]을 찾다'라는 의미로 잘못 생각하는 이들이 적지 않다. 이참에 바른 의미를 알아 두어야 하겠다.

『鄕藥救急方』은 '우리나라[鄕]에서 나는 재료의 약[藥]으로 급한[急] 병자病者를 구원해[救] 낼 수 있는 처방[方]을 적은 책'으로, 고려高麗 고종高宗 때에 나라에서 간행刊行한 우리나라 최고最古의 한의서韓醫書를 말한다. 『鄕藥集成方(향약집성방)[28]』도 왕명王命에 따라 세종世宗 때에 펴낸 책冊인데, '우리나라[鄕]에서 나는 재료의 약[藥]과 관련된 성과成果와 경험經驗을 모아[集] 하나를 이루도록[成] 만들어 처방[方]을 적은 책'을 말한다.

方자는 '지방'이나 '나라'나 '장소'의 뜻을 지니기도

아울러 方자는 동서남북의 일정一定한 방향方向을 지닌 지역地域과 관련關聯해 '지방'이나 '나라'나 '장소'의 뜻을 지니기도 하는데, 南方(남방)[29] · 方言(방언)[30] · 方外人(방외인)[31] · 西方淨土(서방정토)[32]에서 그런 뜻의 쓰임을 엿볼 수 있다.

남방을 입은 모습

南方은 '남녘[南] 방향[方]'을 이르기도 하지만 '남녘[南] 지방[方]'을 이르기도 한다. 또 '여름에 양복저고리 대신으로 입는 얇은 옷'을 이르기도 하는데, 이는 남방셔츠南方shirt를 줄여 부른 말이다. 결국 南方은 날씨가 더운 남녘 지방地方의 사람들이 주로 입는, 소매가 짧고 통풍通風이 잘 되도록 헐렁하게 만든 옷과 관련이 있음을 알 수 있다.

方言은 '표준어標準語가 아닌 어느 한 지방[方]에서만 쓰는 말

[言]'을 이른다. 달리 '사투리'라 하기도 한다.

方外人의 '方外'는 일정한 방법이나 장소[方]의 밖[外]이라는 의미로, 기존旣存의 또는 일반적一般的인 경우境遇를 벗어난 상태狀態를 가리킨다. 따라서 方外人은 '일이 벌어진 일정한 장소[方]의 밖[外]에 있어서 벌어진 일과 전혀 관계가 없는 사람[人]'을 이른다. 달리 제삼자第三者라 할 수 있으며, 스스로 세상世上을 거부拒否하여 현실現實에 얽매이지 않고 속세俗世를 초월超越하여 지내는 사람을 의미意味하기도 한다.

西方淨土는 '서녘[西] 지방[方]에 있다는 깨끗한[淨] 땅[土]'을 의미하는데, 앞서 五方色에서 살펴봤듯 서녘은 깨끗한 색인 백색白色과 관련되므로 불가佛家에서 西方을 淨土로 본 것이다. 곧 극락極樂, 또는 이상향理想鄕을 西方淨土로 여겼다.

方자는 '바르다'의 뜻을 지니기도

또 方자는 동서남북의 일정한 방향을 향하고 있는 네모의 형태가 바르게 모가 나있기에 品行方正(품행방정)[33]에서처럼 '바르다'의 뜻을 지니기도 한다.

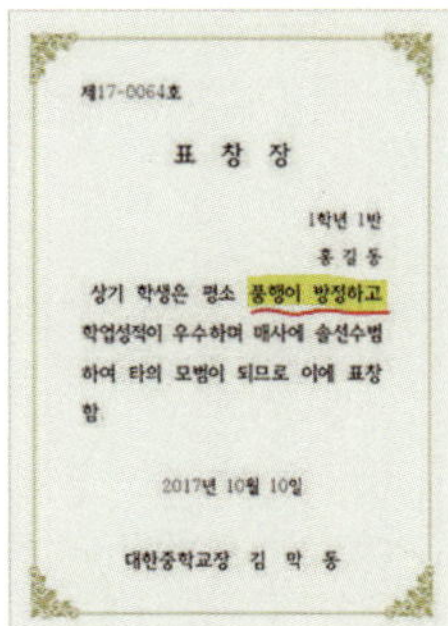
제17-0064호

표 창 장

1학년 1반

홍 길 동

상기 학생은 평소 품행이 방정하고 학업성적이 우수하며 매사에 솔선수범하여 타의 모범이 되므로 이에 표창함.

2017년 10월 10일

대한중학교장 김 막 동

표창장

'성품[品]과 행실[行]이 바르다[方正]'를 의미하는 品行方正은 흔히 상장賞狀에서 "품행이 방정하여 이에 상장을 수여합니다"라고 풀어서 쓰인 글귀에서 볼 수 있다. 한데 '품행이 방정하여'의 '방정'을 '방정맞다'의 '방정'으로 생각해 상장의 글귀를 의아하게 생각하는 이들이 적지 않다. '방정맞다'의 '방정'은 '몹시

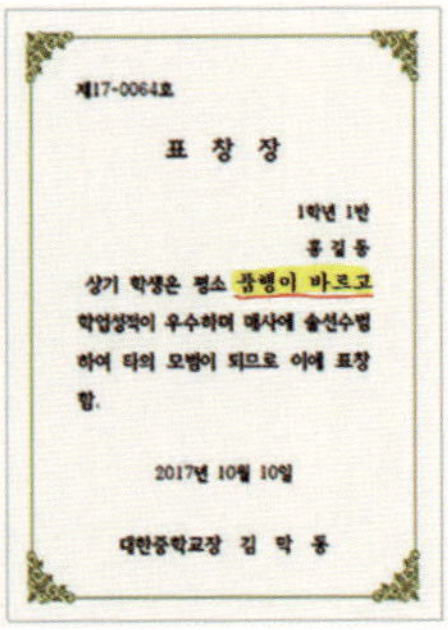

제17-0064호

표 창 장

1학년 1반

홍 길 동

상기 학생은 평소 품행이 바르고 학업성적이 우수하며 매사에 솔선수범하여 타의 모범이 되므로 이에 표창함.

2017년 10월 10일

대한중학교장 김 학 동

바꿔 쓴 표창장

까불어서 가볍고 점잖지 못하다'라는 말로, '품행이 방정하여'의 '방정'과 다른 말인 것을 모르기 때문이다.

이처럼 혼동混同하게 하는 말이라면 굳이 한자를 쓰지 않고 상장의 글귀를 "품행이 바르기에 이에 상장을 수여합니다"라고 고쳐 사용하는 것이 마땅하다 하겠다. 살려 쓸 순우리말이 있으면 굳이 한자어漢字語를 쓸 필요가 없기 때문이다.

方자는 '이제'나 '바야흐로'의 뜻으로도

만화방창하는 봄날의 새싹

그 외에 方자는 어떤 방법方法이 행해지는 시점時點과 관련해 '이제'나 '이제 한창', 또는 그와 같은 의미인 '바야흐로'의 뜻으로도 쓰이고 있다. 그런 말로 方今(방금)이나 時方(시방)의 方자는 '이제'의 뜻으로 쓰였고, 萬化方暢(만화방창)[34]이나 血氣方壯(혈기방장)[35]의 方자는 '바야흐로'의 뜻으로 쓰였다.

다시 살피면 萬化方暢은 '따뜻한 봄날에 많은[萬] 생물이 화하여[化] 바야흐로[方] 화창해지다[暢]'라는 의미다. 추운 겨울이 지나고 봄이 되어, 천지天地 만물萬物이 봄기운을 받아 힘차게 자라나는 것을 이른다. 간혹 많은[萬] 꽃[花]이 피어 바야흐로[方] 화창해지다[暢]라는 의미로 생각해 '萬花方暢'으로 잘못 알고 있는 경우도 있다.

血氣方壯은 '힘을 쓰고 활동하게 하는 혈기[血氣]가 바야흐로[方] 씩씩하다[壯]'라는 의미다. "아직도 근육과 정신이 근질거리는 혈기방장의 젊은 나이였다면 나는 아나키스트가 됐을 것이다"와 같은 글에서처럼 활용되고 있는 말이다.

뿐만 아니라 天方地軸(천방지축)의 方자는 放[놓을 방]자가 갖고 있는 의미와 가까운 '제멋대로 하다'의 뜻을 지니기도 한다. 天方地軸은 못난 사람이 하늘로 땅으로 종작없이 제멋대로 덤벙이는 모습을 의미하는데, 天方地方(천방지방)이라 하기도 한다.

白
[흰 백]

비어있는 색

눈송이 뭉쳐 가만히 들여다보면
설핏 무슨 기미가 어른거린다
너무 흰 것엔 그늘이 있지
보호막 같은 그늘

흰 밥, 흰 고무신, 흰 상복, 흰 목련
모든 빛을 다 반사하므로 얻는다는
흰색은 사실 비어있는 색

뭉친 눈을 보는 모습

이규리李珪里 시인詩人의 「흰 모습」이란 시詩 일부一部다. "모든 빛을 다 반사하므로 얻는다는 흰색"이라 하고 있는데, 바로 그 흰색은 아무런 색色도 없는 무채색無彩色이다.

흰색은 전통적으로 신부를 위한 색

흰색은 무채색 중에서 가장 밝기 때문에 순결純潔·단순單純·

순수純粹·정직正直·숭고崇高·청결淸潔·위생衛生 등의 여러 의미意味를 지닌다. 심리적心理的으로는 감정感情이나 사고思考를 정화淨化해 주며, 편안便安한 해방감解放感을 주는 역할을 하기도 한다. 반면에 평범平凡·저렴低廉·냉담冷淡·고독孤獨·공허空虛·무기력無氣力함의 느낌을 주기도 하는 색色이기도 하다.

신부의 흰색 드레스

또 흰색은 지금까지 있었던 것을 모두 지워버리고 새로운 시작始作을 알리는 재출발再出發의 색이기도 하다. 아울러 순결과 정직 등을 나타내므로 전통적傳統的으로 신부新婦를 위한 색으로 선택選擇되어 왔다. 동기動機 유발誘發을 하거나 정직하다는 메시지를 주고 싶을 때도 흰색이 널리 이용利用되고 있다.

흰색을 좋아하는 사람은 정의감正義感이 넘치고 높은 이상理想을 요구要求하는 완벽주의完璧主義자 부류部類가 많다고 한다.

白자는 불똥 모양과 관련

갑골문 白자

금문 白자

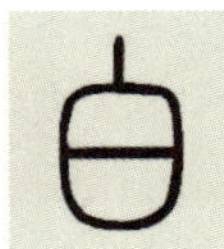

소전 白자

심지의 작은 불덩이

금문 丶자

바로 그 흰색의 '희다'를 뜻하는 한자가 白[흰 백]자다. 白자는 그 자원字源에 대해 문자학자文字學者들의 견해見解가 분분紛紛하다. 엄지손가락 모습, 해가 막 솟는 모양, 작은 불덩이인 불똥 모양, 낮 모습, 곡식 알맹이 모양 등의 여러 견해로 주장主張되고 있다. 그중에 白자는 불똥 모양과 관련關聯되었다는 견해가 가장 타당妥當해 보인다.

이는 白자 고문자 자형이 '불똥'을 나타낸 丶[불똥

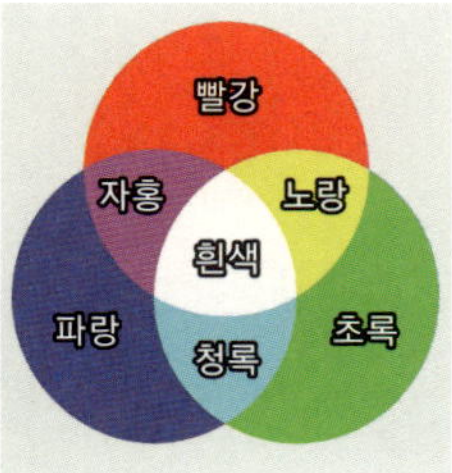

빛의 삼원색

주]자 고문자(금문)와 같은 형태를 지니고 있기 때문이다. 어두운 밤을 하얗게 밝히는 작은 불덩이인 불똥이 타오를 때에 비치는 빛과 관련해 '희다'의 뜻을 지니게 되었다고 본 것이다. 하지만 '희다'라는 말은 밤을 밝히는 불빛이 아닌 낮을 밝히는 해에서 비롯된 말로 알려져 있다. 곧 白자의 글자 형태는 불빛, 白자의 글자 뜻은 햇빛과 관련이 되었다고 본 것이다.

불빛이나 햇빛과 관련된 빛은 색色[빛 색]과 관련이 있고, 빛[色]의 삼원색三原色은 적색赤色·청색青色·녹색綠色이다. 바로 그 삼원색을 합치면 흰빛이 된다. 따라서 불빛도 사실 가장 온도溫度가 높은 곳이 흰빛이고, 햇빛도 흰빛이다. 이로도 白자는 불빛이나 햇빛과 관련된 한자임을 미뤄 짐작할 수 있다.

백일과 백주

청천백일만지홍기

청천백일기

해를 표현表現한 중화민국中華民國(대만臺灣)의 국기國旗는 青天白日滿地紅旗(청천백일만지홍기)라 한다. 또는 줄여서 青天白日旗(청천백일기)라고도 한다. 그 青天白日旗의 '白日(백일)[1]'이 바로 '환하게 빛나는 흰[白] 해[日]'를 나타낸 것이다. 그처럼 한자문화권漢字文化圈에서는 예부터 해를 희게 보았다.

아울러 白日은 환하게 빛나는 흰[白] 해[日]가 떠 있는 '대낮'을 의미하기도 한다. 따라서 白日이 덧붙여진 白日場(백일장)[2]·白日夢(백일몽)[3]·白日下(백일하)[4]도 그 의미가 해가 환하게 빛나는 대낮과 관련이 있다.

白日場은 원래 조선시대에, 각 지방에서 '유생들의 학업을 장려하기 위해 대낮[白日]에 넓은 마당[場]에 모아 글짓기로 시험試驗하던 일'을 말한다. 오늘날에도 학교學校나 단체團體 등에서 글쓰기를 장려獎勵하기 위해 실시實施하는 글짓기 대회를 白日場이라 하고 있다.

단종 문화제 한시 백일장

白日夢은 '해가 환하게 빛나는 대낮[白日]에 꿈[夢]을 꾸다'라는 의미로, 실현實現될 수 없는 덧없는 공상空想을 이르는 말이다.

白日下는 '해가 환하게 빛나는 대낮[白日]의 아래[下]'라는 의미인데, 그런 상황에서는 세상 사람들 모두 지켜볼 수 있게 된다. 따라서 白日下는 세상 사람들이 다 알도록 뚜렷하다는 의미를 지니기도 한다.

그렇게 '대낮'과 관련된 白日場·白日夢·白日下의 白日은 日자 대신 '낮'을 뜻하는 晝[낮 주]자로 바꿔 白晝(백주)라 하기도 한다. 따라서 "아닌 밤중이면 모르되 백주 대낮에 담을 넘어 들어오는 도둑이 있다는 것이다『일본의 두 얼굴(김소운)』"의 '백주 대낮'에서 '백주白晝'와 '대낮'은 동의어同義語가 된다. "백주에 담을 넘어서"나 "대낮에 담을 넘어서"라고 표현하는 것이 마땅하다 하겠다.

뉴스의 '백주대낮' 표기

이렇게 오늘날 우리가 무심코 사용하는 말에는 동의同義가 중복重複이 되는 경우가 적지 않다. '서로 상의相議하다'나 '낙엽落葉이 떨어지다'에서 '상의'의 '상'이 한자漢字로 '서로'를 뜻하는 相[서로 상]자고, '낙엽'의 '낙'이 '떨어지다'를 뜻하는 落[떨어질 락(낙)]자임을 모르기 때문에 그처럼 잘못된 글로 쓰고 있는 것이다. 해서 한자를 알아야 한다. 한자를 안다면 '서로 의논하다'나 '잎이 떨어지다'라고 제대로 쓸 수 있을 것이다.

흰 빛을 의미하는 백색

나아가 '희다'의 뜻을 지닌 白자는 색깔과 관련되므로 '흰[白] 빛[色]'을 의미하는 白色(백색)[5]이란 말에서도 그 쓰임을 엿볼 수 있다. 白色은 다시 白色騷音(백색소음)[6]· 白色恐怖(백색공포)[7]· 白色家電(백색가전)[8]· 白色宣傳(백색선전)[9]· 白色汚染(백색오염)[10]· 白色人種(백색인종)[11]에 덧붙여져 활용되고 있다.

白色騷音은 '모든 빛을 다 반사反射하는 백색[白色]처럼 넓은 음폭音幅을 가져 일상생활日常生活에 방해妨害가 되지 않는 소음[騷音]'을 말한다. 비 오는 소리, 파도치는 소리, 시냇물 소리, 장작 타는 소리, 바람이 나뭇가지에 스치는 소리 등이 바로 그 白色騷音에 속한다.

프랑스 왕가 상징 백합 문양

白色恐怖는 '일반적으로 백색[白色]을 상징象徵으로 삼는 우익右翼이나 보수保守 세력勢力이 벌이는 파괴행위破壞行爲로 인한 공포[恐怖]'를 말한다. 프랑스 혁명France革命 기간期間 중에 혁명파革命派에 대한 왕당파王黨派의 보복報復을 가리키는 데에, 왕당파의 상징색이 프랑스 왕가王家의 상징인 백합百合의 흰색이었던 데서 白色을 덧붙였다. 성모마리아의 순결純潔과 관련된 색色이 白色이었기 때문에 흰 백합이 상징이 된 것이다.

白色家電은 예전에 '백색[白色]으로 만들었던 전자레인지電子

range·냉장고冷藏庫·세탁기洗濯機·에어컨air conditioner 등의 가전[家電] 제품製品'에서 비롯된 말이다. 냉장고나 세탁기 등은 제품 특성상特性上 청결淸潔한 이미지를 강조强調해야 한다는 점 때문에 제품 개발開發 초기初期부터 白色을 즐겨 써왔다. 그러나 요즘은 검정이나 빨강 등으로 색상色相이 다양화多樣化되고 있다.

백색가전

白色宣傳은 사실무근事實無根의 이야기를 만들어 내어 상대편相對便을 모략謀略하고 혼란混亂과 무질서無秩序를 조장助長하는 정치적政治的 술책術策인 黑色宣傳(흑색선전)의 상대相對가 되는 말로, '믿을 만한 증거證據나 자료資料를 가지고 하는 선전[宣傳]'을 말한다. 흑색黑色에 반反하여 白色을 덧붙였다.

白色汚染은 '비닐이나 스티로폼 등 백색[白色]과 관련된 화학化學 용기容器의 오염[汚染]'을 이르는 말이다. 그런 오염 물질物質은 잘게 부서져 물고기 등이 먹고, 그 물고기를 사람이 먹어서 종국終局에는 사람의 몸속에 켜켜이 자리하게 된다. 그러니 그런 오염 물질의 사용使用을 되도록 자제自制하고, 그 처리處理에도 신경神經을 써야 하겠다.

바닷가에 쌓인 스티로폼

白色人種은 '피부색皮膚色이 백색[白色]인 인종[人種]'을 말한다. 피부색은 사람 몸에 존재存在하는 멜라닌 색소色素의 종류種類와 양量의 차이差異로 결정決定되는데, 아프리카보다 일조량日照量이 적은 유럽에 사는 인종은 멜라닌melanin 색소를 적게 만들어 햇빛을 많이 흡수吸收하기에 피부색이 白色을 띄게 된다. 반면에 뜨거운 햇볕이 오랫동안 지속持續되는 곳에 사는 아프리카의 인종은 피부를 보호保護하기 위해 멜라닌 색소가 많이 형

인종차별 금지(공익광고)

'백호주의' 관련 배지

성形成되어 피부색이 흑색을 띄게 된다. 하지만 애초에 白色人種은 흑색인종黑色人種·황색인종黃色人種과 더불어 모두 하나의 인종에서 출발出發했다.

한때 호주濠洲(오스트레일리아)는 白色人種의 동질성同質性을 유지維持하겠다는 명목名目으로 백인白人 이외以外 인종의 이민移民을 배척排斥했다. 이를 '백인[白]의 호주[濠]를 추구追求하는 주의[主義]'라 하여 白濠主義(백호주의)[12]라 했다. 하지만 호주의 白濠主義 정책政策은 1970년대 초반初盤까지 지속持續되다가 폐지廢止되었다.

흰 해가 숭고한 존재

백사·백록·백호·백상·백경

호주가 그처럼 한때 白色人種에 대해 남다르게 생각했던 것처럼 오늘날에도 흰빛으로 사람들이 남다르게 관심關心을 갖는 동물動物들이 있다. 그것이 바로 털빛이나 피부皮膚가 흰 동물인 白蛇(백사)[13]·白鹿(백록)[14]·白虎(백호)[15]·白象(백상)[16]·白鯨(백경)[17] 등이다. 하늘만 바라보며 농사農事를 짓던 농경사회農耕社會의 옛날 사람들에게 하늘의 흰 해가 숭고崇高한 존재存在로 여겨졌던 것처럼 흰 동물도 숭고한 존재로 여겨졌기 때문이다.

白蛇는 '몸이 흰[白] 뱀[蛇]'으로, 흔히 민간民間에서 이를 희귀稀貴한 보약補藥으로 여기고 있다. 그러나 과학적科學的으로는 근거根據가 없다.

白鹿은 '털 빛깔이 흰[白] 사슴[鹿]'으로, 옛날에 신선神仙과 노니는 영물靈物로 취급取扱했다. 제주도濟州道 한라산漢拏山 정상頂上에는 바로 그 '백록[白鹿]이 신선과 함께 노닐던 연못[潭]'이란 의미의 白鹿潭(백록담)[18]이 있다.

백록담

白虎는 '몸바탕이 흰[白] 범[虎]'으로, 예부터 네 방향方向을 지키는 사신四神 가운데 서쪽 방위方位를 지키는 신령神靈을 상징象徵하는 짐승으로 여겨지고 있다.

白象은 '몸체가 흰[白] 코끼리[象]'로, 불가佛家에서 모든 힘의 원천源泉을 상징하는 동물로 삼고 있다. 마야부인摩耶夫人이 옆구리로 白象이 들어오는 꿈을 꾸고 석가모니釋迦牟尼를 낳은 데서 존귀尊貴한 존재存在로 여겨지고 있다.

마야부인의 태몽

白鯨은 '몸체가 흰[白] 고래[鯨]'로, 소설小說이나 영화映畵의 제목題目으로 사용되면서 널리 알져진 말이다.

모비딕 원서 삽화

하지만 그처럼 숭고한 존재로 여겨진 白蛇·白鹿·白虎·白象·白鯨의 몸체가 흰 것은 돌연변이突然變異가 일어난 것으로, 일종一種의 白化現象(백화현상)[19] 때문이다.

白化現象은 주로 '연안沿岸 암반巖盤 지역地域에서 해조류海藻類가 사라지고 석회石灰 조류藻類가 달라붙어 암반 지역이 희게[白] 변하는[化] 현상[現象]'을 이르는 데 쓰이지만, 유전적遺傳的으로 동물의 피부나 모발毛髮과 눈 따위에 색소色素가 생기지 않아 희게 변화하는 것을 이르기도 한다. 그처럼 '동물의 몸체가 희게[白] 변화하는[化] 증세[症]'를 달리 白色症(백색증)[20]이라 하기도 하고, 영어英語로는 알비노albino현상이라 한다.

삼백식품과 백의민족

白蛇·白鹿·白虎·白象·白鯨은 드물게 볼 수 있는 白色을 띤 존재存在다. 반면에 우리 주변周邊에서 자주 접接하면서 섭취攝取하는 白色을 띤 먹을거리에 주식主食이 되는 흰 쌀(또는 분식粉食의 주재료인 소맥분小麥粉), 대부분의 음식飮食에 들어가는 흰 설탕과 흰 소금이 있다. 여러 먹을거리 가운데 유독惟獨 이들 재료만 언급言及한 것은 이들 재료가 '세[三] 가지 흰빛[白]을 띤 식품[食品]'인 三白食品(삼백식품)[21]에 속하기 때문이다.

삼백식품

三白食品이 무조건 나쁜 것은 아니지만 요즘 사람들이 이를 지나치게 섭취하면서 건강健康의 적敵이 되고 있다. 아무리 좋은 음식도 넘치면 문제問題가 된다. 만성질환慢性疾患의 주범主犯이 될 수 있는 三白食品을 제대로 알고 적절適切한 양量을 먹어야 할 것이다.

1954년 대구 서문 앞 우시장 모습

그처럼 三白食品과 같은 白色의 먹을거리는 적절適切하게 거리를 두며 섭취해야 하겠지만 예부터 우리 민족은 白色의 입을 거리를 가까이 했다. 따라서 우리 민족을 '물들인 적이 없는 흰[白] 옷[衣]을 입는 민족[民族]'이란 의미인 白衣民族(백의민족)[22]으로 일렀다.

白衣民族의 白衣는 다시 白衣天使(백의천사)[23]나 白衣從軍(백의종군)[24]에서도 그 쓰임을 엿볼 수 있다.

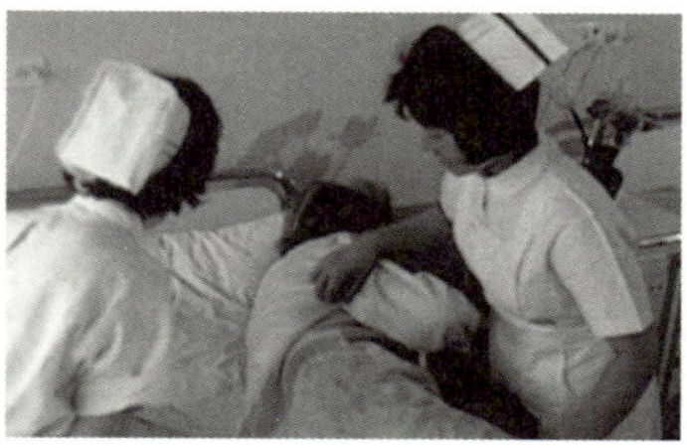

파독 간호사

白衣天使는 '흰[白] 옷[衣]을 입은 천사[天使]'라는 의미로, 아픈 사람을 돌보는 간호사看護師를 달리 이르는 말이다.

白衣從軍은 한자 그대로 풀이하면 흰[白] 옷[衣]을 입고 군대[軍]를 좇아[從] 싸움터로 간다는 의미로, 이때 白衣는 사실 직위職位가 없는 상태의 신분身分임을 나타낸다. 따라서 白衣從軍은 '직위가 없는 상태의 신분에서 군대를 좇아 싸움터로 가다'라는 의미다.

이순신 백의종군도

이순신 초상화

조선시대朝鮮時代에 무관武官이 전시戰時 등의 상황狀況에서 파직罷職되었을 때 직무職務 중中인 현現 직위의 권한權限은 잃지만 신분을 잃은 것은 아니기에 전직관료前職官僚의 신분으로 현직現職을 보좌輔佐하게 하려는 처분處分이 바로 白衣從軍이었다. 무관에게 내리는 징계처분懲戒處分의 하나인데, 이순신李舜臣 장군將軍은 두 번 白衣從軍을 했다.

白자는 '희다'의 뜻 외에 '없다'의 뜻

위에서 언급한 白衣民族의 白자는 물들인 적이 없는 데서 사실 '희다'의 뜻보다 '없다'의 뜻과 관련이 있다. 마치 '흰[白] 종이[紙]'인 白紙(백지)[25]에 쓰인 게 하나도 없고, 그려진 게 하나도 없는 것처럼. 또 白旗(백기)[26]가 '흰[白] 깃발[旗]'이면서 싸울 의사意思가 없음을 나타내는 것처럼.

닭백숙

그처럼 白자가 '없다'의 뜻으로 쓰이는 한자어漢字語가 우리말에 적지 않다. 白熟(백숙)[27]·白痴(백치)[28]·白手(백수)[29]·白丁(백정)[30]·白徵(백징)[31]·白沸湯(백비탕)[32]·白兵戰(백병전)[33]·和白會議(화

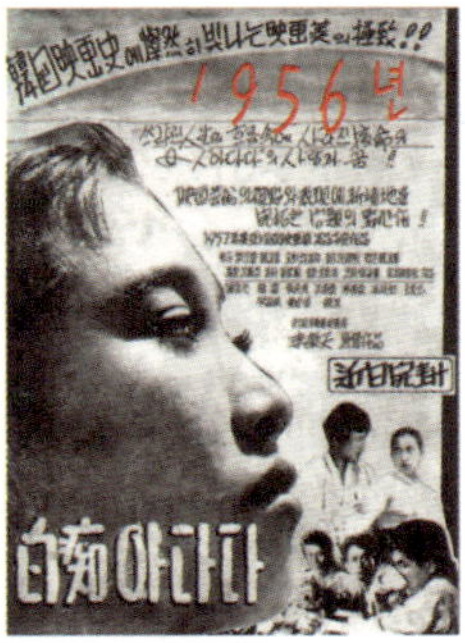

영화 〈백치 아다다〉

백회의)[34]가 바로 그런 뜻을 지닌 말이다.

白熟은 '고기나 생선 따위를 아무 양념 없이[白] 맹물에 삶아 익힌[熟] 음식'을 말한다. 예컨대 닭백숙은 원래 닭을 다른 재료材料 없이 맹물에 통째로 삶아 익힌 음식飮食이었던 것이다. 하지만 모든 것이 넉넉한 세상이 된 덕분德分에 오늘날 닭백숙에는 국물이 느끼해지고 잡냄새가 나는 것을 막기 위해 마늘이나 대추와 같은 재료를 더 넣어 삶고 있다. 곧 白熟 아닌 白熟으로 바뀌었다.

건달파

白痴는 국어사전國語辭典에 "뇌에 장애나 질환이 있어 지능이 아주 낮은 상태. 또는 그런 사람을 낮잡아 이르는 말"로 풀이하고 있다. 그러나 한자의 뜻 그대로 풀이하면 '지적장애知的障碍로 머리에 든 것이 없는[白] 어리석은[痴] 사람'을 의미한다.

白手는 '아무것도 없는[白] 손[手]'을 말한다. 따라서 白手乾達(백수건달)[35]은 '돈 한 푼 없는[白] 손[手]을 가지고 있으면서 빈둥거리며 놀고먹는 건달[乾達]'을 의미한다. 일을 해 돈을 버는데 손을 놀리지 않는 사람을 이른 것이다. 한데 白手乾達의 白手를 일하지 않아서 드러나 보이는 '흰[白] 손[手]'으로 잘못 알고 있는 이들이 적지 않다.

도살할 돼지를 짊어진 백정들

白丁은 국어사전에 "소나 개, 돼지 따위를 잡는 일을 직업으로 하는 사람. 고려시대에, 토지를 직접 경작하는 일반 농민을 이르던 말. 고려시대에, 서인庶人 계통에 속하던 한인閑人. 단독으로 정호丁戶를 구성하여 토지를 가지지 못하였으므로 한 사람의 정丁으로 취급하지 않았다"로 풀이하고 있다.

그 사전 풀이로 보면 白丁은 짐승 따위를 잡는 천민賤民임을 알 수 있는데, 이는 조선시대朝鮮時代와 관련이 있다. 반면에 고려시대高麗時代에는 일반一般 농민農民을 이르던 말이었음도 알 수 있다. 아울러 고려시대에 "단독으로 정호丁戶를 구성하여 토지를 가지지 못하였으므로 한 사람의 정丁으로 취급하지 않았다"고 했는데, 이는 나라에서 직역職役을 부여한 정호[丁]에 속함이 없는[白] 사람이란 의미이기에 '없다'의 白자와 '정호'의 丁[장정 정]자를 써서 白丁이라 한 것이다.

白徵은 '세금稅金을 물어야 할 이유가 없는[白] 사람에게 억지로 징수하는[徵] 일'을 말한다. 조선朝鮮 후기後期 국가國家 재정財政 지출支出이 증가增加하여 세금 징수액徵收額이 늘어나는 과정過程에서 白徵이 이뤄졌다.

백비탕

白沸湯은 '아무것도 넣은 것이 없이[白] 물만 끓인[沸] 맹탕[湯]'을 말한다. 옛날 아주 가난한 선비의 집에 손님이 오면 대접待接할 게 없는 안주인이 그나마 주변周邊에서 쉽게 구할 수 있는 땔감으로 물을 데워 손님에게 드린 음식飮食이었다. 이는 추운 겨울에 언 몸을 녹이는 데 도움을 주는 음식이라 할 수 있다.

백병전

白兵戰은 '총알이 없이[白] 총검 따위와 같은 병기[兵]만으로 적과 직접 몸으로 행하는 싸움[戰]'을 말한다.

화백회의

和白會議는 국어사전에 "신라 때에, 나라의 중대사를 의논하던 회의 제도. 의결 방법은 만장일치제로, 처음에는 경주의 육촌六寸 사람들의 회의였으나 뒤에는 진골 이상의 귀족들의 회의로 변하였다"라고 풀이하고 있다. 和白會議란 말에서 왜 和(화)자를 쓰고, 왜 白자를 쓰고 있는지 알 길이 없는 설명이다.

和白會議의 和[화목할 화]자는 '화목하다'의 뜻을 지닌 한자고,

白자는 '없다'의 뜻을 지닌 한자다. 따라서 和白은 화목하도록[和] 이견異見이 없게[白] 한다는 의미며, 和白會議는 '화목하도록[和] 이견이 없을[白] 때까지 하는 회의[會議]'를 말한다. 그러니 국어사전 풀이에서처럼 의결議決 방법方法이 만장일치제滿場一致制가 된 것이다.

白자는 '밝다'나 '깨끗하다'의 뜻을 지니기도

백열등

나아가 白자는 '밝게[白] 빛나며 열[熱]이 나는 등[燈]'인 白熱燈(백열등)[36]에서처럼 '밝다'나 '빛나다'의 뜻을 지니기도 한다.

또 '행동이나 마음씨가 깨끗하다[潔白]'는 말인 潔白(결백)[37]에서처럼 白자는 흰색이 깨끗하니 '깨끗하다'의 뜻을 지니기도 한다. 潔白은 다시 비슷한 의미를 지닌 淸廉(청렴)이란 말과 어울려 淸廉潔白(청렴결백)이란 말로도 쓰이고 있다.

한데 그 淸廉潔白이 우리나라 대학교大學校의 수준급水準級 학생學生들만 응시應試한다는 잘 알려진 한 대기업大企業 직무적성검사職務適性檢査 시험試驗에 '관련된 색깔'을 묻는 문제問題로 제시提示되었을 때에 '푸른색'이라 답答한 이들이 적지 않았다고 한다.

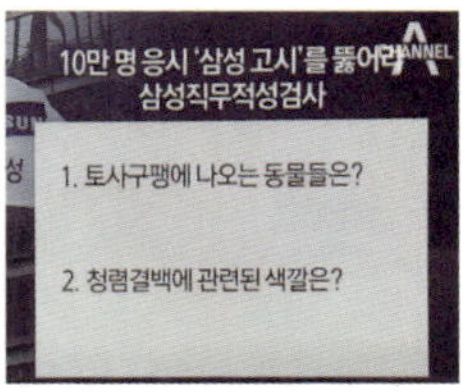

뉴스에 나온 '청렴결백'

그 직무적성검사에는 토사구팽兎死狗烹에 나오는 동물이 무언지, 몽매蒙昧하다의 뜻이 무언지 묻는 문제問題도 함께 제시되었다. 그런데 무려 10만萬 명名이나 응시한 그 시험이 끝난 직후直後에 네이버 실시간實時間 검색어檢索語 1·2·3위가 바로 그

'토사구팽'과 '청렴결백'과 '몽매'였다. 모두 한자어漢字語로 이뤄진 그 말에 대해 제대로 알지 못하는 응시자應試者들이 대거大擧에 검색檢索을 했기 때문이다. 우리나라 학생들, 그것도 수준水準이 있다는 대학생들의 문해력文解力이 어느 정도쯤인지 알게 해주는 '웃픈' 실화實話가 아닐 수 없다.

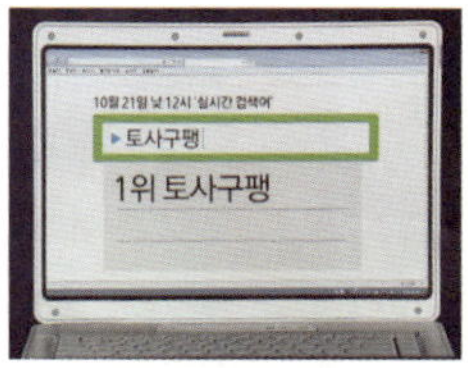

뉴스에 나온 검색어 1위 '토사구팽'

白자는 '말하다'의 뜻을 지니기도

그 외에 白자는 '희다'의 뜻에서 그 의미가 확대되어 '분명하다'나 '명백하다'의 뜻을 지니기도 하고, 다시 분명하고 명백하게 말한다 하여 '말하다'의 뜻을 지니기도 한다. 告白(고백)[38]·自白(자백)[39]·獨白(독백)[40]·傍白(방백)[41]의 白자가 바로 그 뜻으로 쓰이고 있다.

방백을 하는 모습

告白은 '마음속에 생각하고 있는 것이나 감추어 둔 것을 사실대로 숨김없이 알리고[告] 말하다[白]'라는 의미고, 自白은 '자기가 저지른 죄나 자기의 허물을 남들 앞에서 스스로[自] 말하다[白]'라는 의미다.

獨白은 '홀로[獨] 중얼거리며 말하다[白]'라는 의미고, 연극演劇에서 배우俳優가 상대역相對役이 없이 혼자 말하는 행위行爲를 이르기도 한다. 이는 관객觀客에게 인물人物의 심리心理 상태狀態를 전달傳達하는 데 효과적效果的인 행위다.

傍白은 연극에서, '등장인물登場人物이 말을 하지만 무대舞臺 위의 다른 인물人物에게는 들리지 않고 곁[傍]에 있는 관객만 들

입간판의 '현장소장 백'

을 수 있도록 말하는[白] 것'을 이른다.

뿐만 아니라 공사장工事場 주변周邊의 길거리에서 볼 수 있는 입간판立看板의 맨 밑에 글에서 우리가 흔히 보는 '현장소장 백'의 '백'도 '말하다'의 뜻인 白자를 한글로 쓴 것이다. 그처럼 '주인 백'이나 '관리소장 백'의 '백'도 마찬가지다.

하지만 계속 설명했듯 우리말로 살려 써도 될 표현이 있다면 굳이 한자를 사용할 필요가 없다고 본다. 예컨대 '현장소장 백'은 '현장소장 알림'으로 바꿔 쓰는 것이 좋겠다. 그래야 현장소장이 백씨白氏가 아닌 것을 분명히 알 수도 있고.

父 [아비 부] 넝쿨장미 꽃피면

늘 떫은 삶에 배경이라 여겼다.
그 배경이 사라지고
덩그러니 남은 그 봄.

살붙이 등 떠민 남녘 끝자락
동백꽃도 뚝, 뚝 떨어졌다.
먹먹했던 그 맘, 그 텅 빈 들녘에
"아부지"하며 내버리고 돌아왔다.

그래도 해마다 피멍울 같은
넝쿨장미 꽃피면
꾸역꾸역 찾아오는 아부지.

울타리에 핀 넝쿨장미

소리치면 막힌 심사心思가 조금은 풀린다. 그렇게 심사를 풀며 마음에 서글픔이 많아 원망怨望할 수 없었던 아버지에 대해 썼다. 넝쿨장미 꽃이 울타리에 필 때쯤 당신 생일生日이라던 말씀을 생각하며.

아버지의 희생

돌도끼를 든 사람 동상

대부분大部分 예전 세대世代 사람에게 아버지 표상表象은 그저 묵묵히 가족家族을 위해 희생犧牲하는 사람이었다. 그런 아버지 희생은 가족을 부양扶養해야 한다는 책임責任에서 비롯되었다. 가족을 부양하는 데 가장 우선于先의 일은 먹을거리를 마련하는 것이다. 실제實際로 아주 오랜 옛날에 아버지는 먹을거리를 마련하기 위해 수렵채취狩獵採取 활동活動을 했다. 수렵채취를 하며 사냥감에 접근接近할 때는 말없이 조용히 행동行動했다. 오늘날 대부분 아버지가 무뚝뚝한 것은 아주 오랜 옛날부터 이어진 사냥꾼 모드mode가 유전遺傳되었기 때문이다.

해서 이문조 시인의 「아버지」란 시에서도 "아버지는/ 아무리 힘이 들어도/ 힘들다는 말을 하지 않았습니다.// 아버지는/ 당연히 힘들지 않는 줄 알았습니다.// 아버지는/ 아파도 아프다는 말을 하지 않았습니다.// 아버지는/ 당연히 아프지 않는 줄 알았습니다"라고 썼다.

父자는 도끼와 같은 도구를 손에 쥐고 있는 모습

갑골문 父자

금문 父자

소전 父자

한자에서 父[아비 부]자는 바로 그 아버지를 의미하는 옛말인 '아비'로 지칭하는데, 고문자를 살피면 돌로 이뤄진 도끼와 같은 도구를 손에 쥐고 있는 모습에서 그 자형字形이 비롯되었음을 알 수 있다. 그렇게 도끼를 손에 쥐고 있는 데서 '도끼'를 뜻하기도 했으나 후대에 다시 斤[도끼 근]자를 덧붙인 斧[도끼 부]자가 그 뜻을 대신하고, 자신은 도끼를 이용해 사냥 등의 생산生産 활동活動을 하며 가족家族을 부양扶養하는 사람인 '아비'의 뜻을 지니게 되었다.

돌도끼

'아비'는 오늘날 '아버지'의 낮춤말로 쓰이고 있지만 옛날에는 '아비' 자체自體가 '아버지'를 뜻하는 말이었다. 예전에는 '아버지'를 '아비'로 불렀던 것이다. 따라서 父[아비 부]자의 뜻도 그때의 명칭名稱 그대로 '아비'라 한 것이다. 오늘날 입장立場에서 아비를 낮춤말로 보고 뜻을 '아버지'라 지칭指稱하는 이들이 있으나 이는 오랫동안 사회적社會的 약속約束에 의해 많은 이가 불러온 명칭을 무시無視하고 마음대로 바꾼 것에 지나지 않는다. 약속은 지키라고 있는 것이다.

아비와 아버지와 아버님과 아빠

그렇게 父자의 자의字義는 오늘날 언어言語의 사회성社會性에 따라 '아비'라 하지만 일상日常 언어생활言語生活 속에서는 언어의 역사성歷史性에 따라 '아버지'라 하고 있다.

또 아버지의 높임말에는 '아버님'이 있다. 한데 문제는 '아버지'와 '아버님'을 구분區分해 사용하지 않는 이들이 적지 않은데 있다.

아버님 명
①'아버지'의 높임말. 주로 돌아가신 아버지를 이르거나 편지글 따위에서 쓴다.
②'아버지'의 높임말.
③시아버지를 이르거나 부르는 말.

'아버님'의 뜻

우측右側 국어사전國語辭典 자료資料에 보듯, 통상적通常的으로 '아버님'은 돌아가신 아버지를 이를 때에 사용한다. 굳이 살아 계실 때에는 편지글에서나 가능한 표현이다. 아니면 '시아버지'나 '장인'에게 사용할 수 있다. 따라서 자신을 낳아 주신 살아계신 아버지를 '아버님'이라 하면 돌아가신 분으로 만들거나 시아버지나 장인으로 만드는 것이 된다. 더불어 성인成人이 된 뒤에도 계속해서 사용하는 '아빠'라는 표현도 아이 때나 쓰는 유아어幼兒語이므로 자제自制함이 좋겠다. '엄마'라는 말도 마찬가지다.

'아비(아버지)'는 한자로 부친

나아가 '아비(아버지)'는 한자로 父親(부친)이라 한다. 父主(부주)라고도 하는데 잘 쓰이지 않고, 편지글에서 '아버님께'라는 의미로 父主前(부주전)이라 하는 말에서 그 쓰임을 살펴볼 수 있다. 해서 '아버님께[父主前] 올리는[上] 글[書]'은 한자로 '父主前(부주전) 上書(상서)[1]'라 한다.

또 '엄격한[嚴] 아버지[父]'를 이르는 嚴父(엄부)[2]는 남에게 자기 아버지를 높여 이르는 말로 쓰이고 있다.

아울러 '자기를 친히[親] 낳게[生] 한 아버지[父]'를 '친히'를 뜻하기도 하는 親[친할 친]자를 덧붙여 親父(친부)[3]라 하기도 하고, '낳다'를 뜻하기도 하는 生[날 생]자를 덧붙여 生父(생부)[4]라 하기도 한다. 나아가 '親父를 이어서[繼] 어머니가 재가再嫁함으로써 생긴 아버지[父]'는 繼父(계부)[3]라 하며, 달리 義父(의부)라 하기도 한다.

또 아버지의 아버지인 할아버지는 祖父(조부)라 한다. 반면에 어머니의 아버지인 할아버지는 外祖父(외조부)라 한다. 아울러 '아버지[父]의 형제 가운데 맏[伯]이 되는 분'은 伯父(백부)[5]라 하며, '아버지[父]의 형제 가운데 나이가 어린 아우[叔]가 되는 분'은 叔父(숙부)[6]라 한다.

필자의 외조부

부위자강과 부자유친

필자의 젊은 시절 부모님

아버지란 말은 자식子息이 있기 때문에 불리는 명칭名稱이다. 자식은 아들일 수도 있고, 딸일 수도 있다. '아버지[父]와 아들[子]'일 때는 父子(부자)[7]라 하며, '아버지[父]와 딸[女]'일 때는 父女(부녀)[8]라 한다. 나아가 父子의 父는 아버지와 어머니를 동시에 의미하는 '어버이'를, 子는 아들과 딸을 동시에 의미하는 '자식'을 이르는 데에도 쓰이고 있다.

군주시대君主時代에 나라에서 가장 높은 사람은 임금이었다. 한데 나라에서 그 임금보다 높은 사람이 있었다. 임금에게도 '아버지[父]와 어머니[母]'인 父母(부모)[9]가 있었고, 그 父母가 바로 임금보다 더 높은 사람이었기 때문이다. 결국 임금과 신하인 군신君臣보다 아비와 자식인 父子가 우선于先임을 알 수 있다.

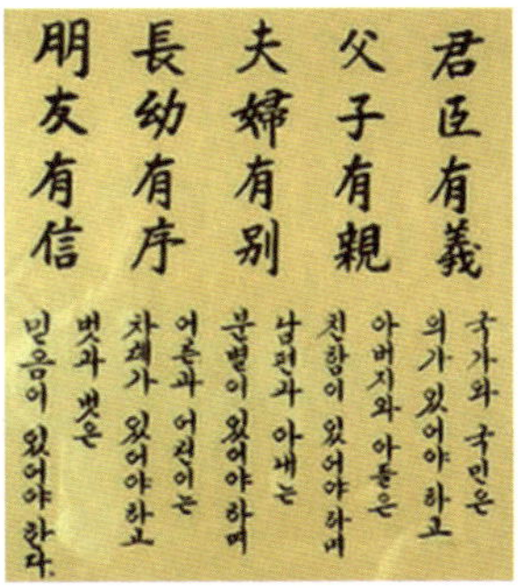

잘못 나열된 오륜의 순서

따라서 유교儒敎의 도덕道德에서 기본基本이 되는 세 가지 강령綱領과 다섯 가지 도리道理인 삼강오륜三綱五倫에서 오륜의 첫째 강목도 父子有親(부자유친)[10]이 君臣有義(군신유의)

보다 우선이다.

그때에 父子有親은 '어버이[父]와 자식[子]은 친함[親]이 있어야[有] 한다'는 의미로, 어버이와 자식 사이의 도리가 친애親愛에 있음을 이르고 있다.

등에 새끼를 진 수컷 물자라

입 속에 새끼를 품은 수컷 물고기

그처럼 어버이와 자식이 친애함은 달리 父慈子孝(부자자효)[11]라 할 수 있다. 父慈子孝는 '어버이[父]는 자애롭고[慈] 자식[子]은 효성스럽다[孝]'는 의미기 때문이다.

또 어버이가 자식에게 베푸는 사랑 가운데 '아버지[父]의 성정[性]으로 자식에게 베푸는 본능적인 사랑[愛]'은 父性愛(부성애)[12]라 한다. 아울러 '아버지[父]의 자식에 대한 정[情]'은 父情(부정)[13]이라 한다.

용생용 봉생봉

세상 대부분 아버지는 당신當身 자식子息이 당신보다 더 잘 되길 바라는 父情을 갖고 있다. 해서 속담俗談에도 "아버지는 아들이 잘났다고 하면 기뻐한다"는 말이 있다. 당신보다 더 훌륭한 사람이 되라고 자식을 낳은 것이지 못난 사람이 되라고 낳은 사람은 없는 것이다.

그처럼 자식이 훌륭하게 되었을 때 이르는 '자식이 아비[父]보다[於] 낫다[勝]'는 말은 한자로 勝於父(승어부)[14]라 한다. 반면에 그 상대相對가 되는 말에 虎父犬子(호부견자)[15]가 있다.

虎父犬子는 '범[虎]과 같은 아비[父]와 개[犬]와 같은 자식

[子]'이란 의미로, 훌륭한 아버지에 비해 못난 자식을 이른다.

하지만 잘난 자식도 못난 자식도 모두 父母 등을 보고 큰다. 해서 父母부터가 먼저 모범模範이 되어야 한다. 용생용龍生龍 봉생봉鳳生鳳이라고, 용龍은 용을 낳고 봉새는 봉새를 낳는다.

사실 父母되기는 쉽다. 자식을 낳으면 누구나 父母가 되기 때문이다. 그러나 父母답기는 쉽지 않다. 마찬가지로 자식답기도 쉽지 않다. 해서 공자孔子는 父父子子(부부자자)[16]라고 하여 '아비[父]는 아비답고[父] 자식[子]은 자식다워야[子] 한다'고 말했다. 그리하면 아비도, 자식도 모두 훌륭하게 될 것이다.

어부漁父와 어부漁夫

나아가 父자는 '물고기 잡는[漁] 일을 하는 사람'인 漁父(어부)[17]에서도 그 쓰임을 엿볼 수 있는데, 漁父는 漁夫로 쓰이기도 한다. 따라서 漁父之利(어부지리)도 漁夫之利로 쓰이고 있다. 農父(농부)도 農夫로 쓰이고 있다. 하지만 굳이 구분區分한다면 夫[지아비 부]자를 덧붙인 漁夫와 農夫는 주로 해당該當 일을 직업職業으로 삼는 사람을 이를 때 사용한다.

〈어부지리〉(이인문)

그럼에도 漁父나 農父에 夫자 대신代身 父자를 덧붙인 것은 父자가 아버지와 같은 존재存在처럼 여겨지는 사람인 '친족의 어른'이나 '늙으신네'의 뜻으로도 쓰이기 때문이다.

따라서 어부의 생활을 읊은 고려시대高麗時代의 속요俗謠인 〈漁父歌(어부가)〉와 그 〈漁父歌〉를 이현보李賢輔가 개작改作한

「漁父詞(어부사)」와 그 「漁父詞」를 다시 윤선도尹善道가 시조時調로 쓴 「漁父四時詞(어부사시사)」에서도 漁夫가 아닌 漁父를 쓰고 있다.

그와 같이 漁父의 父자처럼 쓰이는 말에는 代父(대부)[18]·國父(국부)[19]·聖父(성부)[20]도 있다.

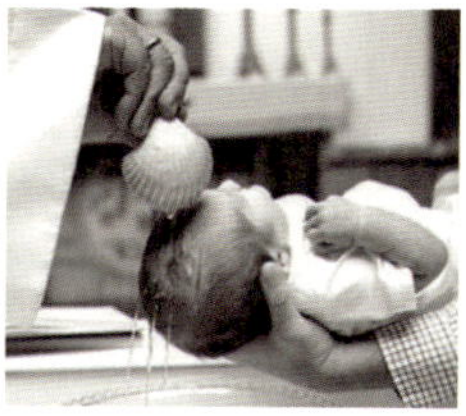
세례를 받는 아이

代父는 '기독교基督教에서 세례洗禮받는 아이의 의식儀式에 입회立會하여 종교적宗教的 가르침을 대신해[代] 해 주기로 약속約束하는 친족親族의 어른[父] 등과 같은 남자男子 후견인後見人'을 말한다.

문명文明이 발달하지 않았던 옛날에는 아이가 자라기 전에 父母가 질병疾病이나 기근饑饉 등으로 일찍 죽는 경우가 많았고, 父母 입장에서는 자신自身들이 죽어도 아이를 보호保護해 줄 이가 필요했기 때문에 사회적社會的으로 능력能力이 있으면서 기독교 신자信者인 친족親族의 어른 등에게 代父가 되어 줄 것을 부탁付託한 데서 비롯된 말이다.

오늘날은 어떤 분야分野에서, 영향력影響力이 가장 큰 남자 지도자指導者를 이르는 말로도 흔히 사용되고 있다. 예컨대 '암흑가暗黑街의 代父'나 '한국韓國 영화계映畫界의 代父'에서처럼 활용되고 있다.

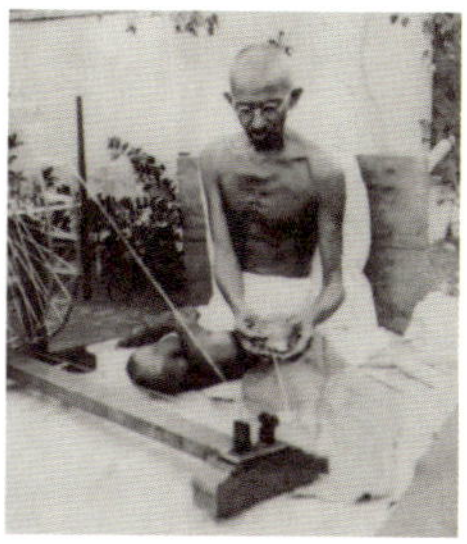
인도의 국부 간디

國父는 '나라[國]의 아버지[父]와 같은 존재存在'라는 의미로, '임금'을 달리 이르는 말이기도 하다. 또 나라를 세우는 데 공로功勞가 많아 국민國民에게 존경尊敬받는 위대偉大한 지도자를 이르는 말이기도 하다. 인도印度에서는 간디를 바로 그 國父로 대접待接하고 있다.

聖父는 '성스러운[聖] 아버지[父]와 같은 존재'라는 의미로, 기독교인이 하나님을 이르는 말이다.

암탉이 울면 알을 낳는 세상

튀르키예 여신 조각상

봉건사회封建社會에서, 아버지는 가족家族에 대해 절대적絶對的인 권위權威를 지닌 존재存在였다. 따라서 '집[家] 안에서 아버지[父]가 가장 어른[長]이 되는 사람'인 家父長(가부장)[21]이 되었다. 아울러 家父長인 '아버지[父]의 핏줄을 기준基準으로 혈통血統이나 상속相續이 이어지는[系] 사회[社會]'인 父系社會(부계사회)[22]가 이뤄졌다.

하지만 농경사회農耕社會와 산업사회産業社會를 지나면서 家父長인 아버지는 집 안에서 점차 그 권위를 잃어 가고 있다. 정보화사회情報化社會가 된 오늘날은 여자女子와 남자男子의 노동력勞動力 격차隔差가 줄어들고, 격차가 줄어든 만큼 일하는 여자가 늘어나면서 여성女性의 인권人權이 크게 상승上昇해 집 안에서 발언권發言權도 세졌다. 따라서 일부에서는 家父長의 父자 대신에 '아내'를 뜻하기도 하는 婦(부)자를 써서 家婦長(가부장)이라 해야 한다고 하는 이들까지 있다. 뿐만 아니라 오늘날은 이미 父系社會를 지나 신모계사회新母系社會가 되었다 하기도 한다. 바야흐로 암탉이 울면 알을 낳는 세상世上이 된 것이다.

무리에서 쫓겨난 수사자

그래서일까? 집 안에서 아버지의 설 자리가 점점 없어지고 있다. 더구나 밀림密林 속에서 사자獅子 무리를 이끌던 수사자가

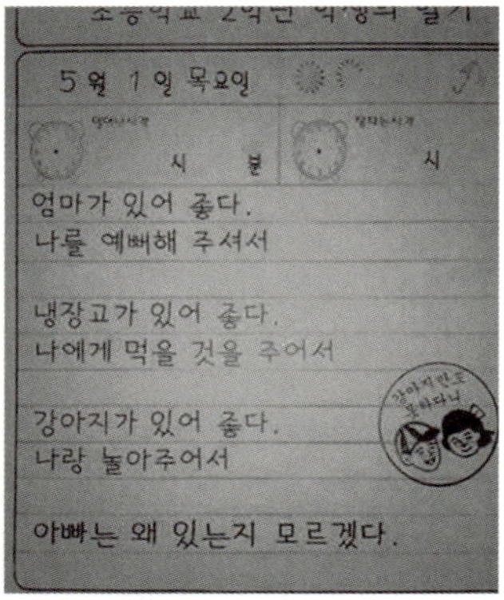

어느 초등학생의 글

늙어 사냥을 못하면 무리에서 쫓겨나듯 퇴직退職해 생활 전선生活戰線에서 물러난 늙은 아버지는 더더욱 그렇다. "아빠는 왜 있는지 모르겠다"고 쓴 초등학교初等學校 2학년學年 어느 아이의 글 속에 적힌 아버지와 같은 존재로 취급取扱되기 십상十常이 된 것이다.

하지만 '아버지[父]는 자식[子]의 벼리[綱]가 된다[爲]'는 父爲子綱(부위자강)[23]이란 말로 보듯 집 안에서 아버지의 권위가 무시無視되면 집안의 벼리가 없어지게 된다. 벼리 없는 그물은 그 존재 가치價値를 잃게 됨을 알아야 할 것이다.

比 [견줄 비]

엄친아, 엄친딸

오늘날에도 진행형進行形의 말이지만 한때 '엄친아', '엄친딸'이란 말이 인구人口에 회자膾炙된 적이 있었다. 엄마 잔소리에 등장登場하는 바로 그 주인공主人公. 공부工夫도 잘하고, 운동運動도 잘하며, 얼굴도 잘생겼는데, 게다가 성격性格까지 착하다는 그 '엄마 친구 아들'이나 '엄마 친구 딸' 말이다.

학구열學究熱보다 교육열教育熱이 높은 우리나라의 어머니 가운데 유독惟獨 자신의 자식을 '엄친아'나 '엄친딸'과 견주기 좋아하는 분이 적지 않다. 그렇게 자식의 기氣를 번번이 죽이는 거의 모든 것이 완벽完璧하다는 '엄친아'나 '엄친딸'은 결국 '모든 것이 나보다 뛰어난 존재', '아무리 노력해도 이길 수 없는 존재'를 의미하기도 한다.

그래도 어떻게든 그 콤플렉스를 극복克服하고 싶은 걸까. 오죽하면 아이들 학교學校 교실教室의 급훈級訓에 '엄마 친구의 딸을 이기자'나 '우리 엄마도 계모임에서 말 좀 해보자'라는 글귀가 등장登場할 정도다.

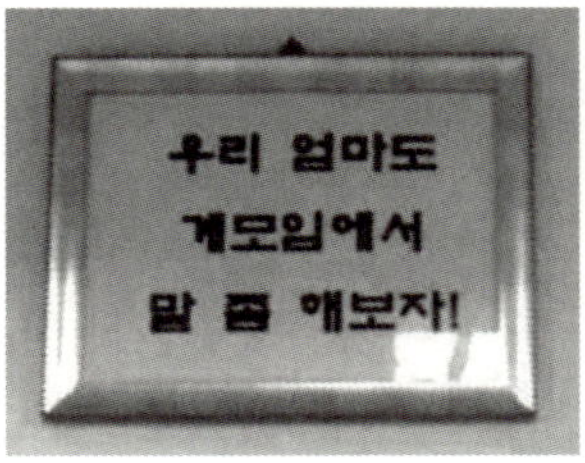

교실에 붙인 급훈

봉황은 봉황대로, 닭은 닭대로

생존경쟁生存競爭의 시대時代, 태어나면서부터 경쟁이 시작되는 시대다. 집에서는 형제자매兄弟姉妹와 견주는 일이 생기고, 학교에 가서는 학우學友들과 견주는 일이 생기며, 사회社會에 나가서는 동료同僚와 견주는 일이 무한無限 반복反復되고 있다.

속담俗談에도 "남의 떡이 더 크게 보인다"고 견주면 남이 갖고 있는 건 무엇이든 다 내 것보다 좋아 보이는 법法이다. 그렇다고 내 떡을 내팽개칠 수는 없다.

자식의 학업學業과 진로進路에 도움을 주기 위한 자극刺戟은 필요必要하다. 그러나 '잘되라고 하는 소리'는 비난非難의 언어言語가 아니라 격려激勵의 언어로 표현表現되어야 한다. 봉황鳳凰에 닭을 견줄 필요가 없다. 봉황은 봉황대로, 닭은 닭대로 존재存在 가치價値가 있음을 깨달아야 하겠다.

比자는 두 사람을 나란히 세워서 비교하는 모습

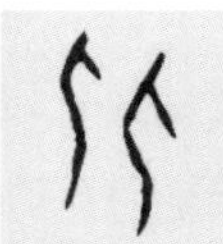
갑골문 比자

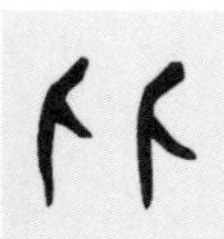
금문 比자

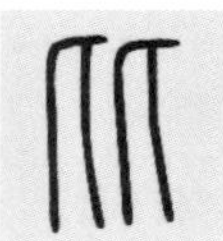
소전 比자

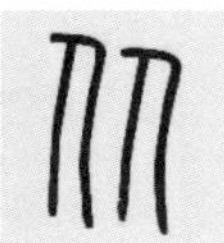
갑골문 从자

한데 한자에서 바로 그 '견주다'를 뜻하는 比[견줄 비]자의 고문자는 두 사람을 나란히 세워서 비교比較하는 모습을 나타낸 자형처럼 보인다. 하지만 比자는 원래 두 사람이 서로 가까이하며 따르는 모습을 낸 한자였다. 따라서 比자는 원래 '따르다'의 뜻을 지녔다. 그러나 후대後代에 두 사람이 왼쪽을 향한 모습에서 비롯된 从[따를 종(從)]자가 그 뜻으로 전용專用되자, 두 사람이 오른쪽을 향한 모습에서 비롯된 比자는 결국 두 사람을 견준다 하면서 주로 '견주다'의 뜻으로 쓰이게 되었다.

덕흥리 고분벽화 일부

'견주다'를 의미하는 한자어는 비교

'견주다'를 의미하는 한자어漢字語는 比較(비교)다. 比較의 比자처럼 較[견줄 교]자도 '견주다'의 뜻을 지닌 한자기 때문이다. 나아가 比較는 比較級(비교급)이나 比較格(비교격)에서도 그 쓰임을 엿볼 수 있다.

아울러 학문學問의 한 방법方法인 比較研究(비교연구)에서도 그 쓰임을 엿볼 수 있다. 서로 比較하여 절장보단絶長補短하면 전향적前向的으로 발전發展할 수 있으니 이를 학문學問에 수용受容하여 한 방법方法으로 연구研究하고 있는 것이다.

그렇게 比較研究가 이뤄지는 학문으로는 比較文學(비교문학)·比較哲學(비교철학)·比較心理學(비교심리학)·比較發生學(비교발생학)·比較生勿學(비교생물학)·比較教育學(비교교육학)·比較宗教學(비교종교학)·比較言語學(비교언어학)·比較生理學(비교생리학)·比較病理學(비교병리학)·比較生化學(비교생화학) 등이 있다.

비견과 비등과 무비

예전에는 새로운 학년學年이 되어 반班이 배정配定이 되면 오

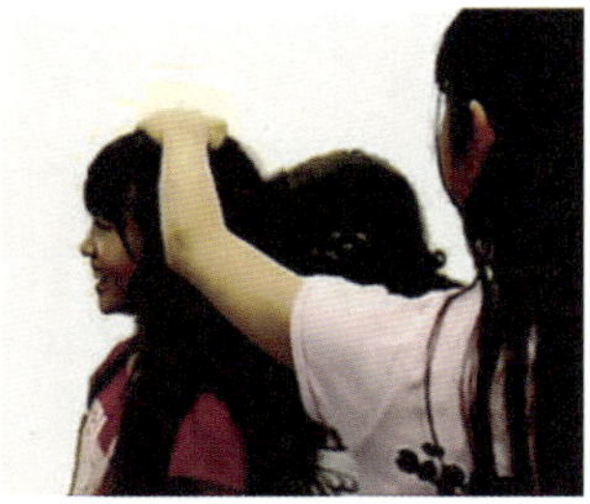
선생님의 키 재기

늘날과 달리 흔히 서로 키를 견주어 번호番號를 정定하곤 했다. 키를 견줄 때는 선생님이 두 학생學生을 나란히 세워 머리의 높이로 판가름 하곤 했다.

그처럼 키가 엇비슷한 두 사람을 세워 두고 견주는데, '서로 비슷한 위치에 어깨[肩]를 견주다[比]'라는 의미의 말이 比肩(비견)[1]이다. 따라서 '비견할 만하다'라고 하면 서로 비슷한 위치에서 견줄 만하다는 말이 된다. 달리 '필적匹敵할 만하다'라고 할 수도 있다.

도토리 키재기

나아가 '서로 견주어[比] 같아[等] 보이다'라는 의미의 말은 比等(비등)[2]인데, 흔히 반복反復해서 '비등비등하다'라는 말로 쓰이고 있다. 그 '비등비등하다'는 다시 '도긴개긴', '피장파장', '오십보백보五十步百步'로 바꿔 쓸 수도 있다. 또 '도토리 키 재기', '그 나물에 그 밥', '거기서 거기'로 쓸 수도 있다.

아울러 '견주어[比] 볼만한 존재가 없음[無]'은 無比(무비)[3]라 하고, 無比는 다시 殘酷無比(잔혹무비)[4]나 强固無比(강고무비)[5]에서 그 쓰임을 살펴볼 수 있다.

殘酷無比는 '잔혹하고[殘] 혹독하기가[酷] 견줄[比] 만함이 없다[無]'는 의미고, 强固無比는 '강하고[强] 굳셈[固]이 견줄[比] 만함이 없다[無]'는 의미다.

비율과 백분비와 황금비

나아가 比率(비율)은 기준량基準量에 어떤 수數나 양量을 견주어 나타낸 값을 말하는데, 흔히 '전체 수량數量을 100[百]으로 하여 그것에 대해 나눠[分] 가지는 비[比]'인 百分比(백분비)[6]로 표기表記한다. 달리 백분율百分率이라 하기도 하며, 영어英語로는 퍼센트percent라 한다. 기호記號로는 %를 쓰고 있다.

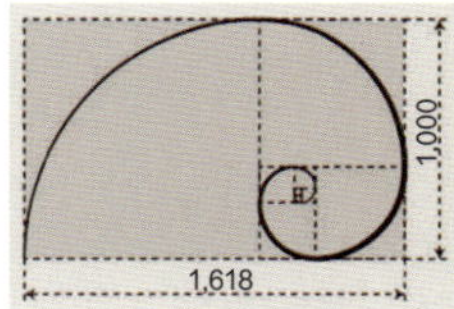

황금비로 나눈 황금분할 모양

아울러 여러 比率 가운데 黃金比(황금비)[7]는 '황금[黃金]처럼 가치 있게 여겨질 만한 비[比]'를 의미한다.

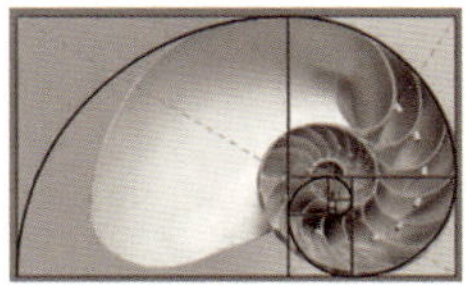
앵무조개로 살펴본 황금분할

구체적具體的으로 黃金比는 한 선분線分을 두 부분部分으로 나눌 때에, 전체全體에 대한 큰 부분의 비와 큰 부분에 대한 작은 부분의 비가 같게 한 비를 말한다. 대략大略 1.618:1로, 그런 比率로 이뤄진 사각형四角形은 황금사각형黃金四角形이라 한다.

황금사각형은 안정적安定的으로 느껴지고 보기 좋으므로 여러 물건物件을 만드는 데 적용適用되는 형태形態다. 예컨대 명함名銜이나 우편엽서郵便葉書, 책冊이나 노트note의 형태가 흔히 黃金比가 적용된 황금사각형으로 이뤄져 있다.

가성비 · 성분비 · 혼합비 · 구성비

4,900원의 순대볶음

3,400원의 편의점 도시락

가성비 비교의 실제 상품

사람들이 살면서 가장 흔하게 比較해 보는 일이 '어떤 품목品目이나 상품商品의 가격[價]과 그 성능[性]을 견주는[比] 것'으로, 이는 價性比(가성비)[8]라 한다. 그렇게 해서 價性比가 마음에 차지 않을 때는 신조어新造語로 '창렬스럽다'라고 말하며, 반대反對로 價性比가 마음에 들면 '혜자스럽다'라고 말한다.

뿐만 아니라 '물질계物質界를 구성構成하고 있는 여러 성분[成

分] 양量의 비[比]'를 이를 때는 成分比(성분비)[9]라 하며, '두 종류 이상以上의 서로 다른 물질物質을 혼합[混合]하는 비[比]'를 이를 때는 混合比(혼합비)[10]라 하고, '전체적 집단과 부분적 집단 사이에 구성[構成]의 비[比]'를 이를 때는 構成比(구성비)[11]라 한다.

아울러 燃比(연비)[12]는 '자동차의 단위 연료당[燃] 주행 거리의 비[比]'를 의미한다. "이 신형 차에는 연비를 향상시킨 신형 엔진이 탑재되어 있다"라는 말에서처럼 활용되고 있다.

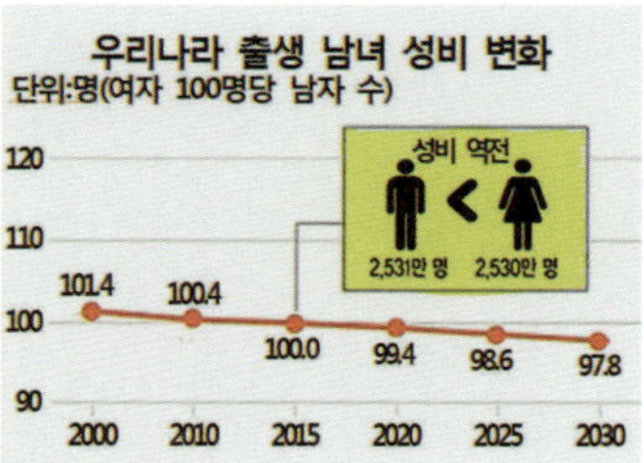

우리나라 남녀 성비 변화

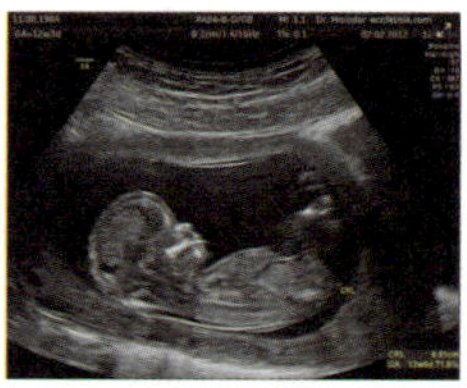
초음파 사진

또 性比(성비)[13]는 '같은 종種 안에서 암컷과 수컷의 성별[性] 개체 수의 비[比]'를 의미한다. 사람의 경우 예전에는 남성男性의 性比가 높았다. 남존여비男尊女卑나 남아선호男兒選好의 영향影響 때문이었다. 하지만 그 말은 이미 옛말이 되었다. 태아胎兒일 때에 초음파超音波 검사檢査에서 딸이라 판정判定되면 축제祝祭(?)를 벌이는 상황狀況에까지 이른 것이다. 여북하면 딸 가진 부모父母는 비행기飛行機 타고, 아들 가진 부모는 자동차自動車 탄다는 말이 생길 정도다. 심지어 아들 가진 부모는 '목메달', 딸 가진 사람은 '금메달'이라는 말도 있다. 자식 입장에서, 글만 쓰며 도리道理를 못하고 사는 필자筆者 처지處地를 보더라도 영 틀린 말은 아닌 듯싶다.

명도대비 · 색상대비 · 채도대비

그 외에 對比(대비)[14]는 '두 가지 차이를 밝히기 위해 서로 마주 대하여[對] 견주다[比]'라는 말이다. 또 회화繪畫에서, 어떤 요소要素의 특질特質을 강조强調하기 위해 그와 상반相反되는 색色 등을 나란히 배치配置하는 일을 의미하기도 한다. 그런 색의 對比로는 明度對比(명도대비)[15]· 色相對比(색상대비)[16]· 彩度對比(채도대비)[17]· 補色對比(보색대비)[18] 등이 있다.

明度對比는 '색의 밝은[明] 정도[度]가 다른 두 색을 대비[對比]하다'라는 의미로, 그렇게 對比했을 때 서로의 영향을 받아 밝은 색은 더 밝게 보이고 어두운 색은 더 어둡게 보이는 현상現象을 말한다. 예컨대 흑인黑人의 치아齒牙가 유난히 희게 보이거나, 검은색 망사網紗 속의 살결이 더욱 희게 보이는 원리原理와 같다.

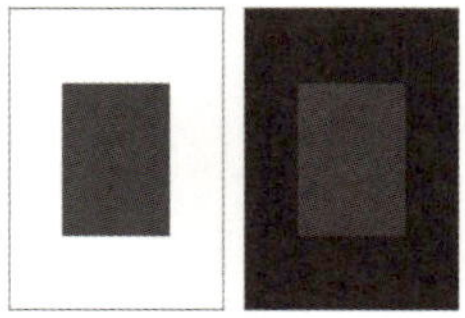
명도대비

色相對比는 '색[色]이 갖는 고유固有한 바탕[相]인 색상色相이 다른 두 개의 색을 나란히 대비[對比]하다'라는 말로, 그렇게 對比했을 때 인접隣接한 색의 영향을 받아 색이 다르게 보이는 현상을 말한다. 예컨대 같은 색상의 보라가 군청 바탕에서는 더 붉게 보이고, 빨강 바탕에서는 푸르게 보이는 것과 같은 경우다.

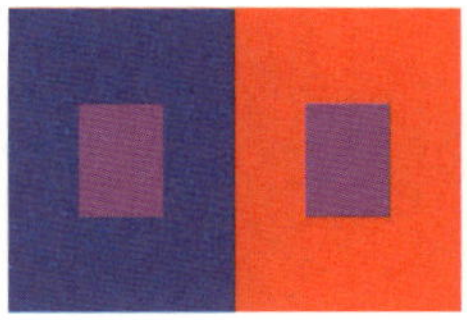
색상대비

彩度對比는 '진하고 연한 채색[彩]의 정도[度]가 다른 두 색을 대비[對比]하다'라는 의미로, 그렇게 對比했을 때 서로의 영향을 받아 색이 더 선명鮮明해 보이거나 탁濁해 보이는 현상을 말한다. 예컨대 진한 채색彩色의 가운데에 둔 연한 채색의 색은 한층 더 연한 채색으로 보이고, 연한 채색의 가운데에 둔 진한 채색의 색은 한층 더 진한 채색으로 보이는 경우다.

채도 14단계

補色對比는 '색을 나란히 두고 보았을 때에 서로의 영향으로 인해 강렬하고 선명해 보이도록 돕는[補] 색[色]으로 대비[對比]하다'라는 의미로, 초록 바구니에 담긴 빨갛게 익은 감이 더 싱

보색대비를 활용한 진열

싱하고 먹음직스럽게 보이는 현상을 말한다. 또 혼인婚姻 전후前後의 여인女人이 곱게 차려입는 녹의홍상綠衣紅裳도 補色對比가 되는 복식服飾이라 하겠다. 녹의홍상은 연한 초록색草綠色의 저고리와 아주 붉은 치마로 이뤄진 옷차림이기 때문이다.

비유법의 종류

또 比자는 '어떤 현상이나 사물을 직접 설명하지 아니하고 다른 비슷한 현상이나 사물에 견주어[比] 깨우치도록[喩] 말을 꾸미는 수사修辭의 방법[法]'을 이르는 比喩法(비유법)[19]에도 쓰이고 있다.

그 比喩法의 종류種類에는 直喩法(직유법)·隱喩法(은유법)·擬人法(의인법)·擬聲法(의성법)·擬態法(의태법)·諷喩法(풍유법)·活喩法(활유법)·重義法(중의법)·代喩法(대유법)·提喩法(제유법)·換喩法(환유법) 따위가 있다.

直喩法은 '두 개의 사물事物을 곧바로[直] 비유[喩]하여 표현하는 기법[法]'을 말하며, 隱喩法은 '두 개의 사물을 숨겨서[隱] 비유하여[喩] 표현하는 기법[法]'을 말한다. 예컨대 "내 누님같이 생긴 꽃이여"에서는 '꽃'을 '누님'에 직접적直接的으로 곧장 비유했기 때문에 直喩法으로, "내 마음은 호수요"에서는 '마음'을 '호수'에 간접적間接的으로 숨겨서 비유했기 때문에 隱喩法으로 표현하고 있다.

擬人法은 '사물이나 추상개념을 사람[人]인 것처럼 본떠서

[擬] 표현하는 기법[法]'이고, 擬聲法은 '사물이나 사람의 소리[聲]를 그대로 본떠서[擬] 실제와 같이 표현하는 기법[法]'이며, 擬態法은 '사람이나 사물의 형태[態]를 그대로 본떠서[擬] 표현하는 기법[法]'이다. 예컨대 '별이 내게 속삭이다'는 擬人法으로, '시냇물은 졸졸졸'은 擬聲法으로, '방긋방긋 웃는 모습'은 擬態法으로 표현하고 있다.

諷喩法은 '본뜻을 숨기고 비유하는 말만으로 숨겨진 뜻을 풍자[諷]하며 비유[喩]하는 기법[法]'을 말한다. "열 번 찍어 안 넘어가는 나무 없다"와 같은 속담俗談이 이에 해당한다.

活喩法은 '무생물無生物을 살아있는[活] 생물生物인 것처럼 비유하는[喩] 기법[法]'으로, 감정感情이 없는 것을 감정이 있는 것처럼 표현하는 수사법修辭法이다. '비행기가 공항에서 날개를 쉬고 있다'와 같은 표현에서 그런 쓰임을 볼 수 있다.

重義法은 '한 단어單語에 두 가지 이상의 중복[重]된 뜻[義]을 곁들어 표현하는 기법[法]'으로, 언어言語의 단조로움을 피하고 여러 의미를 나타내고자 하는 수사법이다. 황진이黃眞伊의 시조時調에 등장登場하는 "청산리 벽계수ㅣ야"에서 '벽계수'나 "명월이 만공산 ᄒᆞ니"의 '명월' 따위가 이에 속한다.

> 청산리(青山裏) 벽계수(碧溪水)ㅣ야
> 수이 감을 자랑마라.
> 일도창해(一到創海)ᄒᆞ면
> 도라오기 어려오니,
> 명월(明月)이 만공산(滿空山)ᄒᆞ니
> 수여 간들 엇더리.

황진이 시조 〈청산리 벽계수ㅣ야〉

代喩法은 '사물事物의 일부一部나 특징特徵을 보임으로써 전체全體를 대신해서[代] 비유하는[喩] 기법[法]'을 말한다. 그 代喩法은 다시 提喩法과 換喩法으로 나누고 있다.

提喩法은 '일부一部를 들어서[提] 전체全體를 대표代表하도록 비유하는[喩] 기법[法]'이다. '빵만으로 살 수 없다'에서 먹는 일부인 '빵'은 '먹을 것'인 전체를 대신하기 때문에 提喩法에 해당한다. 반면에 換喩法은 '어떤 사물을 그와 관련 있는 다른 사물로 바꿔[換] 비유하는[喩] 기법[法]'이다. '한 잔 마셨다'에서 '잔'은 그 용기容器의 내용물인 '술'로 바꿔 표현했기 때문에 換喩法에 해당한다.

比자는 '나란히 하다'나 '잇닿다'의 뜻

참빗의 즐비한 빗살 모양

일본대지진 때에 즐비한 주검

비목어

그 외에 比자는 두 사람을 나란히 해 잇닿아 두고 견주는 모습에서 '나란히 하다'나 '잇닿다'의 뜻을 지니기도 한다. 櫛比(즐비)[20]의 比자가 그런 뜻으로 쓰였다.

櫛比는 '머리를 빗는 참빗이나 얼레빗의 많은 빗살[櫛]처럼 줄지어 나란히[比] 잇닿아 있다'라는 의미로, 무언가 빽빽하게 늘어서 있음을 말한다. 따라서 '주검이 즐비하다'는 것은 죽은 사람이 빽빽하게 늘어서 있다는 말이 된다.

아울러 比자는 比目魚(비목어)[21]나 比翼鳥(비익조)[22]에서도 '나란히 하다'의 뜻으로 쓰이고 있다.

比目魚는 원래 전설傳說에 등장登場하는 눈이 하나밖에 없는 물고기다. 따라서 두 마리가 몸을 합쳐 짝짓지 않으면 제대로 활동活動할 수 없기 때문에 '몸을 합치게 되면서 나란히[比] 하는 눈[目]을 지닌 물고기[魚]'라 하여 比目魚라 한 것이다.

류시화 시인詩人은 쓴 「외눈박이 물고기의 사랑」에서 "외눈박이 물고기처럼 살고 싶다// 외눈박이 물고기처럼/ 사랑하고 싶다// 두눈박이 물고기처럼 세상을 살기위해/ 평생을 두 마리가 함께 붙어 다녔다는/ 외눈박이 물고기 비목처럼/ 사랑하고 싶다(이하 생략)"라고 했다. 이때 "외눈박이 물고기 비목처럼"의 '비목'이 바로 전설에 나오는 물고기인 比目魚를 이른 것이다.

후대後代에 사람들은 넙치나 가자미를 比目魚라 하고 있다. 넙치나 가자미는 눈이 마치 比目魚처럼 나란히[比] 하는 눈[目]을 지닌 물고기[魚]처럼 보이기 때문이다. 사람이 정면正面으로 상대방相對方을 주시注視하는 게 아니라 옆으로 흘겨보면 "가자미눈으로 본다"고 하는데, 이 또한 가자미의 두 눈이 나란히 한 쪽으로 몰려있음을 알게 해 주는 말이라 하겠다.

比目魚처럼 比翼鳥(비익조)도 전설에 등장하는 날개가 하나밖에 없는 새를 말한다. 따라서 암컷과 수컷이 몸을 합쳐 짝을 짓지 않으면 하늘을 날지 못하기 때문에 '몸을 합쳐 나란히[比] 하는 날개[翼]을 지닌 새[鳥]'라 하여 比翼鳥라 했다.

나아가 比翼鳥는 흔히 連理枝(연리지)와 관련지어 이르기에 두 말을 합쳐 比翼連理(비익연리)라는 사자성어四字成語가 만들어져 쓰이고 있다.

連理枝는 '서로 맞닿은 결[理]이 이어져[連] 통하는 가지[枝]로 이뤄진 두 나무'를 의미하는데, 比翼鳥처럼 화목和睦한 부부夫婦 사이를 비유적比喩的으로 이르는 말이다. 따라서 比翼連理도 부부의 사이가 화목함을 비유하는 데 쓰이고 있다.

가자미

비익조

실제 연리지 나무

非 [아닐 비]

생각해 보니 다 헛산 거구나

『불꽃』 관련 신문 광고

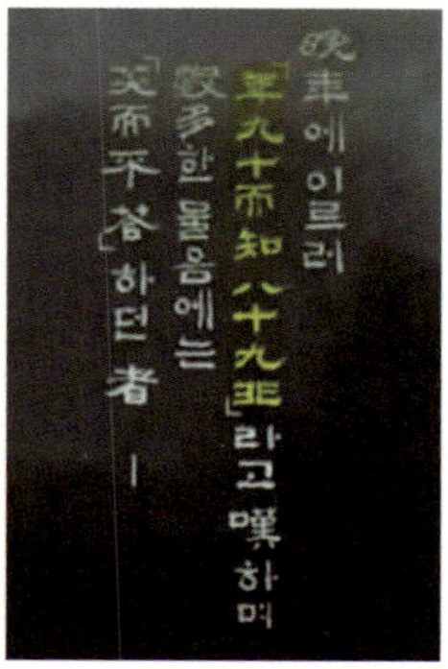

김종필 전총리 묘비명

한때 우리나라 현대現代 정치사政治史에 자주 등장登場했던 말 가운데 하나가 '삼김三金'이었다. '삼김'은 '김영삼金泳三·김대중金大中·김종필金鍾泌' 세 분을 일렀다. 김영삼과 김대중은 대통령大統領을 역임歷任했고, 김종필은 국무총리國務總理를 역임했다.

그중 김 전 총리가 2016년에 구순九旬이 되어 만화漫畫 일대기一代記 『불꽃』을 출간出刊하면서 인터뷰에 한 말이 바로 '年九十而知八十九非(연구십이지팔십구비)'였다.

'年九十而知八十九非'는 김 전 총리가 고향故鄕인 충청남도忠淸南道 부여扶餘에 죽어서 부인夫人과 함께 묻힐 자리를 마련하면서 미리 만들어 둔 묘비명墓碑銘에 쓰인 말이다. 당사자當事者 말로는 "나이 90이 되어 가만히 생각해 보니 다 헛산 거구나, 그런 뜻이다"라고 했다. '헛산 거다.' 에둘러 말했으나 묘비명 가운데 그 의미로 쓰인 非[아닐 비]자는 사전辭典으로 살피면 어떤 뜻으로 봐야 할까?

『동아한한대사전東亞漢韓大辭典』에 非(비)자는 "1. 아니다, 2.

등지다(배반하다), 3. 거짓(진실이 아니다), 4. 나쁘다(옳지 않다), 5. 사악, 6. 허물(잘못), 7. 없다, 8. 숨다, 9. 책하다(꾸짖다), 10. 죄주다(벌하다), 11. 원망하다, 12. 아닌가(아니한가), 13. 비방하다"로 풀이했다.

김 전 총리는 영원永遠한 2인자二人者 소리를 들었으니 당사자가 말한 非자는 기실其實 1의 뜻으로 '아니다', 아니면 3의 뜻으로 진실이 아닌 '거짓', 아니면 4의 뜻인 옳지 않고 '나쁘다', 아니면 7의 뜻인 '없다'쯤으로 여겨진다. 분명한 것은 당사자 말을 더 들어 봐야겠지만 인생무상人生無常이라고 이제는 물어볼 길이 없다.

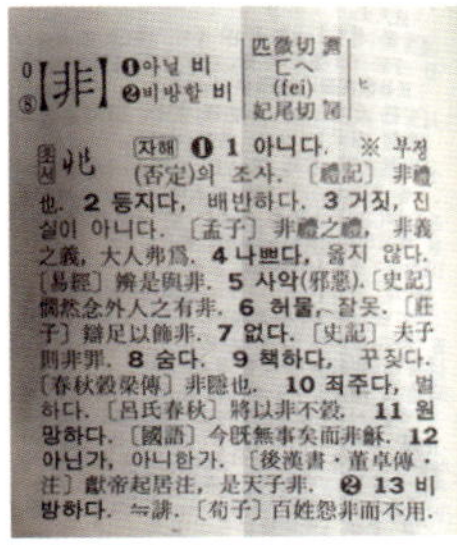
8 【非】 ❶아닐 비 ❷비방할 비 | 匹微切 ㄷㄟ (fei) 紀尾切

자해 ❶ 1 아니다. ※ 부정(否定)의 조사. 〔禮記〕 非禮也. 2 등지다, 배반하다. 3 거짓, 진실이 아니다. 〔孟子〕 非禮之禮, 非義之義, 大人弗爲. 4 나쁘다, 옳지 않다. 〔易經〕 辨是與非. 5 사악(邪惡). 〔史記〕 𢥞然念外人之有非. 6 허물, 잘못. 〔莊子〕 辯足以飾非. 7 없다. 〔史記〕 夫子則非罪. 8 숨다. 9 책하다, 꾸짖다. 〔春秋穀梁傳〕 非隱也. 10 죄주다, 벌하다. 〔呂氏春秋〕 將以非不穀. 11 원망하다. 〔國語〕 今旣無事矣而非鮮. 12 아닌가, 아니한가. 〔後漢書·董卓傳·注〕 獻帝起居注, 是天子非. ❷ 13 비방하다. ≒誹. 〔荀子〕 百姓怨非而不用.

『동아한한대사전』의 '非'자 뜻

非자는 새가 날 때에 보이는 펼쳐진 양쪽 날개

그 非(비)자는 고문자로 살피면 새가 날 때에 보이는 펼쳐진 양쪽 날개를 나타낸 한자로 여겨진다. 그렇게 펼쳐진 양쪽 날개 방향方向이 같지 않고 어그러져 있는 데서 '어그러지다'의 뜻을 지니게 되었고, 어그러져 같지 아니한 데서 '아니다'의 뜻을 지니기도 한 것으로 보인다.

갑골문 非자

금문 非자

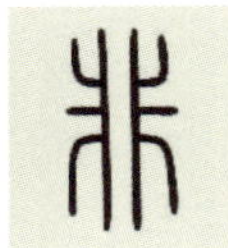
소전 非자

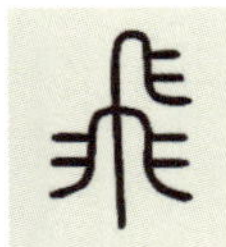
소전 飛자

실제로 새가 나는 모양에서 '날다'의 뜻을 나타내는 데는 같은 음音으로 읽히는 飛[날 비]자를 만들어 사용하고 있다.

비일비재와 비명횡사

"세상은 돌고 돈다"고 같은 사건事件이나 현상現象이 끊임 없이 반복反復된다. 그렇게 반복되며 '같은 사건이나 현상이 한[一] 번도 아니고[非] 두[再] 번도 아니게[非] 많다'는 의미의 말이 非一非再(비일비재)[1]다.

그 非一非再한 일은 좋은 일로도, 나쁜 일로도 생긴다. 한데 사람에게 가장 중요한 일은 목숨과 관련된 것이다. 목숨이 끊어지면 사람의 삶도 끝나기 때문이다. 그럼에도 '제 목숨[命]대로 살지 아니하다[非]'라는 의미의 말은 非命(비명)[2]이다. 나아가 '제 목숨[命]대로 살지 아니하고[非] 갑자기[橫] 죽는다[死]'는 의미는 非命橫死(비명횡사)[3]라 한다.

흔히 "비명횡사했다" 말하면 외마디소리인 비명을 지르며 갑자기 죽었다 생각하는 이들이 있는데, 이때 외마디 소리인 비명은 한자로 '悲鳴'이라 쓴다. 하지만 '비명횡사'의 '비명'은 '非命'이다. '안면방해'의 '안면'이 얼굴인 '안면顔面'이 아니라 편안히[安] 잠잔다[眠]는 '안면安眠'인 것처럼.

비범과 비상

또 非자는 '범상치[凡] 아니하다[非]'의 의미인 非凡(비범)[4]과 그 非凡과 비슷한 말인 非常(비상)[5]에서도 '아니다'의 뜻으로 쓰이고 있다. 非凡과 非常은 범상凡常치 아니하여 그 수준이 보통

보다 훨씬 특별特別하거나 특출特出하다는 말이기도 하다.

아울러 非常은 범상[常]치 아니한[非] 일과 관련해 '뜻밖의 긴급한 사태. 또는 이에 대응하기 위하여 신속히 내려지는 명령'을 의미하기도 한다.

나아가 非常은 다시 非常時(비상시)·非常用(비상용)·非常網(비상망)·非常金(비상금)·非常鐘(비상종)·非常燈(비상등)·非常門(비상문)·非常口(비상구)·非常食(비상식)처럼 덧붙여 쓰이기도 한다.

뿐만 아니라 非常은 非常措置(비상조치)·非常事態(비상사태)·非常事件(비상사건)·非常手段(비상수단)·非常階段(비상계단)·非常着陸(비상착륙)·非常時局(비상시국)·非常警戒(비상경계)·非常召集(비상소집)·非常警報(비상경보)·非常待機(비상대기)·非常戒嚴(비상계엄)·非常大權(비상대권)·非常脫出(비상탈출)·非常對策(비상대책)·非常勤務(비상근무)·非常食糧(비상식량) 등의 말과 같이 덧붙여 쓰이고도 있다.

비상구 표시

제천 스포츠센터 비상구

'아니다'를 의미를 더하는 접두사

그 외에 非자는 오늘날 '아니다'를 의미를 더하는 접두사接頭辭로도 흔히 쓰이고 있다. 그렇게 쓰이는 말은 적지 않은데, 非保護(비보호)·非好感(호감)·非擴散(비확산)·非正常(비정상)·非公認(비공인)·非條理(비조리)·非需期(비수기)·非課稅(비과세)·非對稱(비대칭)·非暴力(비폭력)·非賣品(비매품)·非具象(비구상)·非金屬(비금속)·非常勤(비상근)·非核化(비핵화)·非上場(비상장)·非主流(비주류)

등이 그에 속한다.

또 '그 성격을 띠는', '그에 관계된', '그 상태로 된'의 의미를 더하는 접미사接尾辭인 的(적)자를 맨 뒤에 덧붙인 말에서도 非자의 쓰임을 엿볼 수 있는데, 그런 말로는 非良心的(비양심적)·非現實的(비현실적)·非合理的(비합리적)·非紳士的(비신사적)·非生産的(비생산적)·非效率的(비효율적)·非妥協的(비타협적)·非民主的(비민주적)·非衛生的(비위생적)·非人道的(비인도적)·非理性的(비이성적)·非文化的(비문화적)·非合法的(비합법적)·非科學的(비과학적)·非敎育的(비교육적)·非論理的(비논리적)·非協調的(비협조적)·非能率的(비능률적)·非人間的(비인간적)·非倫理的(비윤리적)·非人格的(비인격적)·非定期的(비정기적)·非實用的(비실용적)·非常識的(비상식적) 등이 있다.

아울러 非正規職(비정규직)·非自責點(비자책점)·非水溶性(비수용성)·非電解質(비전해질)·非障碍人(비장애인)·非敎科科目(비교과과목)·非人氣種目(비인기종목)·非公式記錄(비공식기록)·非公開結婚(비공개결혼)·非營利法人(비영리법인)·非關稅障壁(비관세장벽)·非可視光線(비가시광선)·非鋪裝道路(비포장도로)·非破壞實驗(비파괴실험)·非政府機構(비정부기구)·非常任理事國(비상임이사국) 등의 많은 말에서도 非자의 쓰임을 엿볼 수 있다.

비장애인과 비정상인

위에서 언급言及한 많은 말 가운데 국립국어원國立國語院 표준국어사전標準國語辭典에 공식적公式的으로 실리지 않은 말이 바로 非障碍人(비장애인)이다. 사실 非障碍人은 신체身體나 정신精神에 장애障碍가 없는 사람을 장애인障碍人에 상대相對하여 이르는 데 흔히 쓰이고 있다.

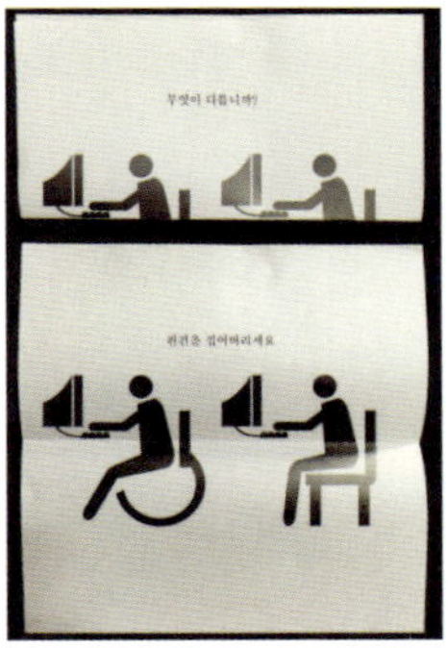

장애인 관련 공익광고

만일 장애인에 상대하여 이르는 말로 정상인正常人이라 하게 되면 장애인은 결국 非正常人(비정상인)으로 여겨지게 된다. 하지만 적지 않은 장애인은 선천적先天的이든 후천적後天的이든 몸의 일부一部만 불편不便할 뿐이고, 온전穩全한 정신情神에 정상적正常的으로 활동活動하고 있는 사람이 대부분大部分이다. 때문에 그런 이들을 非正常人으로 보는 것은 온당穩當치 않다 여겨져 그에 반反하는 이들에게 非障碍人이란 말을 쓴 것이다.

그러나 장애障碍를 가지고 있지 않은 사람을 무조건無條件 非障碍人으로 지칭指稱하는 것도 되려 역차별적逆差別的 성향性向이 있기 때문에 보통 장애인과 관련關聯해 이야기될 때에만 한정적限定的으로 非障碍人이란 말을 사용使用하는 것이 마땅하다 하겠다.

굴비라는 생선

또 非자는 굴비라는 생선生鮮을 가리키기 위해 한자漢字로 취음取音하여 屈非(굴비)라 표기表記하는 말에서도 그 쓰임을 엿볼 수 있다.

한 두릅으로 엮은 굴비

屈非는 한자 그대로 '굽히는[屈] 게 아니다[非]'는 의미다. 고려高麗 인종仁宗 때 왕위王位를 찬탈簒奪하려 반란反亂을 일으킨 이자겸李資謙에게서 비롯되었다고 전해진다. 그는 붙잡혀 전라남도全羅南道 영광靈光에서 귀양살이를 했다. 그곳에서 생활하면서 맛본 조기를 임금에게 진상進上하면서 혹시 용서容恕를 구求하는 것으로 받아들여질 것을 염려念慮해 '屈非'라고 적어 보냈다는 것이다. 비록 '귀양살이를 하나, 결코 뜻을 굽히는 게 아니다'라는 의기義氣를 드러내 보인 것이다.

非자는 '그르다'나 '어긋나다'의 뜻

나아가 非자의 뜻 '아니다'는 어떤 사실事實이 옳지 아니하다 여기는 것이고, 이는 그르다 여기는 것이 되기도 하기에 非자는 다시 '그르다'의 뜻을 지니기도 한다. 아울러 그릇된 것은 어긋난 것이기에 '어긋나다'의 뜻을 지니기도 한다. 是非(시비)[6]·非理(비리)[7]·非違(비위)[8]·非行(비행)[9]·兩非論(양비론)[10]의 非자가 바로 그런 뜻으로 쓰였다.

是非는 '옳음[是]과 그름[非]'을 의미하고, 옳음과 그름을 따지는 말다툼을 이르기도 한다. 강조强調되어 是是非非(시시비비)로 쓰이기도 한다.

非理는 '올바른 도리[理]에서 어긋나다[非]'의 의미고, 非違는 '법이나 법도에 그릇되고[非] 어긋나다[違]'의 의미다. 따라서 나라의 구조적構造的 틀을 유지維持한다는 공무원公務員이 도리道理에 어긋난 일을 하면 非理公務員(비리공무원)이 되는 것이고, 법

法에 어긋난 일을 하면 非違公務員(비위공무원)이 되는 것이다.

유명有名한 영국英國의 여행작가旅行作家 이사벨라 버드 비숍Isabella Bird Bishop이 쓴 『조선과 그 이웃 나라들(Korea and Her Neighbours)』에서 "조선의 관리에게는 청렴결백한 전통을 전혀 찾아볼 수 없을 만큼 부정부패가 극도로 혼탁한 수준이다"라고 했는데, 안타깝게도 그 전통傳統이 오늘날에도 일각一角에서 이어지고 있는 듯싶다. 일부 공무원이 국민의 봉사자로서 주어진 권한權限을 행사하는 게 아니라 마치 주어진 권한을 자신의 것인 양 착각하며 남용濫用하고 있기 때문이다.

非行은 '그릇되게[非] 행하다[行]'라는 의미로, 흔히 '그릇되게[非] 행하는[行] 일을 저지른 청소년[青少年]'인 非行青少年(비행청소년)[11]이란 말에 쓰이고 있다.

非行青少年은 미성년자未成年者로서 지켜야 할 규칙規則을 위반違反했거나 상습적常習的으로 학교學校에 결석缺席하거나 폭력暴力이나 절도竊盜 등의 범죄행위犯罪行爲 등을 하는 12세 이상以上 20세 미만未滿의 청소년을 통틀어 이르는 말이다. 남녀男女를 구분區分해 非行少年(비행소년)과 非行少女(비행소녀)라 하기도 한다.

兩非論은 '서로 맞서서 내세우는 두[兩] 말이 모두 그르다[非]고 주장主張하는 이론[論]'을 의미한다. 어떤 주장이 대립對立되는 모든 분야分野에서 광범위廣範圍하게 사용되는 용어用語다. 학문적學問的 이론理論이나 사회적社會的 주장이 양분兩分되어 있을 때, 어느 한편에도 동의同意하지 않는 제3자第三者가 새로운 주장을 전개展開하는 경우에 주로 쓰이고 있다.

비숍과 『조선과 그 이웃 나라들』

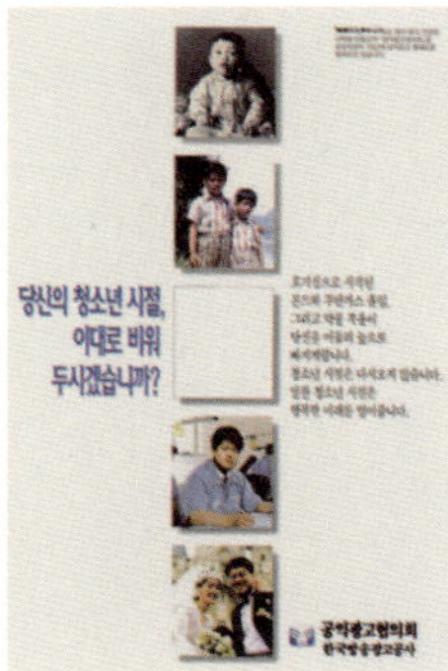

비행청소년 관련 공익광고

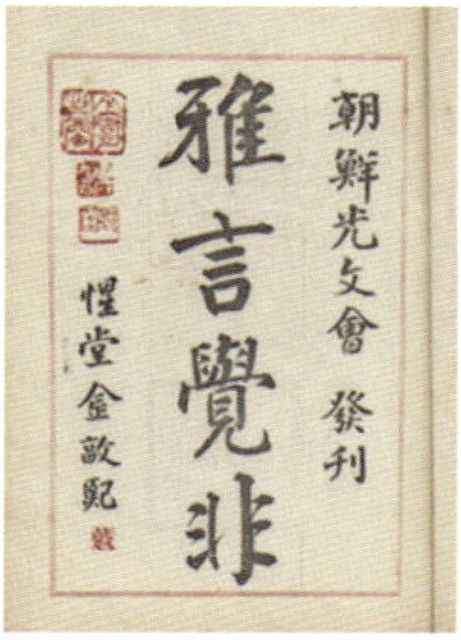

정약용과 『아언각비』

非자는 '잘못'의 뜻을 지니기도

또 非자는 그르고 어긋난 것이 잘못된 것이기에 '잘못'의 뜻을 지니기도 한다. 조선朝鮮 정조正祖 때에 다산茶山 정약용丁若鏞이 지은 어원語源 연구서研究書인 『雅言覺非(아언각비)[12]』의 非자가 바로 그 뜻으로 쓰이고 있다.

『雅言覺非』는 '바르게[雅] 말하고[言] 잘못[非]을 깨닫는다[覺]'는 의미다. 일반一般 백성百姓이 쓰는 언어言語가 이치理致에 맞고 뜻이 올바르게 소통疏通되어야 하는데, 그렇지 못하면 그 잘못된 것을 깨우쳐야 한다는 책冊이다.

非자는 '헐뜯다'나 '비방하다'의 뜻

나아가 非자는 잘못이 있다며 헐뜯거나 비방한다 하여 '헐뜯다'나 '비방하다'의 뜻을 지니기도 한다. 非難(비난)[13]이나 非笑(비소)[14]의 非자가 그런 뜻으로 쓰였다.

非難은 '남의 잘못을 책잡아 헐뜯고[非] 힐난하다[難]'라는 의미로, 특정特定 대상對象의 잘못을 근거根據로 비속어卑俗語로 헐뜯거나 어떻게든 나쁘게 말하기 위해 폄하貶下하거나 공격攻擊을 하는 것을 말한다.

非笑는 '남을 비방하여[非] 웃음[笑]'을 의미하는 말로, "손가락질하는 세상 사람의 비소 소리가 들리었다"와 같은 글에서처럼 활용되고 있다. 달리 '비웃음'이라 할 수 있다.

飛 [날 비] 날자. 날자. 한 번만 더 날자꾸나

날자. 날자. 한 번만 더 날자꾸나. 한번만 더 날아 보자꾸나.

이상(김해경)

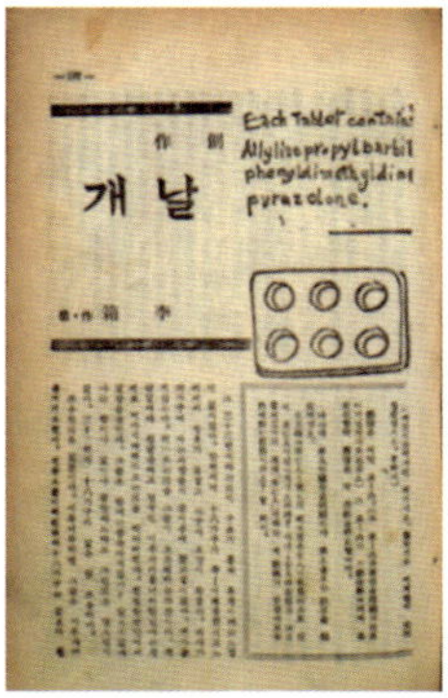

이상의 『날개』 원문

이상李箱의 단편소설短篇小說 『날개』의 끝부분이다. 이상은 '날개'로 무기력無氣力함과 권태倦怠에서 벗어나 자유自由롭기 바라는 마음을 표현表現했다.

날개는 자유의 상징象徵으로, 자신이 원하는 곳을 마음대로 날아갈 수 있게 해주는 존재存在기 때문이다. 날개는 뜻을 펼치는 데 도움을 준다는 의미意味를 지닌 존재이기도 하다.

속담俗談에 "범에게 날개"라는 말도 능력能力이 있는 사람이 더욱 힘을 얻게 된 경우境遇를 비유적比喩的으로 이른다. 반면反面에 "날개 없는 봉황"이란 속담은 힘을 잃고 보람 없게 된 처지處地를 비유적으로 이른다.

추락하는 것은 날개가 없다

"날개 없는 봉황"은 날 수가 없으니 결국 떨어질 수밖에 없

〈이카로스의 추락〉(샤갈)

다. 해서 "추락하는 것은 날개가 없다"고 한다.

그리스 신화神話에 등장登場하는 이카로스Icaros는 깃털로 만들어진 날개를 밀랍蜜蠟으로 붙이고 하늘로 날아올랐다. 하지만 이카로스는 새처럼 나는 비행飛行의 즐거움에 빠져 지나친 욕심慾心을 부려 하늘 높이 올라가지 말라는 아버지 경고警告를 잊은 채 태양太陽 가까이 갔고, 결국結局 태양열太陽熱에 날개를 붙인 밀랍이 녹는 바람에 추락墜落해 죽었다. 추락하는 것은 날개가 없음을 보여준 것이다.

사실 추락하지 않고 새가 하늘을 자유롭게 날아다닐 수 있는 것은 욕심이 없기 때문이다. 새가 욕심을 부려 먹이를 많이 먹고 몸이 무거워지면 나는 데 어려움이 생기게 된다. 해서 새는 뼛속까지 텅 비우며 몸을 가볍게 하여 하늘을 난다.

飛자는 하늘을 나는 새

하늘을 나는 새

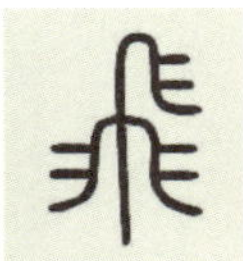

소전 飛자

한자에서 飛[날 비]자는 그렇게 하늘을 나는 새를 나타냈다. 소전 자형을 살피면 새가 날개를 펴고 하늘 위로 날아오르는 모양으로 나타내고 있다. 그 자형에서 위쪽은 새의 대가리와 목덜미의 털을, 아래쪽은 펼쳐진 양쪽 날개깃을 나타냈다. 그렇게 새가 날아오르는 모양을 나타냈기에 飛자는 뜻이 '날다'가 되었다.

날아다니는 새를 동경했던 사람

새의 특징特徵은 깃털이 달린 날개에 있고, 새가 날 수 있는 것은 날개가 있기 때문이다. 새는 날개로 하늘을 날 수 있기 때문에 위험危險에 처處했을 때 쉽게 벗어날 수 있고, 넓은 지역地域을 돌아다니며 먹이를 찾을 수도 있다.

새의 비행

그런 새가 하늘은 어떻게 날 수 있을까? 새의 날개를 보면 윗부분은 볼록한 형태로 되어 있고, 아랫부분은 이보다 납작한 형태로 되어 있다. 때문에 새가 공중空中을 날 때에 날개 아래쪽보다 위쪽이 공기空氣의 흐름이 빠르고 압력壓力도 낮아진다. 여기에서 발생發生하는 날개 위아래의 압력 차差가 새를 떠오르게 하는 힘인 양력揚力으로 작용作用해 날게 되는 것이다.

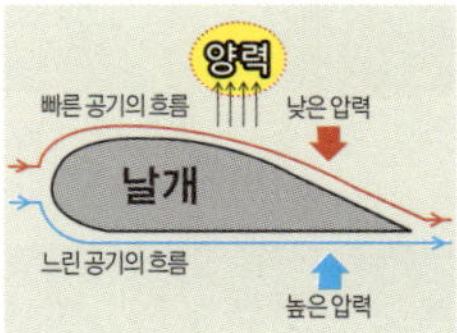

양력 원리

하늘을 마음대로 날아다니는 새를 동경憧憬했던 사람들은 그런 새의 형태를 본떠 '공중으로 떠서 날아[飛] 다니는[行] 기기[機]'인 飛行機(비행기)[1]를 만들었다. 飛行機가 나는 것도 새처럼 형태를 만들어 양력을 얻고, 내부內部 곳곳을 빈 공간空間으로 만들기 때문이다.

비행기

하지만 飛行機가 만들어지기 이전以前에 조선朝鮮 중기中期 때의 발명가發明家인 정평구鄭平九는 '대와 소가죽으로 하늘을 날[飛] 수 있게 만든 수레[車]와 같은 비행 물체'를 만들었다. 그것이 바로 飛車(비거)[2]다.

재현한 비거의 모양

飛車는 임진왜란壬辰倭亂 때에 진주晉州 전투戰鬪에서 사용했다는 기록記錄이 있다. 이를 사용해 하늘로 타고 올라가 왜군倭軍들의 진영陣營 위를 날면서 화약火藥을 뿌려 터지도록 했고,

외부外部와 연락連絡을 하거나 성城에 갇혀 있던 성주城主를 태우고 30리 밖으로 탈출脫出하게 했다고 한다.

레이저로 본 변기 분출 비말

기침 시 비말 전파 거리

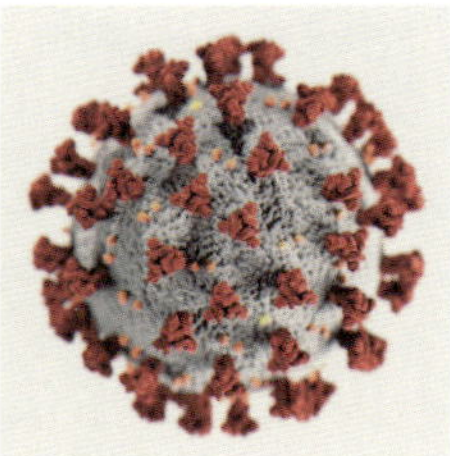

코로나19 바이러스

코로나로 마스크를 착용한 사람들

날아다니는 것은 물방울이나 침방울도

날아다니는 것은 飛行機만 아니라 눈에 보이지 않는 물방울이나 침방울도 있다. 그 '날아다니는[飛] 작은 물방울[沫]이나 침방울[沫]'을 飛沫(비말)[3]이라 한다.

화장실化粧室 변기便器에 물을 내릴 때 뚜껑을 닫지 않으면 튀어 오르는 오염汚染된 작은 물방울이나 아픈 사람이 기침이나 재채기할 때 튀어나오는 작은 침방울이 바로 飛沫이다.

문제問題는 그 飛沫 속에 병원균病原菌이 포함包含되어 있어 주변周邊 사람들을 감염感染시키는데, 이와 같은 감염 방식方式을 飛沫感染(비말감염)이라고 한다.

우리나라는 2015년年 飛沫感染에 의해 메르스MERS가 유행流行하여 38명名이 사망死亡한 적이 있다. 메르스처럼 결핵結核·폐렴肺炎·백일해百日咳·디프테리아diphtheria·유행성감기流行性感氣 등도 飛沫感染에 의한 것이다. 또 2019년 12월에 발생發生해 전 세계적世界的으로 1500만 명 이상以上을 죽게 한 코로나corona19도 주로 飛沫感染에 의해 전파傳播되었다.

이런 감염은 飛沫이 묻은 손만 제대로 씻어도 60~70%를 예방豫防할 수 있다. 이게 손을 자주 씻어야 하는 이유理由다. 좀 더 적극적積極的으로는 마스크를 착용着用해 감염의 경로經路를 차단遮斷해야 한다.

하늘을 나는 상상의 동물

하늘을 나는 존재存在에는 상상想像의 새도 있다. 그처럼 『장자莊子』라는 책冊에는 붕새라는 상상 속의 새가 등장登場한다.

붕새(붕조)

붕새는 한 번에 9만萬 리里를 난다고 하는데, 그렇게 '붕새[鵬]가 날다[飛]'라는 의미의 말이 鵬飛(붕비)[4]다. 붕새는 한 번에 멀리 날 수 있으니, 鵬飛는 사람이 크게 나아가 발전發展한다는 비유比喩로 사용되고 있다.

동해의 용오름 현상

옛날 사람들은 상상의 동물인 용[龍]도 하늘에 날아서[飛] 올라 조화造化를 부려 구름을 만들고, 인간人間 세상世上에 비를 내려 준다고 믿었다. 따라서 龍飛(용비)라는 말을 만들고, 龍飛는 다시 龍飛鳳舞(용비봉무)[5]나 龍飛御天歌(용비어천가)[6]의 말에 덧붙여 쓰이고 있다.

봉황(『산해경』)

龍飛鳳舞는 '용[龍]이 날고[飛] 봉황[鳳]이 춤춘다[舞]'는 의미며, 나아가 산천山川이 생동生動하는 신령神靈한 기세氣勢를 이른다. 이런 신령한 기세가 있어야 다른 성씨姓氏의 왕王이 난다는 전설傳說에서 천하天下를 얻는다는 의미를 지니기도 한다. 龍飛가 곧 천하를 얻어 임금으로 즉위卽位함을 이르는 것이기도 하다.

龍飛御天歌는 '용[龍]이 날아[飛] 하늘[天]을 부리는[御] 노래[歌]'라는 의미로, 임금으로 즉위하여 세상을 다스린다 함을 이른 말이다. 龍飛御天歌에는 왕씨王氏의 고려高麗를 무너뜨리고 이씨李氏의 조선朝鮮을 세우는 과정의 임금들을 중국中國 고사故事에 비유比喩해 찬송讚頌한 내용을 담고 있다.

유언비어와 언비천리

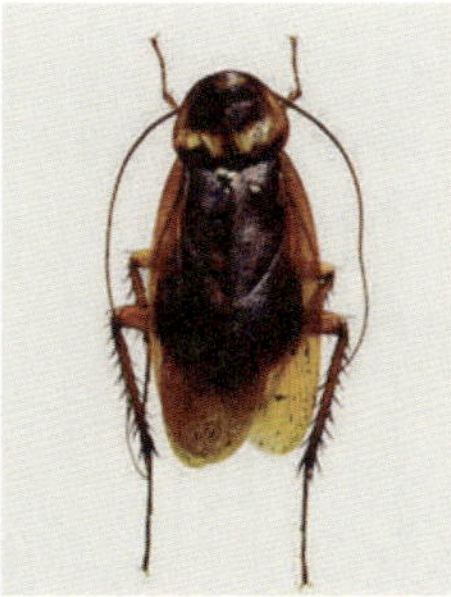
바퀴

날개가 있어 날아다니는 것은 새뿐만이 아니다. 매미마냥 크게 생긴 바퀴(벌레)도 날아다닌다. 그 바퀴를 뜻하는 蜚[바퀴 비]자도 마침 飛자와 음音이 같으면서 '날다'의 뜻을 지닌다. 따라서 流言飛語(유언비어)의 飛자를 蜚[바퀴 비]자로 바꿔 流言蜚語로 쓰기도 한다.

流言飛語(유언비어)[7]는 직역直譯하면 '흘러[流] 다니는 말[言]과 날아[飛(蜚)] 다니는 말[語]'로, 아무 근거根據 없이 떠도는 소문所聞을 말한다. 곧 뜬소문을 이른다.

근거 없이 떠도는 뜬소문은 빨리 퍼진다. 속담에도 "발[足] 없는[無] 말[言]이 천리[千里]에[于] 간다[飛]"고 했다. 이를 한자로 나타내면 無足之言飛于千里(무족지언비우천리)가 되고, 다시 사자성어四字成語로 나타내면 言飛千里(언비천리)[8]가 된다.

날고 있는 박쥐

비막과 비화

아울러 새처럼 조류鳥類가 아닌 데도 날 수 있는 동물動物이 있다. 포유류哺乳類인 박쥐나 하늘다람쥐가 바로 그런 동물이다.

박쥐나 하늘다람쥐는 손가락이 길어지면서 손가락 사이를 잇는 피부皮膚가 늘어나 날개처럼 되었다. 마치 오리의 물갈퀴처럼. 손가락 사이에 넓게 늘어난 피부는 얇은 막膜으로 이뤄져 있다. 이는 '나는[飛] 데 도움이 되는 막[膜]'으로 飛膜(비막)[9]이라 한다. 飛膜은 날도마뱀이나 날여우원숭이에게도 있다.

날도마뱀(상)과 날여우원숭이(하)

또 산山에 불이 나면 바람을 따라 불도 날아다닌다. 그 '날아다니는[飛] 불[火]'이 바로 飛火(비화)[10]다.

飛火는 여러 곳에 옮겨 붙어 불을 번지게 한다. 따라서 飛火는 어떤 일의 영향影響이 다른 데까지 번진다는 의미를 지니기도 한다. "집안싸움이 엉뚱한 방향으로 비화되었다"에서처럼 활용活用되고 있다.

비화하는 산불

비거리와 비상과 비약

사실 사람도 중력重力을 거부拒否하고 조금은 날 수 있다. 농구籠球 황제皇帝라 불렸던 마이클 조던Michael Jordan이 1992년 바르셀로나 올림픽이 열렸을 때 기자記者가 "당신은 하늘을 날 수 있나요?"라고 물었다. 조던은 "조금은요"라고 대답對答했다.

마이클 조던

한데 사람도 운동運動 시설施設이나 운동 기구器具를 이용하면 훨씬 더 멀리 날 수 있다. 그런 운동으로 스키 점프ski jump가 있다.

그 스키 점프에서 사람이 점프대에서 착지着地한 지점地點까

하늘을 나는 스키 점프 선수

물위를 비상하는 새들

지 '날아간[飛] 거리[距離]'는 飛距離(비거리)[11]라 한다.

飛距離는 골프golf나 야구野球에서, 채나 방망이를 이용해 친 볼이 날아간 거리를 이르기도 한다. 야구에서 볼의 飛距離가 멀어 외야外野 펜스를 넘어가게 되면 이는 홈런이 된다.

나아가 飛자는 같은 뜻을 지닌 翔[날 상]자와 어울려 飛翔(비상)[12]이란 말로도 쓰이고 있다. 한데 '공중을 난다[飛翔] 함'을 의미할 때는 飛翔이라 하지만 '높이 날아[飛]오르다[上]'라는 의미일 때는 동음이의어同音異議語인 飛上(비상)[13]을 쓰기도 한다.

또 飛자는 나는 것만큼 빠르지 않지만 '나는[飛] 듯이 뛰다[躍]'라는 의미의 飛躍(비약)[14]이란 말로도 쓰이고 있다. 따라서 남모르게 활동한다 함을 이를 때에 사용하는 말인 暗中飛躍(암중비약)[15]은 '어둠[暗] 가운데[中]에서 나는[飛] 듯이 뛰다[躍]'라는 의미다.

飛자는 '날리다'의 뜻

떨어진 우박

잘못 쓴 '산수갑산'

飛자는 '날다'의 뜻 외에 다시 '날리다'의 뜻을 지니기도 한다. 風飛雹散(풍비박산)[16]의 飛자가 그런 뜻을 지닌다.

風飛雹散은 '바람[風]이 날리고[飛] 우박[雹]이 흩어지다[散]'라는 의미다. 그러나 적지 않은 사람들이 '집안이 풍지박산 났다' 하는 식으로 말하면서 '풍비박산'을 '풍지박산'으로 잘못 사용하고 있다.

마치 '삼수갑산三水甲山'을 '산수갑산'으로, '야반도주夜半逃

走'를 '야밤도주'로, '절체절명絶體絶命'을 '절대절명'으로, '평안감사平安監司'를 '평양감사'로, '대증요법對症療法'을 '대중요법'으로, '四十九齋(사십구재)'를 '사십구제'로, '성대모사聲帶模寫'를 '성대묘사'로, '사주단자四柱單子'를 '사주단지'로, '철두철미徹頭徹尾'를 '철투철미'로, '동병상련同病相憐'을 '동병상린'으로, '폐소공포閉所恐怖'를 '폐쇄공포'로 잘못 말하는 것과 같은 경우다. 한자를 통해 어휘語彙를 공부工夫했다면 그런 잘못은 없었을 것이다.

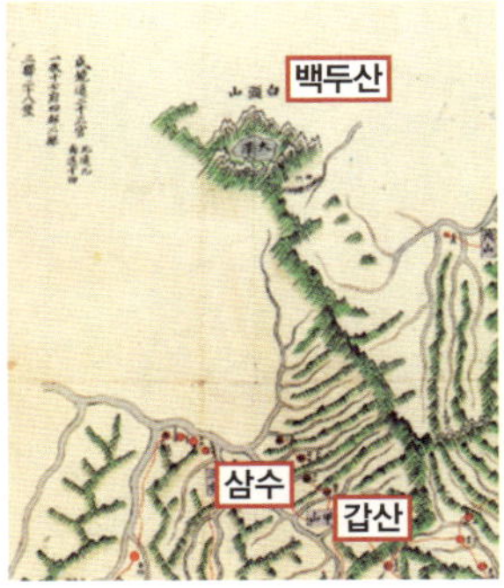

「여지도」의 삼수와 갑산

飛자는 '높다'나 '빠르다'의 뜻

또 飛자는 새가 나는데, 하늘 높이 빠르게 날기 때문에 '높다'나 '빠르다'의 뜻을 지니기도 한다. 飛閣(비각)[17]·飛階(비계)[18]·飛虎(비호)[19]·飛報(비보)[20]의 飛자가 그런 뜻으로 쓰이고 있다.

비각(등왕각)

飛閣은 '날아오를 듯 높게[飛] 지어진 누각[閣]'과 같은 건물을 말한다. 중국中國의 등왕각滕王閣이 바로 그런 건물建物로 널리 알려져 있다.

비계

飛階는 건물建物 등을 짓는 공사工事를 할 때에 '임시臨時로 높은[飛] 곳에서 계단[階]처럼 디딜 수 있도록 설치한 가설물假設物'을 말한다. "모래나 자갈이 담긴 들통을 지고 비계를 올라가는 일이었습니다. 거름지게와 나뭇짐을 지며 자라 온 내게는 견딜 만한 밥벌이였습니다『이웃 사람(황석영)』"

〈비호도〉

와 같은 글에서 그 쓰임을 엿볼 수 있다.

飛報는 '날아갈 듯 빠르게[飛] 알리다[報]'라는 의미다. "적이 갑자기 침입했다는 비보가 날아왔다"는 말에서처럼 쓰이고 있다.

飛虎는 '빠르게[飛] 움직이는 범[虎]'을 이른다. 따라서 "비호처럼 달아났다"고 하면 범처럼 빠르게 움직여 도망간다는 말이 된다. 흔히 민첩敏捷하고 용감勇敢한 대상對象을 이르는 데 쓰이고 있다.

鼻
[코 비]

클레오파트라의 코

동서고금東西古今을 통해 세상世上에서 '코'로 인해 가장 유명有名한 사람은 고대古代 이집트 여왕女王이었던 클레오파트라일 것이다. 그와 관련關聯되어 널리 알려진 글로, 파스칼이 그의 수상록隨想錄에 "클레오파트라의 코가 조금만 더 낮았더라면 세계 역사가 달라졌을 것이다"라고 한 기록記錄이 있다.

클레오파트라

이는 '클레오파트라 콧대가 낮아 미인美人이 아니었을 경우 로마 권력자權力者들이 혹惑하지 않아 서로 싸우지 않았을 것이고, 그러면 지금只今과는 역사歷史가 달라졌을 것이다'라는 의미意味를 내포內包하고 있다. 그렇게 클레오파트라의 코는 역사를 바꿀 정도로 상징성象徵性이 있었던 것이다.

코는 자존심을 상징

나폴레옹도 인재人材를 등용登用할 때 코가 큰 사람을 우선적으로 뽑았다고 한다. 코의 크기가 인격人格과 재능才能을 상징象

徵한다고 생각했기 때문이다.

그처럼 오늘날에도 코는 얼굴 중심中心에 위치位置하여 자존심自尊心을 드러내는 부위部位가 되고 있다. 해서 많은 속담俗談이나 관용구慣用句에 코가 그런 의미로 쓰이고 있다.

나폴레옹

예컨대 잘난 체하고 뽐내는 기세가 있을 때에 하는 말인 "코가 높다", 뽐낼 일이 있어 우쭐해질 때에 하는 말인 "코가 솟다", 위신이나 기세 따위를 돋울 때에 하는 말인 "코를 세우다", 잘난 체하며 거만하게 굴 때에 하는 말인 "코가 우뚝하다", 우쭐댈 때에 하는 말인 "코를 쳐들다", 자존심이 강하여 상대에게 굽히지 않을 때에 하는 말인 "콧대가 세다" 등에서 코가 그런 의미로 쓰이고 있다.

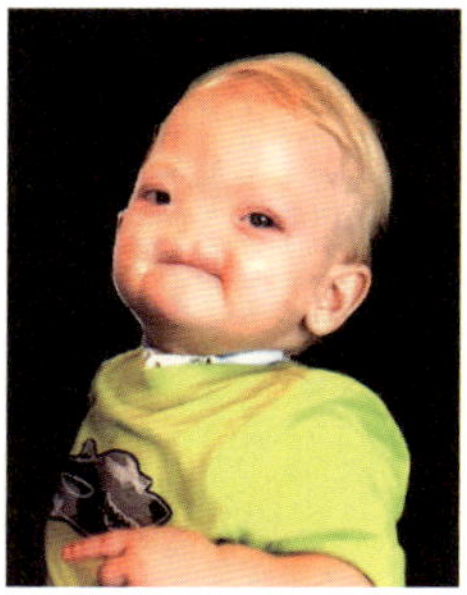
코 없이 태어난 아이

아울러 몹시 무안無顔을 당當하거나 기氣가 죽어 위신威信이 뚝 떨어질 때에 하는 말인 "코가 납작해지다", 무안을 당하거나 핀잔을 맞을 때에 하는 말인 "코를 떼다", 잘못을 저질러 매우 무안을 당한 경우에 하는 말인 "코 떼어 주머니에 넣다", 자신自身의 자만심自慢心이나 자존심自尊心을 한풀 꺾을 때에 하는 말인 "콧대를 낮추다", 상대방의 자만심이나 자존심을 꺾어 기를 죽일 때에 하는 말인 "콧대를 꺾다"에서의 '코'도 같은 경우다.

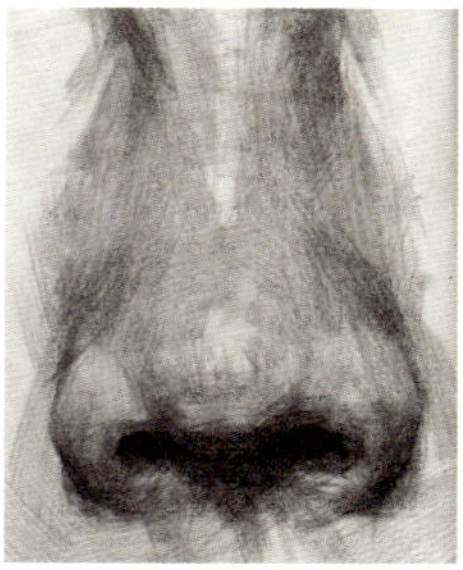

'코'를 뜻하는 데는 鼻자

갑골문 鼻자

소전 鼻자

한자에서 바로 그 '코'를 뜻하는 데는 鼻[코 비]자를 쓰고 있다. 코는 얼굴 한가운데 오뚝하게 솟아 있어서인지 사람들이 이야기를 하다 무심코 자기를 가리킬 때 손가락이 향하며 스스로임을 나타내는 부위다. 이로 보면 코가 스스로를 드러내는 데 중요한 역할을 하는 몸의 한 부위임을 알 수 있다. 그 때문인지 원래 코를 나타낸 自[스스로 자]자는 '스스로'의 뜻을 지니게 되었다. 그러자 '코'를 뜻하는 데는 다시 음의 역할을 하는 畀[줄 비]자를 덧붙인 鼻자가 대신하게 되었다.

스스로를 가리키는 모습

코는 모양에 따라 여러 명칭으로

코는 그 모습에 따라 '사자코, 들창코, 말코, 개발코, 전병코, 벽장코, 활등코, 매부리코' 등이 있다.

'사자코'는 사자獅子의 코처럼 벌름하고 넓적하게 생긴 코를 말하고, '들창코'는 들어 올려서 여는 창窓인 '들창'처럼 위로 들려서 콧구멍이 드러나 있는 코를 말한다. '말코'는 코끝이 둥글 넓적하고 콧구멍이 커서 벌름벌름하는 특징이 있는 코를 말하고, '개발코'는 개의 발처럼 너부죽하고 뭉툭하게 생긴 코를 말한다. '전병코'는 전병煎餠처럼 몹시 넓적하게 생긴 코를 말하고, '벽장코'는 콧등이 넓적하고 그 가가 우묵하게 들어간 코를 말하며, 활등코는 콧등이 활등처럼 휘우듬하게 생긴 코를 말한다. '매부리코'는 매의 부리처럼 코끝이 아래로 삐죽하게 숙은 코를 말한다. 이런 코는 서양西洋 사람에게 많다.

매부리와 매부리코

그처럼 코는 모습에 따라 여러 명칭名稱으로 불리고 있지만, 우리나라나 중국中國과 일본日本처럼 황인종黃人種의 코는 대개 그 높이가 낮다. 따라서 대중大衆에게 얼굴로도 어필appeal해야 하는 연예인演藝人과 같은 이들이 적지 않게 낮은 코를 높이는 성형成形을 하고 있다. 그렇게 '낮은 코[鼻]를 높이는[隆] 수술[術]'이 바로 隆鼻術(융비술)[1]이다.

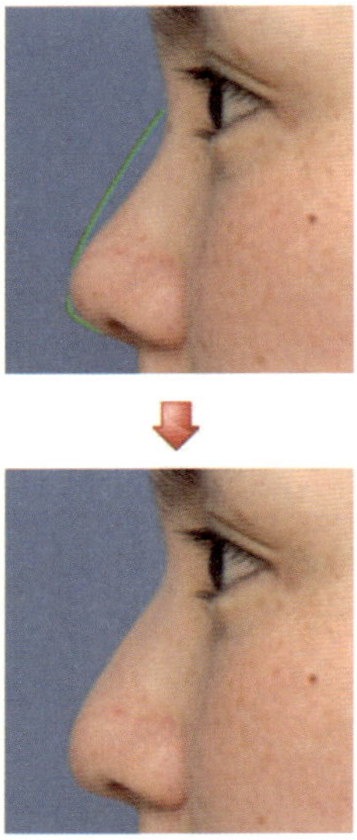

융비술을 시행하기 전과 후의 모습

코는 낮 중심에 위치

'귀[耳]와 눈[目]과 입[口]과 코[鼻]'인 耳目口鼻(이목구비)[2] 가운데 코는 얼굴 중심中心에 위치位置해 있기 때문에, 얼굴의 인상印象뿐 아니라 매력魅力을 좌우左右한다.

한데 그런 코에 아픈 증상症狀이 있으면 찾는 병원病院이 바로 耳鼻咽喉科(이비인후과)[3]다. 耳鼻咽喉科는 '귀[耳]와 코[鼻]와 목구멍[咽喉] 등의 조목[科]과 관련된 병病을 전문적으로 치료하는 곳'이기 때문이다.

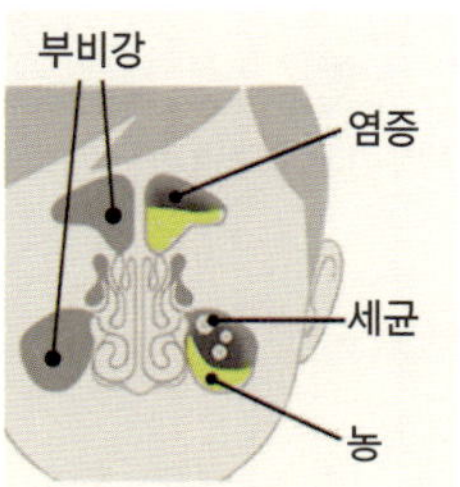

부비강염 관련 그림

그 耳鼻咽喉科에서 치료治療받는 병 가운데에는 鼻炎(비염)[4]이나 副鼻腔炎(부비강염)[5]이 있다.

이때 鼻炎은 '코[鼻]안 점막粘膜에 생기는 염증[炎]'을 통틀어 이르는 말이다. 재채기나 코 막힘, 콧물이 지나치게 발생하며, 이를 방치放置하면 副鼻腔炎이 생기기 쉽게 된다.

副鼻腔炎은 副鼻洞炎(부비동염)이라 하기도 하지만 오늘날 흔히 축농증蓄膿症이라 하고 있다. '코[鼻] 주위周圍에 곁따르는[副] 여러 뼈 사이 빈 속[腔]에 고름이 괴면서 생기는 염증[炎]'을 말한다. 두통頭痛 따위를 일으키고 때로는 악취惡臭가 나는 분비물分泌物이 코에서 나오는 병이다.

가장 먼저 코가 만들어진다

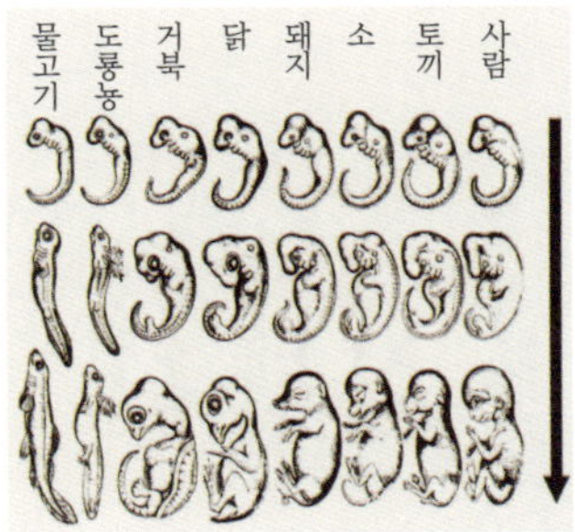

헤켈의 척추동물 배아발생도

한데 과학科學이 발달發達하지 않았던 시대時代에 살았던 옛날 사람들은 태아胎兒가 모태母胎 속에서 자라기 시작始作할 때에 가장 먼저 코[鼻]로부터 형성形成된다고 여겼다. 따라서 '코'를 뜻하는 鼻자를 덧붙여진 말인 鼻祖(비조)[6]가 '어떤 일을 가장 먼저 시작한 조상[祖]이 되는 사람'을 의미하게 되었고, 나아가 한 겨레나 가계家系의 맨 처음이 되는 조상祖上이나, 어떤 학문學問이나 기술技術 따위를 처음으로 연 사람을 의미하게 되기도 했다. 또 나중 것의 바탕이 된 맨 처음의 것을 이르게 되기도 했다. "영국 수필의 비조라고 일컬어지는 베이컨은 주옥같은 작품을 많이 남겼다"에서처럼 활용되고 있다. 아울러 비슷한 의미를 지닌 濫觴(남상)이나 元祖(원조), 또는 嚆矢(효시)나 萌芽(맹아)와 바꿔 쓸 수 있다.

코 베어 간다

풍신수길 초상화와 신사

"눈 뜨고 코 베어 갈 세상"이란 속담俗談이 있는데, 속담은 아무 근거根據 없이 만들어지지 않는다. 실제로 옛날에는 코 베는 일이 있었기에 그런 속담이 만들어졌다. 이를 잘 알 수 있게 하

비총(이총)

는 곳이 일본日本에 있다.

일본 교토의 풍신수길豊臣秀吉(도요토미 히데요시)을 받드는 신사神社에서 100여 미터 떨어진 곳에 耳塚(이총)이라 불리는 귀[耳]를 묻은 무덤[塚]이 있는데, 바로 그 무덤이 베어 낸 코와 관련된 곳이다. 그 무덤은 원래 '베어 낸 코[鼻]를 묻은 무덤[塚]'인 鼻塚(비총)[7]이었기 때문이다.

머리 대신 코를 받았음을 증명하는 글

일본 전국시대戰國時代를 끝내고 열도列島를 통일統一한 풍신수길은 1592년에 조선朝鮮을 침략侵略해 임진왜란壬辰倭亂을 일으키고, "사람의 귀는 둘이고 코는 하나다. 조선 사람을 죽이고 코를 베어 소금에 절여서 보내라"라는 명령命令과 "병사 한 명당 코가 한 되씩 수량이 찬 후에는 생포하는 것을 허락한다"라는 명령을 내렸다. 그때 전공戰功의 상징물象徵物로 무겁고 부피가 큰 머리를 베는 대신에 코를 베어 소금에 절여 가져가 묻고 만든 무덤이 바로 鼻塚이었던 것이다. 이를 에도시대江戶時代 초기初期 한 유학자儒學者가 지나치게 야만적野蠻的이라며, 鼻塚을 耳塚으로 고쳐 부른 것이다. 그처럼 전쟁터에서 적의 코나 귀를 떼어내는 폐습弊習은 월남전越南戰 때에도 행行해졌다고 한다.

실제 귀를 꿴 목걸이

내 코가 석자

나아가 "흰죽에 코"나 "코 묻은 돈"이나 "코 먹은 소리"나 "코가 빠지다"나 "코 빠뜨리다" 등의 속담俗談이나 관용구慣用

句에 '코'는 '콧물'을 뜻한다. 그처럼 鼻자는 '콧물'의 뜻으로 쓰이기도 한다. '코+ㅅ+물'의 '물'이 생략省略되었음에도 '코'가 '콧물'의 의미까지 나타내고 있는 것이다.

"내[吾] 코[鼻]가 석[三]자[尺]"라는 속담을 그대로 한자로 나타낸 말인 吾鼻三尺(오비삼척)[8]의 鼻자가 바로 그 '콧물'의 뜻으로 쓰였다. 한데 吾鼻三尺의 코가 마치 피노키오의 코처럼 기다란 것으로 생각하는 이들이 적지 않다.

"내 코가 석자"의 '코'는 감기感氣나 비염鼻炎 등으로 콧물이 길게 나온 것으로, 그렇게 콧물이 길게 나온 상태狀態라면 이를 빨리 수습收拾해야 하는 상황狀況이다. 따라서 吾鼻三尺은 내 사정事情이 급急하고 어려워서 남을 돌볼 여유餘裕가 없음을 비유적比喩的으로 이르는 말이 되었다.

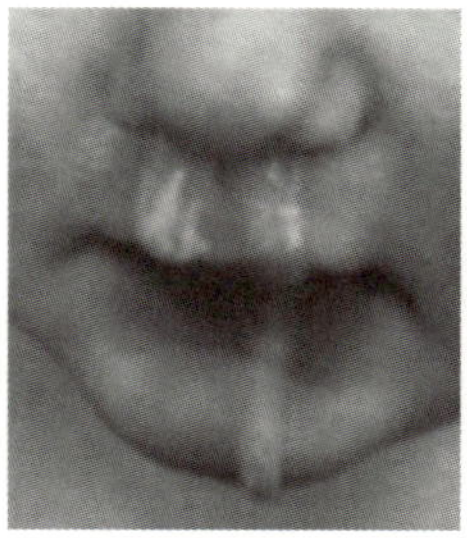

아기의 콧물

피노키오

아비지옥과 규환지옥

그 외에 鼻자는 阿鼻叫喚(아비규환)[9]이란 말에서도 그 쓰임을 엿볼 수 있는데, 이때의 鼻자는 뜻을 고려考慮하지 않고 그 음音만 빌어 한자漢字로 표기表記했다. 阿鼻叫喚의 '阿鼻'가 고대古代 인도印度의 불경佛經에 쓰인 범어梵語 Avici(아비치)를 음역音譯한 말이기 때문이다. 阿鼻叫喚의 '叫喚'도 범어에서 비롯된 말이다.

그처럼 불경에 쓰인 阿鼻叫喚은 결국 불가佛家에서 비롯된 말인데, 불가에서 이르는 지옥地獄 중에는 상상想像을 초월超越

하는 고통苦痛을 받는다는 阿鼻地獄(아비지옥)[10]과 叫喚地獄(규환지옥)이 있다. 그 두 지옥의 앞말인 '阿鼻'와 '叫喚'을 따서 阿鼻叫喚이란 말이 이뤄진 것이다. 나아가 阿鼻叫喚은 '阿鼻地獄과 叫喚地獄에 떨어진 사람들처럼 여러 사람이 비참悲慘한 지경地境에 빠져 울부짖는 참상慘狀'을 비유적比喩的으로 이르기도 한다.

아비지옥

阿鼻地獄의 阿鼻는 원래 '사이가 없다'는 의미로, 阿鼻地獄은 '고통이 끊이지 않아 쉴 사이가 없는[阿鼻] 지옥[地獄]'을 말한다. 쉴 사이[間]가 없으니[無] 무간지옥無間地獄이라 하기도 한다. 아버지나 어머니를 죽인 자 등의 오역죄五逆罪를 지은 자가 죽어서 가게 된다는 지옥이다. 살가죽을 벗겨 불 속에 집어넣거나 쇠매[鐵鷹]가 눈을 파먹는 따위의 고통을 한순간도 쉬지 않고 끊임없이 받는다고 한다. 예부터 "죄짓고 못 산다"고 했다. 죄를 지으면 불안不安과 가책呵責으로 고통을 당하게 되기 때문이다. 그러니 어떻게든 착하고 바르게 살고 볼 일이다.

士 [선비 사] 게으른 선비 설날에

〈시를 짓는 선비들〉(강희언)

"게으른 선비 설날에 다락에 올라가서 글 읽는다"는 속담俗談으로 보면 어쨌든 선비는 글 읽는 사람이란 걸 알 수 있다. 유교儒教를 통치이념統治理念으로 삼았던 조선시대朝鮮時代 영향影響 때문에 오늘날 대부분 사람도 선비를 글 읽는 '문사文士'로 생각하고 있다.

국립국어원國立國語院이 발행發行한 사전辭典에도 '선비'는 "1. 예전에, 학식은 있으나 벼슬하지 않은 사람을 이르던 말. 2. 학문을 닦는 사람을 예스럽게 이르는 말. 3. 학식이 있고 행동과 예절이 바르며 의리와 원칙을 지키고 관직과 재물을 탐내지 않는 고결한 인품을 지닌 사람을 이르는 말" 등으로 풀이하고 있다. 그처럼 선비는 일반 백성百姓과 구분해 학문學問을 한 학식學識이 있는 사람으로 여겨지고 있다.

하지만 애초에 선비는 학문을 하는 사람이 아니고, 다른 부족部族과 분쟁分爭이 생기면 나가서 싸우다가 분쟁이 없으면 자신의 부족을 다스리는 역할役割을 동시에 행하던 사람이었다. 문사文士와 무사武士의 구분이 없이 그저 지배계급支配階級을 도

고대의 쇠로 만든 도끼

고대의 농경사회 모습

와 백성을 다스리는 사람이었던 것이다.

그런 계급인 선비는 청동기시대青銅器時代를 지나 철기시대鐵器時代에 등장登場했다. 그 시대에는 본격적本格的으로 농사農事를 짓기 시작始作했던 때였다. 따라서 먹고 남을 정도의 잉여剩餘 농산물農産物이 생기게 되었고, 그러자 가진 자와 가지지 못한 자로 구분區分이 되었다. 그로 인해 士(사)라는 계급이 발생發生된 것이다.

지배계급이 다른 부족과 싸우거나 자신의 부족을 다스리는 데는 도구道具가 필요했다. 이때 권위權威의 상징물象徵物로 사용하던 도구가 바로 주철鑄鐵로 만든 도끼와 같은 무기武器였다.

철은 지배계급의 무기

주철인 쇠를 불에 녹여 무기武器를 만드는 데 필요必要한 온도溫度는 약 1,150도 정도다. 옛날에 그 정도의 온도로 불을 피워 무기를 만드는 일은 쉽지 않은 일인 데다 더 큰 문제問題는 철기鐵器를 만드는 데 필요한 재료材料인 철鐵을 구하는 일이었다.

따라서 대량大量으로 생산生産할 수 있을 만큼 재료가 충분充分치 않아 일반一般 백성百姓들은 여전如前히 돌이나 나무를 이용해 생활도구生活道具를 만들었고, 철은 지배계급의 무기나 장식품裝飾品 등으로 만들어졌다. 철기는 지배계급이 아니면 가질 수 없는 도구였던 것이다. '선비'를 뜻한 士(사)자는 바로 그 철기인 도끼에서 비롯된 한자다.

도끼로 '선비'를 뜻하는 士자

금문 士자

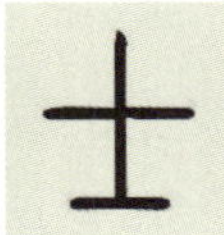

소전 士자

금문 王자

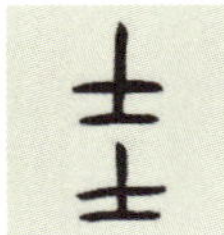

금문 圭자

고대의 도끼

고대의 옥홀

도끼는 애초에 왕王과 같은 특정特定 계급階級의 권위權威를 드러내는 상징물象徵物이었다. 도끼를 무기로 삼아 천하天下를 정복征服하고 군림君臨할 때, 그것을 스스로의 상징으로 삼았던 것이다. 따라서 王[임금 왕]자도 도끼 형태에서 그 자형字形이 이뤄졌다. 뿐만 아니라 왕을 수행隨行하는 사람들 역시 도끼를 사용했는데, 그로부터 '선비'를 뜻하는 士자가 이뤄진 것이다. 선비를 상징하던 도끼는 후대後代에 홀로 바뀌었다. 따라서 '홀'을 뜻하는 한자인 圭[홀 규]자도 그 자형의 형성形成이 士자와 관련이 있다.

士자는 문사보다 무사의 의미와 관련된 말

1승의 전차

士는 춘추시대春秋時代에 기본적基本的으로 전쟁戰爭에서 네 마리 말이 끄는 전차戰車인 수레 1승乘 이상以上을 낼 수 있는 사람을 의미意味했다. 나아가 士는 수레를 몰 수 있어야 했기에, 당시當時 士가 갖춰야 할 여섯 기예技藝인 예禮·악樂·사射·어御·서書·수數의 육예六藝에도 말 모는 재주와 관련된 御[말 몰

'육예' 관련 도해

장기판에 놓인 士

어(馭)]자가 포함包含되어 있다.

춘추전국시대春秋戰國時代 이후以後의 상황狀況이지만 한고조漢高祖 유방劉邦과 초패왕楚霸王 항우項羽가 패권霸權 다툼을 벌이던 국면局面을 그대로 놀이로 만든 장기將棋에서 士가 바로 그런 역할役割을 한다. 곧 장기에서도 士는 왕王의 최측근最側近 호위무사護衛武士 역할을 하고 있다.

또 한漢나라 무제武帝때의 사마천司馬遷이 쓴 『사기史記』에 '선비[士]는 자기[己]를 알아주는[知] 사람[者]을 위해[爲] 죽는다[死]'는 의미의 士爲知己者死(사위지기자사)[1]도 士가 자신이 모시던 사람을 위해 싸우는 무사武士임을 알게 해 준다.

천하장사 씨름대회 포스터

아울러 '하늘[天] 아래[下] 세상에서 비길 데 없이 씩씩한[壯] 선비[士]'를 이르는 말인 天下壯士(천하장사)[2]의 壯[씩씩할 장]자에 덧붙여진 士자도 그 뜻 '씩씩하다'를 헤아리면 무사와 관련이 있음을 알 수 있다.

중세 유럽의 기사

하지만 싸움이 잦던 전국시대戰國時代가 끝나고 진시황秦始皇에 의해 천하天下가 통일統一되면서 '글[文]로 입신立身하는 선비[士]'인 文士(문사)[3]와 '무예[武]로 주어진 일에 종사從事하는 선비[士]'인 武士(무사)[4]의 구분區分이 생겼고, 이후 과거제도科擧制度를 통해 사람들이 주로 벼슬길에 나아가게 되면서 士자는 결국 武士가 아닌 文士를 지칭指稱하는 의미意味에 치중置重되는 한자漢字가 되었다.

곧 과거過去 일본日本의 사무라이samurai나 중세시대中世時代 유럽Europe의 기사騎士와 더 가까운 의미를 지녔던 士자가 조선시대朝鮮時代에 학문學問을 닦는 선비와 관련된 士자와 더 가까운 의미를 지닌 한자로 변變한 것이다.

하지만 조선시대의 士도 국난國難이 생기면 전쟁터에 나가 나라를 위해 싸우는 武士가 되기도 했다. 조헌趙憲·곽재우郭再祐·고경명高敬命과 같은 분들이 그들이다.

홍의장군 곽재우 동상

그처럼 오늘날에도 士자는 文士보다 武士의 의미와 관련된 말에 더 자주 쓰이고 있다. 勇士(용사)·烈士(열사)·義士(의사)·兵士(병사)·鬪士(투사)·軍士(군사)·戰士(전사)·力士(역사) 등이 그런 말이다.

2018년 육사생도 모집요강 표지

또 화랑도花郎徒 후예後裔인 사관생도士官生徒를 육성育成하는 陸士(육사)·海士(해사)·空士(공사)의 士자도 마찬가지다.

아울러 鬪牛士(투우사)·劍鬪士(검투사)·勝負士(승부사)·三銃士(삼총사)에 쓰인 士자도 같은 경우다.

반면에 武士보다 文士를 중시하면서 士자가 학문을 하는 사람과 관련된 뜻으로 쓰이게 된 말에는 處士(처사)·博士(박사)·隱士(은사)·道士(도사)·策士(책사)·居士(거사)·紳士(신사)·進士(진사)·學士(학사) 등이 있다.

한글로 '○○지사'라 하고, 한자로 '○○之士'라 쓰고

그 외에 士자는 憂國之士(우국지사)[5]·靑雲之士(청운지사)[6]·爪牙之士(조아지사)[7]·慷慨之士(강개지사)[8]·布衣之士(포의지사)[9]·巖穴之士(암혈지사)[10]·山林之士(산림지사)[11] 등의 말에서도 그 쓰임을 살펴볼 수 있다.

憂國之士는 '나라[國]에 대해 근심하는[憂] 선비[士]'라는 의미로, 곧 나라의 앞일을 걱정하는 기개氣槪가 높고 포부抱負가 큰 사람을 이른다.

靑雲之士의 靑雲은 사전辭典에 보면 '푸른[靑] 빛깔의 구름[雲]'이라 풀이했고, 그 푸른 빛깔의 구름이 높은 하늘에 있는 데서 '높은 지위나 벼슬을 비유적으로 이르는 말'로도 풀이하고 있다. 따라서 靑雲之士는 '높은 지위나 벼슬[靑雲]을 하려는[之] 선비[士]'를 이르는데, 학덕學德이 높은 사람이나 속세俗世를 떠나 숨어 사는 사람을 이르는 말로도 쓰이고 있다.

爪牙之士는 '발톱[爪]이나 어금니[牙] 같은[之] 선비[士]'라는 의미로, 짐승에게 있어 발톱과 어금니가 적敵으로부터 제 몸을 보호保護할 때에 아주 긴요緊要하듯이 국가國家를 다스리는 데 꼭 필요必要하고 중요重要한 신하臣下를 이르는 말이다.

慷慨之士의 '慷慨'는 사전辭典에 '의롭지 못한 것을 보고 의기가 북받쳐 원통하고 슬픔'이라 풀이하고 있다. 따라서 慷慨之士는 '의義롭지 못한 것을 보고 의기가 북받쳐 원통하고 슬퍼하는[慷慨之] 선비[士]'라는 말로, 세상世上의 옳지 못한 일에 대對해 의분義憤을 느끼며 탄식歎息하는 사람을 이른다.

布衣之士는 '베[布]로 지은 옷[衣]을 입은[之] 선비[士]'라는 의미로, 벼슬을 하지 아니한 가난한 사람을 이르는 말이다.

巖穴之士는 '바위[巖] 굴[穴] 속의[之] 선비[士]'라는 의미로, 속세를 떠나 깊은 산 속에 숨어 사는 사람을 이른다.

山林之士는 '산림[山林] 속의[之] 선비[士]'라는 의미로, 산림山林에 묻혀 지내는 군자君子를 말한다.

이상以上의 사자성어四字成語는 모두 한글로 '○○지사'라 하고, 한자로 '○○之士'라 쓰고 있다. 한데 한글로 '○○지사'라 하고, 한자로 '○○志士'라 쓰는 말에 獨立志士(독립지사)[12]나 愛國志士(애국지사)[13]가 있다.

독립지사 도마 안중근 의사

獨立志士는 '나라의 독립[獨立]에 뜻[志]을 품은 선비[士]'를 이르고, 愛國志士는 '나라[國]를 사랑하여[愛] 자기自己의 몸과 마음을 다 바쳐 이바지하는 데 뜻[志]을 품은 선비[士]'를 이른다.

士자는 '사람'의 뜻으로도

앞서 언급言及한 憂國之士·靑雲之士·爪牙之士·慷慨之士·布衣之士·巖穴之士·山林之士·獨立志士·愛國志士의 士자는 모두 '사람'의 뜻으로도 풀이할 수 있다. 선비는 文士든 武士든, 학식學識을 닦고 벼슬을 했든 안 했든 사람이기 때문이다.

우국지사 매천 황현 선생

따라서 士자는 '사람'을 뜻하는 人[사람 인]자와 어울려 人士(인사)라는 말로도 쓰이고 있는데, 人士는 다시 有名人士(유명인사)·各界人士(각계인사)·著名人士(저명인사)·在野人士(재야인사)·親與人士(친여인사)·招請人士(초청인사)·高位人士(고위인사)·有力人士(유력인사)·政界人士(정계인사)·側近人士(측근인사) 등의 말로 활용되고 있다.

아울러 士자는 名士(명사)·技士(기사)·辯士(변사)·演士(연사)·樂士(악사)에서도 '사람'과 관련된 뜻을 지닌다.

뿐만 아니라 士자는 국가國家 등의 공인기관公認機關에서 일

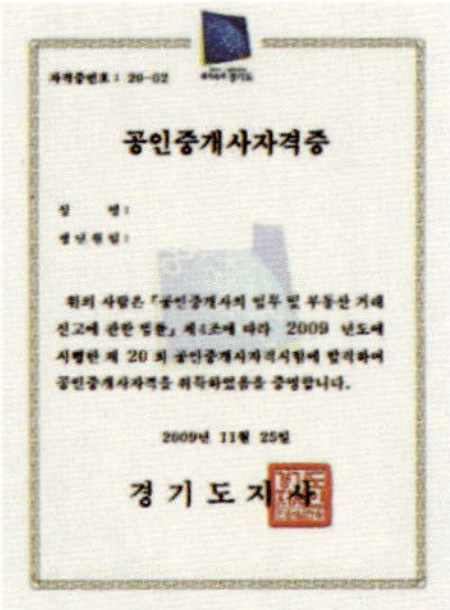

공인중개사 자격증

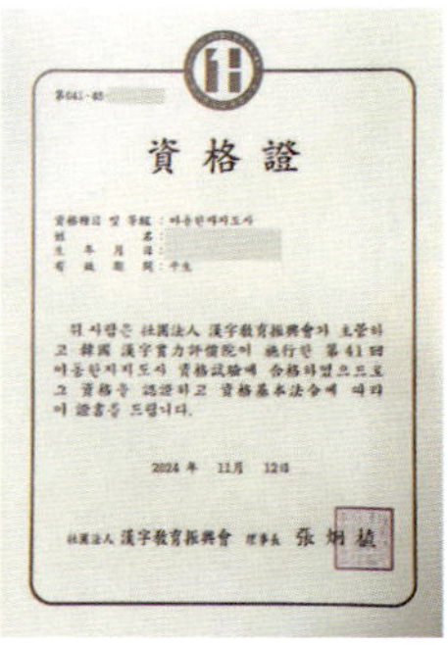

한자지도사 자격증

정한 조건條件, 능력能力을 갖춘 이들에게만 부여附與하는 자격증資格證을 갖고 있는 사람과 관련된 말에도 흔히 쓰이고 있다. 仲介士(중개사)·辨理士(변리사)·操縱士(조종사)·稅務士(세무사)·速記士(속기사)·法務士(법무사)·機關士(기관사)·調理士(조리사)·勞務士(노무사)·消防士(소방사)·技能士(기능사)·設計士(설계사)·測量士(측량사)·整備士(정비사)·技術士(기술사)·會計士(회계사)·計理士(계리사)·鑑定士(감정사)·營養士(영양사)·運轉士(운전사)·通譯士(통역사)·建築士(건축사)·關稅士(관세사)·飛行士(비행사)·衛生士(위생사)·航法士(항법사)·通信士(통신사)·航海士(항해사)·眼鏡士(안경사)·導船士(도선사)·治療士(치료사)·福祉士(복지사)·筆耕士(필경사)·飼育士(사육사)·相談士(상담사)·病理士(병리사)·競賣士(경매사)·販賣士(판매사)·鍼術士(침술사) 등이 그런 말이다.

또 좀 더 자세한 명칭으로 불리는 情報檢索士(정보검색사)·鑑定評價士(감정평가사)·看護助務士(간호조무사)·公認鑑定士(공인감정사)·臨床病理士(임상병리사)·齒科機功士(치과기공사)·環境衛生士(환경위생사)·經營管理士(경영관리사)·心理治療士(심리치료사)·土地評價士(토지평가사)·運動處方士(운동처방사)·手話通譯士(수화통역사)·葬禮指導士(장례지도사)·結婚相談士(결혼상담사)·産後調理士(산후조리사)·印刷技能士(인쇄기능사)·園藝技能士(원예기능사)·造景技術士(조경기술사)·航空管制士(항공관제사)·漢字指導士(한자지도사) 등의 경우도 마찬가지다.

山 [뫼 산] ᄒᆞᄂᆞᆯ 아래 뫼히로다

泰山(태산)이 놉다 ᄒᆞ되 ᄒᆞᄂᆞᆯ 아래 뫼히로다
오르고 ᄯᅩ 오르면 못 오를 理(리) 업건마ᄂᆞᆫ
사ᄅᆞᆷ이 제 아니 오르고 뫼흘 놉다 하ᄂᆞ니

양사언 초상화

조선朝鮮 전기前期 4대 명필가名筆家 가운데 한 사람인 양사언楊士彦이 지은 잘 알려진 고시조古時調이다. 시조에서 "뫼히로다"나 "뫼흘"의 '뫼'는 '산'을 뜻하는 옛말이다. 이를 다시 예스럽게 이르는 말이 '메'고, '산'은 한자漢字의 음音이다.

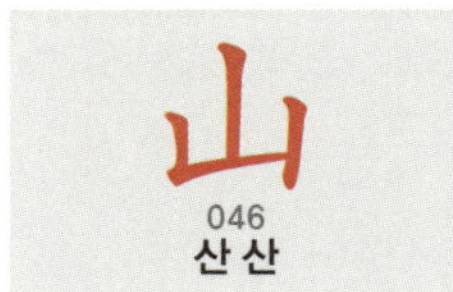

'산 산'으로 표기한 자료

한자사전漢字辭典에 山자의 뜻을 표기表記할 때는 여전如前히 '뫼'나 '메'를 사용하고 있다. 간혹 山자의 뜻을 음과 같은 '산'으로 표기한 책도 있으나 이는 언어言語의 사회적社會的 약속約束을 무시無視한 것이다. 말이나 문자는 사회적 약속에 의해 정定해 지는데, 여태 한자사전에서는 山자 뜻을 '뫼'나 '메'로 표기하고 있기 때문이다.

한데 표준어標準語 규정規定에는 "어원적으로 원형에 더 가까운 형태가 아직 쓰이고 있는 경우에는, 그것을 표준어로 삼는

뫼산 뫼山 명
한자 부수의 하나. '島', '崇' 따위에 쓰인 '山'을 이른다.

'뫼 산'의 뜻

다"라고 했으니 山자의 뜻을 표기할 때는 원형原型에 더 가까운 산의 옛말인 '뫼'가 가장 합당合當한 것으로 보인다. 국립국어원國立國語院 표준국어사전標準國語辭典에도 '메 산'이 아닌 '뫼 산'으로 표기하고 있다.

기복량이 100미터 이상인 지역을 산으로

그 '산'은 또 국어사전國語辭典에 "평지보다 높이 솟아 있는 땅의 부분"이라 풀이하고 있다. 하지만 '평지보다 높이 솟아 있는 땅의 부분'을 모두 산이라 할 수는 없다.

영화 〈잉글리시맨〉의 배경이 된 산

1917년 영국英國 웨일즈Wales의 '피농가루Ffynnon Garw'라는 지형地形은 지도地圖 측량사測量士가 높이를 재니 984피트였다. 당시 기준基準에 1,000피트(304.8미터)가 넘어야 '산[Mountain]'이라 할 수 있었다. 그런데 산이 아니라 '구릉[Hill]'으로 결정決定이 될 상황狀況이 되자, 그동안 산으로 알고 지냈던 마을 사람들이 1,000피트가 넘도록 흙을 쌓아 올려 결국 산으로 만들었다. 이는 영화映畵로 만들어졌는데, 그것이 바로 〈잉글리시맨Englishman〉이다.

하지만 오늘날 산의 기준에 대해 국제적으로 통일된 것은 없다. 옥스퍼드Oxford 사전辭典에는 700미터 이상以上의 고도高度를 유지維持하는 것이 '산'이라 했고, 그 이하以下는 '구릉'이라 했다. 우리나라에서는 예전 건설부建設部에서 기복량起伏量이 100미터 이상以上인 지역地域을 산으로 보고 있다.

山자는 많은 산봉우리를 세 개로 줄인 산

바로 그 산에서 비롯된 山[뫼 산] 자는 우뚝 솟은 많은 봉우리를 세 개로 줄여 나타냈다. 그렇게 산을 나타낸 데서 뜻이 산을 이르는 옛말인 '뫼'가 되었다. 일부一部에서는 '뫼'가 입술을 둥글게 오므려 발음發音하는 소리의 성질性質인 원순성圓脣性이 약弱해지면서 변變하여 예스럽게 이르는 말인 '메'로 지칭指稱하기도 하나 앞서 언급言及했듯 표준어標準語 규정規定에 의거依據해 그 뜻을 '뫼'라고 한 것이다.

갑골문 山자

금문 山자

소전 山자

삼각산(「도성삼군문분계지도」)

우리나라에는 총 4,440개의 산이 있다

우리나라는 국토國土의 64%가 '산[山]으로 이뤄진 땅[地]'인 山地(산지)[1]로 이뤄져 있다. 국토면적國土面積 대비對比 산림비율山林比率이 경제협력개발기구經濟協力開發機構 국가國家 중 핀란드Finland· 일본日本 · 스웨덴Sweden에 이어 네 번째로 높은 세계적世界的인 산림국가山林國家다. 따라서 산이 많을 수밖에 없는데, 산림청山林廳 조사調査에 의하면 총總 4,440개의 산이 있다고 한다.

백두산

그런 산 가운데 우리 민족民族의 시원始原이 열린 '신령스러운[靈] 산[山]'인 靈山(영산)[2]이 白頭山(백두산)[3]이다. 우리나라에서 가장 높은 산으로, 높이는 2,744미터다. 옛 기록記錄에는 不咸山(불함산)이라 했고, 한때는 단군신화檀君神話에 등장登場하는 것처럼 太白山(태백산)이라 하기도 했다. 오늘날 중국中國에서는 長白山(장백산)이라 하고 있다.

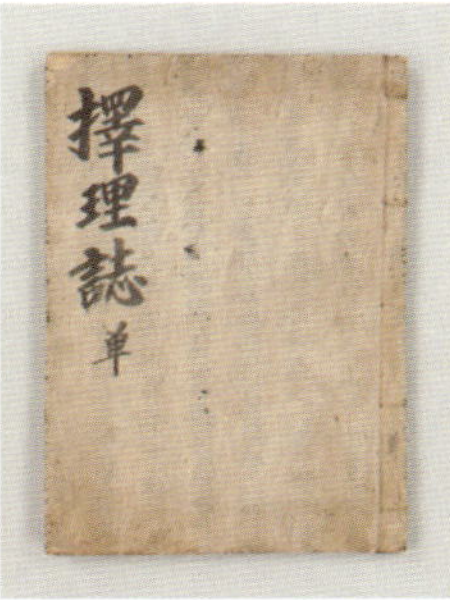

이중환『택리지』

그런 白頭山은 한자漢字 그대로 풀이하면 '흰[白] 머리[頭] 산[山]'이다. 에베레스트Everest나 킬리만자로Kilimanjaro처럼 지구상地球上에 '이름[名]이 난 산[山]'인 名山(명산)[4]이 머리에 흰 눈을 이고 있듯, 白頭山도 정상頂上 부근附近에 눈이 쌓여 희게 보이기도 하지만 화산火山 폭발爆發 때 용암鎔巖이 갑자기 식어서 생긴 다공질多孔質의 가벼운 돌인 부석浮石으로 인해 희게 보여 붙여진 명칭名稱이다.

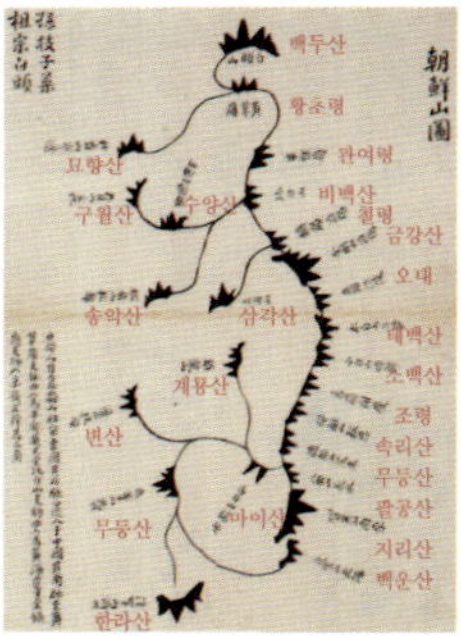

백두산에서 한라산으로 연결된 산맥

조선시대朝鮮時代 지리서地理書인 이중환李重煥의『택리지擇里志』는 우리나라 산의 조종祖宗을 白頭山으로 보고, 白頭山에서 시작始作된 산줄기가 金剛山(금강산)과 雪嶽山(설악산)이 있는 太白山脈(태백산맥)을 거쳐 智異山(지리산)이 있는 小白山脈(소백산맥)으로 흘러 일단一旦 바다 속에 숨었다가 다시 솟구쳐 漢拏山(한라산)까지 이어졌다고 했다. '산[山]의 줄기[脈]'인 山脈(산맥)[5]을 따라 白頭山에서부터 金剛山과 雪嶽山과 智異山과 漢拏山이 이어지고 있는 것이다.

금강산은 불가에서 불린 명칭

그중에 金剛山은 사계절四季節에 따라 지칭指稱하면 봄에만

金剛山이라 하고, 여름에는 蓬萊山(봉래산), 가을에는 楓嶽山(풍악산), 겨울에는 皆骨山(개골산)이라 한다. 봄에 부르는 金剛山의 '金剛'은 다이아몬드를 한자로 이르는 금강석金剛石과 관련이 있다. 금강석은 세상에서 가장 단단하다는 물질物質이기에, 금강은 불변不變을 의미하기도 한다. 따라서 불변의 진리眞理를 담은 경전經典을 금강경金剛經이라 하는데, 그 금강경은 불도佛道를 닦는 사람들에게 가장 대표적 경전이 된다. 나아가 그 금강경을 통해 불도를 닦는 이들이 많이 머물렀던 산과 관련해 이뤄진 명칭이 바로 金剛山이다. 곧 金剛山은 불가佛家에서 불린 명칭名稱인 것이다. 반면反面에 신선神仙이 머문다는 산인 蓬萊山은 도가道家에서, '단풍나무'를 뜻하는 楓[단풍나무 풍]자를 쓴 楓嶽山은 풍류가風流家에 의해, 산의 형세形勢와 관련해 '뼈'를 뜻하는 骨[뼈 골]자를 덧붙인 皆骨山은 풍수가風水家에 의해 불린 명칭이다.

〈금강내산전도〉(정선)

눈같이 흰 큰 산

雪嶽山(설악산)[6]의 嶽[큰 산 악(岳)]자는 '큰 산'을 뜻하는데, '○嶽山(악산)'은 보통 돌로 이뤄진 등성이와 봉우리가 절경絶景을 이룬 큰 산과 관련이 있다. 여행旅行이 쉽지 않았던 옛날에 나라의 여러 산들을 오르내릴 수 있었던 사람들은 불도佛道를 닦는 이들이나 풍수風水를 공부하던 이들이었다. 이들은 산에 대해

설악산 대청봉의 겨울 풍광

특별한 감식안鑑識眼을 지니고 있었는데, 이들에 의해 우리나라 산 가운데 '6대 嶽山(岳山)'이 정定해지기도 했다. 그 '6대 嶽山' 가운데 하나가 雪嶽山으로, 雪嶽山은 '산마루에 오래도록 눈[雪]이 덮이고 암석도 눈[雪]같이 흰 큰 산[嶽山]'이라 하여 붙여진 명칭名稱이다.

관악산 연주대의 풍광

월악산의 풍광

그 외에 '6대 嶽山'에는 '정상의 바위가 갓[冠]을 쓴 모습과 같은 큰 산[嶽山(岳山)]'이라 하는 서울의 冠岳山(관악산)[7], '달[月]이 뜨면 바위 정상인 영봉에 걸려있는 큰 산[嶽山(岳山)]'이라 하는 충주忠州의 月岳山(월악산)[8], '은혜를 갚은 꿩[雉]의 전설이 서려 있는 큰 산[嶽山(岳山)]'이라 하는 원주原州의 雉岳山(치악산)[9], '산 정상에 어미[母]가 아이를 안고 있는 형태의 바위가 있는 큰 산[嶽山(岳山)]'이라 하는 전주全州의 母岳山(모악산)[10], '소나무[松]가 많이 자라는 큰 산[嶽山(岳山)]'이라 하는 개성開城의 松岳山(송악산)[11]이 있다.

우리나라 최초의 국립공원

지리산의 풍광

智異山은 오악五嶽 가운데 하나인데, 오악은 원래 중국中國에서 이름난 5개의 큰 산을 일렀다. 동악東嶽인 泰山(태산)[12], 서악西嶽인 華山(화산), 남악南嶽인 衡山(형산), 북악北嶽인 恒山(항산), 중악中嶽인 崇山(숭산)이 바로 그 오악五嶽에 속한다.

그중에 "갈수록 태산", "걱정이 태산", "티끌 모아 태산" 등의 말로 우리나라 사람에게 널리 알려져 있는 '큰[泰] 산[山]'이란 의미의 泰山은 실제 산 높이가 1,535미터로 명성名聲에 비해 그다지 높지 않다. 다만 평지平地에 우뚝 솟아 있는 데다 중국인中國人들에게 일종一種의 문화적文化的 성지聖地로 여겨져 여러 상징象徵이 부여附與되어 있는 산이다. 진시황秦始皇이 천하天下를 통일統一하고 이를 하늘에 알리는 봉선의식封禪儀式을 이곳에서 행行했고, 진시황 이후로도 도교道敎의 성지로서 오악의 으뜸으로 여겨지고 있는 산이다.

태산에서 필자

그 오악을 우리나라에 적용適用해 동쪽은 金剛山(금강산), 서쪽은 妙香山(묘향산), 남쪽은 智異山(지리산), 북쪽은 白頭山(백두산), 중앙은 三角山(삼각산)으로 일렀기에 智異山도 오악의 하나가 되었다.

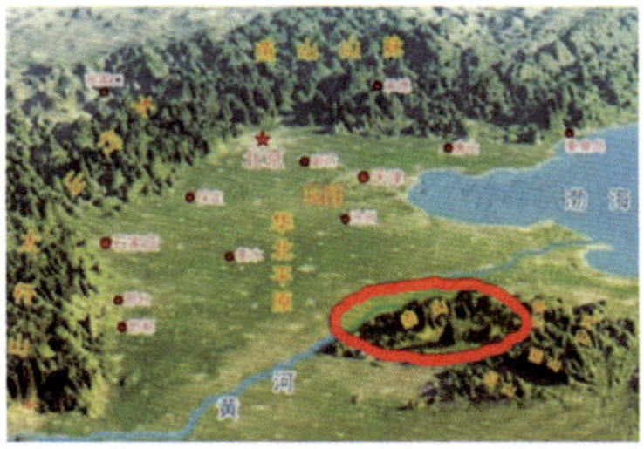
화북평원의 태산

우리나라 최초最初 국립공원國立公園인 智異山의 '智異'는 다름[異]을 아는[智] 것, 차이[異]를 아는[智] 것, 그리고 그 다름과 차이를 인정認定하는 것을 의미한다. 산이 좋기 때문에 어리석은 사람이 머물면 지혜智慧로운 사람이 된다 하여 智異山이라는 이름이 붙었다고 한다. 나아가 智異山은 '백두대간白頭大幹[頭]의 맥脈이 흘러[流] 다시 솟은 산[山]'이라 하여 頭流山(두류산)[13]이라 불리기도 하며, 도교의 영향을 받아 方丈山(방장산)이라 불리기도 한다.

대한민국 영토 내에서 가장 높은

漢拏山(한라산)[14]은 우리나라에서 가장 큰 섬인 제주도濟州島

한라산 백록담에서

에 있으며, 대한민국大韓民國의 실효지배實效支配 영토領土 내內에서 가장 높은 산이다. 1966년 국토지리정보원國土地理情報員에서 1,950미터로 측정測定해 '한(1)번 구(9)경 오십(50)시오'로 그 높이를 쉽게 외워 왔는데, 다시 2005년 정밀精密 측정 결과結果 1,947미터로 정정訂正되었다. 대한민국의 국립공원國立公園 중 하나로, 국립공원 전역全域이 유네스코UNESCO 세계유산世界遺産으로 지정指定되어 있다. 그 이름은 '은하수'를 뜻하기도 하는 漢[한수 한(한나라 한)]자를 덧붙여 '은하수[漢]를 붙잡을[拏] 수 있을 만큼 높은 산[山]'이란 의미에서 漢拏山이라 했다. 金剛山, 智異山과 함께 우리나라 三神山(삼신산)[15] 가운데 하나인 山이다.

「삼재도회」의 봉래산

三神山은 '중국 전설에 나오는 세[三] 곳의 신선[神]이 산다는 산[山]'으로, 원래 봉래산蓬萊山·방장산方丈山·영주산瀛洲山을 이른다. 진시황秦始皇과 한무제漢武帝가 불로불사약不老不死藥을 구求하기 위해 동남동녀童男童女 수천數千 명名을 보냈다고 하는 산이다. 그 이름을 본떠 우리나라의 金剛山을 봉래산, 智異山을 방장산, 漢拏山을 영주산이라 이르고 있다.

독산·부산·설산·남산

또 산은 그 모양模樣이나 상태狀態, 또는 위치位置에 따른 특징特徵을 바탕으로 이름 지어진 경우境遇도 적지 않다. 禿山(독산)[16]·釜山(부산)[17]·雪山(설산)[18]·南山(남산)[19]·三角山(삼각산)[20] 등이 바로 그런 특징으로 이름 지어진 산이다.

그중에 禿山의 禿[대머리 독]자는 '대머리'를 뜻하는 한자다. 대가리 부위에 털이 없는 수리를 禿자의 음 '독'을 앞에 덧붙여 '독수리'라 한 것도 그 때문이다. 그처럼 禿山도 '나무가 없어 대머리[禿]처럼 헐벗은 산[山]'을 말한다. 달리 민둥산이라 하기도 한다.

사실 민둥산도 '없음'의 뜻을 더하는 접두사接頭辭 '민'과 한자어 '童山(동산)'이 합쳐져 변한 말로, 童山의 童(동)자도 '민둥민둥하다'의 뜻으로 쓰였다.

우리나라는 원래 산림山林에 나무가 무성茂盛했으나 해방解放 이후以後 법망法網이 해이解弛해지자 집에서 사용하는 땔감으로 나무를 남벌濫伐했고, 이는 6·25동란六二五動亂을 거치며 더욱 심화深化되어 어느 지방地方의 어느 산을 막론莫論하고 남벌이 안 된 데가 없을 정도가 되었다. 그러자 산이 붉게 보이는 민둥산인 禿山이 생기게 되었다. 하지만 오늘날은 산림녹화山林綠化를 성공적成功的으로 해내어 세계 어느 나라 못지않게 나무로 가득한 푸른 산으로 탈바꿈시켜 놓았다.

釜山은 순우리말로는 '가마뫼'인데, '가마솥[釜] 모양의 산[山]'을 의미한다. 『동국여지승람東國輿地勝覽』에 "부산은 동평현東平縣에 있으며, 산이 가마솥 모양과 같아서 이렇게 이름 지었다"라고 했는데, 조선 초기부터 가마뫼 또는 釜山으로 불렸다. 우리나라 제2의 도시都市 이름이다.

雪山은 '눈[雪]이 쌓인 산[山]'으로, 특히 일一 년年 내내 꼭대기가 항상 만년설萬年雪로 뒤덮여 있는 산을 말한다. 에베레스

수리(상)와 독수리(하)

동산 童山 명
초목이 없는 황폐한 산.

'동산'의 뜻

산림녹화 전후 모양(산림청)

「대동여지도」의 부산 부분

에베레스트 정상 부근

서울 남산

삼각산이 강조된 지도

삼각산(북한산)의 설경

트Everest처럼 '해발고도海拔高度가 높은[高] 산[山]'인 高山(고산)이 雪山이 되는데, 오늘날은 지구온난화地球溫暖化로 킬리만자로Kilimanjaro와 같은 雪山은 눈이 많이 녹아 없어지고 있다고 한다.

南山은 '남녘[南]에 있는 산[山]'으로, 주로 성곽城郭의 남녘에 위치位置해 있다. 서울의 랜드마크 역할役割을 하고 있는 N서울타워가 있는 南山도 같은 경우다. 서울의 南山은 원래 木覓山(목멱산)이라 했는데, 한양도성漢陽都城의 남녘에 있기에 흔히 南山이라 불리게 되었다. 예부터 남녘을 향해 집을 짓고 살았던 사람들에게 南山은 앞산이 되는 산이기도 했다.

三角山은 '세[三] 개의 모[角]난 부분으로 이뤄진 산[山]'을 말한다. 병자호란丙子胡亂 때에 죽는 한이 있어도 청淸나라와 끝까지 싸우자고 했던 척화파斥和派의 한 사람인 김상헌金尙憲이 지은 "가노라 삼각산三角山아 다시 보자 한강수漢江水야/ 고국산천故國山川을 떠나고쟈 하랴마난/ 시절이 하 수상殊常하니 올동말동하여라"라는 시조時調에 등장登場하는 바로 그 산이다.

김상헌은 병자호란에서 조선朝鮮이 끝내 항복降伏하고, 후에 청나라가 명明나라와 싸울 때 조선에 파병派兵을 요청要請하자 이에 반대反對하다가 한양도성을 벗어나 북녘을 통해 청나라 심양瀋陽으로 끌려가면서 그 시조를 지었다.

오늘날에도 한양도성인 서울에서 북녘을 향하면서 볼 수 있는 산에 北漢山(북한산)이 있는데, 바로 그 北漢山이 만경대萬景臺·백운대白雲臺·인수봉仁壽峰의 세 봉우리가 세 개의 모난 부분으로 이뤄진 산이기에 三角山이라 한 것이다.

북망산에 가다

또 한양漢陽의 북녘에 北漢山(북한산)이 있는 것처럼 중국中國 낙양洛陽의 북녘에는 北邙山(북망산)이 있다. 이때 '漢陽(한양)'이나 '洛陽(낙양)'의 陽자는 흔히 산남수북山南水北의 지형地形을 이를 때에 쓰인다.

「북망산도」

한양의 경우는 김상헌의 시조에서 보듯 北漢山인 三角山의 남녘과 한강수漢江水의 북녘에 자리하기에 陽자를 썼다. 마찬가지로 낙양은 北邙山의 남녘과 낙수洛水의 북녘에 자리하기에 陽자를 썼다.

낙양성 주변의 북망산과 낙수

한데 한양이 조선의 수도首都였던 것처럼 낙양은 하夏나라·상商나라·주周나라(동주東周)·후한後漢·위魏·서진西晉·북위北魏·수隋나라·후량後粱 등 13개 왕조王朝의 수도였다. 그처럼 왕王이 머무는 수도였기에 왕이나 왕을 모시는 고관대작高官大爵들이 죽으면 북녘에 있는 산인 北邙山에 가서 묻혔다.

"낙양성 십리허에 높고 낮은 저 무덤은 영웅호걸이 몇몇이며 절세가인이 그 누구냐 우리네 인생 한번 가면 저 모양이 될 터인데 에라 만수 에라 대신이여……"라고 부르는 〈성주풀이〉라는 민요民謠의 "영웅호걸"이나 "절세가인"이 바로 왕이나 고관대작을 말한 것이다.

또 "이제 가면 언제 오나" 하는 상여喪輿소리에 등장하는 '北邙山川(북망산천)'도 北邙山을 가리키며, 오늘날 "북망산에 가다"라고 하면 죽어서 무덤 속에 묻혔다는 말로 통하고 있다.

山자는 '무덤'의 뜻을 지니기도

나아가 北邙山(북망산)이 무덤과 관련된 데서 짐작斟酌할 수 있듯 山자는 '무덤'의 뜻을 지니기도 한다. '무덤[山]이 있는 곳[所]'을 山所(산소)[21]라 하는데, 山자의 뜻 '뫼'도 예부터 무덤을 의미했다.

선친이 산일을 하는 모습

순종의 인산일

오늘날 사람이 죽어 무덤을 만들 때에 "뫼를 쓰다"라고 하는데, 이때 '뫼'가 바로 무덤을 말한다. 아울러 무덤과 관련된 일은 '산山일'이라 하고, 조상祖上의 무덤을 맡아서 돌보는 사람을 '산山지기'라고 할 때의 山자도 같은 경우다.

아울러 왕王, 왕세자王世子, 왕세손王世孫과 그 비妃를 장사葬事 지내는 날을 因山日(인산일)[22]이라 하는데, 因山日은 한자 그대로 풀이하면 '무덤[山]에 의거하도록[因] 왕과 같은 이들을 장사 지내는 날[日]'을 말한다.

우리나라는 순종純宗의 因山日인 1926년 6월 10일에 6·10독립만세운동六十獨立萬歲運動을 벌인 적이 있었다. 이 운동은 3·1운동과 1929년 광주학생항일운동光州學生抗日運動의 교량적橋梁的 구실을 했다.

山자는 '절'의 뜻을 지니기도

그 외에 山자는 '절'의 뜻을 지니기도 한다. 예부터 불가佛家에 입문入門한 사람은 이름난 산인 名山(명산)에 들어가 수행修行

을 했고, 우리나라는 바로 그런 이름난 산에 유명有名한 절이 적지 않다. 그처럼 산에 절이 많은 데서 山자가 '절'의 뜻을 지니게 된 것이다.

그런 뜻을 지닌 말에는 '절[山]의 문[門]'을 이르는 山門(산문)[23]이나 '절[山]의 방[房]'을 이르는 山房(산방)[24]이 있다. 또 '우리나라 불교佛敎의 근본[本]이 되는 큰절[山]'을 本山(본산)[25]이라 이르는데, 양산梁山 통도사通度寺·순천順天 송광사松廣寺·합천陜川 해인사海印寺가 바로 3대三大 本山에 속한다.

설악산 봉정암 산방에서

色
[빛 색]

얼운님 오신 날 밤이여든

청암민속박물관 '꼬마신랑' 조형물

예전에 아무리 나이가 많아도 혼인婚姻하지 않은 사람은 어른 대접待接을 받지 못하는 우리나라 풍습風習이 있었다. 그런 풍습은 '어른 대접'의 '어른'이란 말의 어원語源을 알아보면 금방今方 알 수 있다.

'어른'은 '어르다'에서 파생派生되었고, '어르다'는 옛말 '얼우다'가 변형變形된 것이다. '어르다'는 오늘날 '달래거나 기쁘게 해 주다'의 의미지만 옛날에는 '육체적肉體的 관계關係를 맺는다'의 의미로 쓰였다. 따라서 오늘날 성인成人 남녀男女를 통칭統稱하는 '어른'은 원래原來 육체적 관계를 맺을 수 있는 '혼인한 사람'을 이른다. 옛날에 혼례婚禮를 치르면 아무리 어려도 어른 대접을 한 것도 그 때문이다.

『청구영언靑丘永言』에 실린 황진이黃眞伊 시조時調에 "동짓달 기나긴 밤을 한 허리 버혀내여, 춘풍 이불아래 서리서리 너헛다가, 얼운님 오신 날 밤이여든 구뷔구뷔 펴리라"에서 '얼운님'도 바로 육체적 관계를 맺는 대상對象을 말한다.

또 신라新羅 진평왕眞平王 때 백제百濟 무왕武王이 지었다는 향가鄕歌인 〈서동요薯童謠〉에 “선화공주니믄 남 그스기 얼어 두고 맛둥 방을 밤의 몰 안고 가다”에서 ‘얼어 두고’ 라는 말도 육체적인 관계 맺는다 함을 말한다.

이상以上에서 보듯 ‘어른’은 ‘얼우다’의 명사형名詞形으로, 육체적인 사랑을 나눌 수 있는 사람을 나타냈다고 볼 수가 있다. 그처럼 한자漢字에는 사랑하는 두 사람이 서로 어르는 모습貌襲을 나타낸 것으로 보이는 色[빛 색]자가 있다.

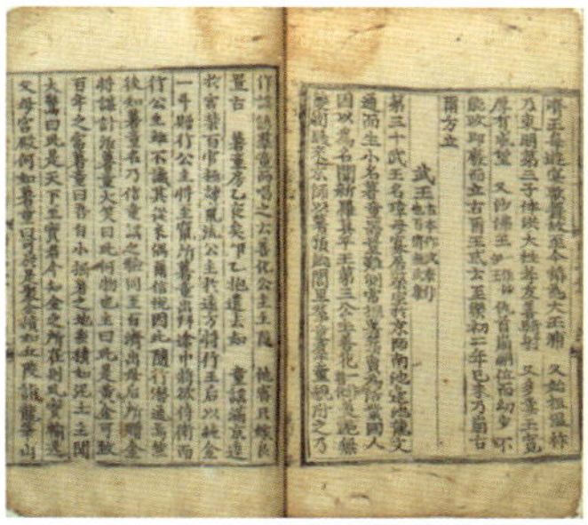

『삼국유사』 〈서동요〉 부분

色자는 어른인 남녀가 서로 어르는 모습

갑골문 色자

소전 色자

色자는 갑골문이나 소전 자형으로 살피면 어른인 남녀男女가 서로 어르는 모습을 나타낸 한자로 보인다. 나아가 그처럼 어르는 과정에서 그 희비喜悲가 흔히 얼굴빛으로 드러난다 하여 ‘얼굴빛’을 뜻하면서 다시 ‘얼굴빛’의 ‘빛(빛깔)’을 뜻하게 되었다.

〈운우도첩〉(김홍도)

‘色’은 본의인 ‘여색’

어르는 모습은 흔히 “색이 동하다”나 “색에 빠지다”와 관련된 행위行爲다. 이때의 ‘색’은 본의本義인 ‘여색女色’을 이른다.

따라서 그 ‘여색[色]에 미친 마귀[魔]같은 사람’을 이르는 色魔(색마)[1]나 ‘여색[色]을 지나치게 좋아하는 기골[骨]을 지닌 사람’

> **여색** 女色 명
> ①여자와의 육체적 관계.
> ②남성의 눈에 비치는 여성의 아름다운 자태.

‘여색’의 뜻

을 이르는 色骨(색골)[2]의 色자는 그 본의로 풀이하고 있다.

또 '여색[色]을 몹시 좋아하는[好] 사나이[漢]'를 이르는 말인 好色漢(호색한)[3]이나 '영웅[英雄]은 여색[色]을 좋아한다[好]'는 말인 英雄好色(영웅호색)[4]에서도 그 본의의 쓰임을 엿볼 수 있다.

뿐만 아니라 '술[酒]과 여색[色]과 노름과 같은 잡기[雜技]'를 아울러 이르는 말인 酒色雜技(주색잡기)[5]나 '여색[色]에 빠져 가리지 않고 마치 사냥하듯[獵] 좇는 행각[行脚]'을 이르는 獵色行脚(엽색행각)[6]에서도 그런 뜻의 쓰임을 엿볼 수 있다.

色자는 '얼굴빛'의 뜻으로도

아울러 色자는 여색女色에서 드러나는 '얼굴빛'과 관련해 그 뜻으로도 쓰이는데, '기뻐하는[喜] 얼굴빛[色]'인 喜色(희색)[7], '주린[飢] 얼굴빛[色]'인 飢色(기색)[8], '어려워하는[難] 얼굴빛[色]'인 難色(난색)[9], '죽은[死] 사람처럼 보이는 얼굴빛[色]'인 死色(사색)[10], '아픈[病] 사람의 얼굴빛[色]'인 病色(병색)[11], '온화한[和] 얼굴빛[色]'인 和色(화색)[12]에서 그런 뜻의 쓰임을 엿볼 수 있다.

또 '너무 크게 놀라 벙어리[啞]가 된 듯하며[然] 얼굴빛[色]을 잃음[失]'을 의미하는 啞然失色(아연실색)[13]에서도 그런 뜻의 쓰임을 엿볼 수 있다. 그 '아연실색'의 '실색'을 간혹 '질색'으로 바꿔 '아연질색'으로 말하는 경우도 있는데, 이는 잘못된 것이다. 아울러 '실색'은 '크게[大] 놀라[驚] 얼굴빛[色]을 잃음[失]'을 의미하는 大驚失色(대경실색)[14]에도 그 쓰임을 엿볼 수 있다.

뿐만 아니라 '꾸미는[巧] 말[言]과 좋게[令] 하는 얼굴빛[色]'이란 의미의 巧言令色(교언영색)[15]에서도 色자가 '얼굴빛'의 뜻으로 쓰이고 있다. 곧 巧言令色은 남의 환심歡心을 사기 위해 교묘巧妙히 꾸며서 하는 말과 아첨阿諂하는 얼굴빛을 말한다.

> LY01-03. 子曰
> 자子께서 말씀하셨다.
> **巧言令色은 鮮矣仁이니라**
> "꾸미는 말과 좋게 하는 낯빛으로는 어진 이가 드물다."

공자 초상화

'교언영색' 관련 자료
(문자학으로 배우는 논어)

아울러 "생색을 낸다"라는 말의 '생색'을 한자로 쓴 '生色'의 色자나 '남에게 조금 덕[德]을 베풀고 띄는 자랑스러운 얼굴빛[色]'을 이르는 德色(덕색)[16]의 色자도 '얼굴빛'의 뜻으로 쓰이고 있다.

色자는 '미색'의 뜻으로도

그 외에 色자는 여러 빛깔로 얼굴을 꾸미는 데서 '아름다운[美] 얼굴빛[色]'인 '美色(미색)[17]'의 뜻으로도 쓰이는데, 天下一色(천하일색)[18]이나 傾國之色(경국지색)[19]의 色자가 바로 그런 뜻으로 쓰였다.

〈미인도〉(신윤복)

天下一色은 '하늘[天] 아래[下] 세상에서 첫째[一]의 미색[色]'이란 의미로, 아주 뛰어난 미인美人을 이른다.

傾國之色도 '나라[國]가 기울어져도[傾] 모를 정도의[之] 미색[色]'이란 의미로, 임금이 혹惑하여 나라가 망亡할 만큼 뛰어난 미인을 이른다.

天下一色이나 傾國之色은 천하天下의 絕色(절색)이라 할 수 있는데, 絕色의 色자도 '미색'의 뜻과 관련이 있다.

色자는 오늘날 '빛'의 뜻으로 주로 사용

색의 삼원색

오방색

하지만 色자는 오늘날 '얼굴빛'에서 비롯된 '빛'의 뜻으로 주로 사용되고 있다. 그렇게 '빛'의 뜻으로 쓰이는 말에 色彩(색채)나 色相(색상), 色調(색조)나 色素(색소)가 있다.

나아가 세상에는 '수많은 각각[各]의 모양[様]과 각각[各]의 빛[色]을 지닌 것'인 各樣各色(각양각색)[20], '여러 가지의 형상[形形]과 여러 가지의 빛[色色]을 지닌 것'인 形形色色(형형색색)[21]의 존재存在가 있다. 그처럼 各色(각색)이나 色色(색색)이 되는 여러 가지 빛깔 가운데에는 근본根本이 되는 赤色(적색)·黃色(황색)·靑色(청색)이 있는데, 이는 여러 빛깔을 만들어 내는 '세[三] 가지 근원[原]의 색[色]'인 三原色(삼원색)[22]이 된다.

아울러 赤色(적색)·黃色(황색)·靑色(청색)에 白色(백색)과 黑色(흑색)을 더하면 五色(오색)이 되고, 五色은 다시 '다섯[五] 방위[方]를 상징象徵하는 색[色]'인 五方色(오방색)[23]이 되기도 한다.

五方色은 동쪽에 靑色, 서쪽에 白色, 남쪽에 赤色, 북쪽에 黑色, 중앙에 黃色을 말한다. 나아가 중앙의 黃色과 동쪽의 靑色 사이에는 綠色(녹색), 서쪽의 白色과 동쪽의 靑色 사이에는 碧色(벽색), 남쪽의 赤色과 서쪽의 白色 사이에는 紅色(홍색), 남쪽의 赤色과 북쪽의 黑色 사이에는 赭色(자색), 중앙의 黃色과 북쪽의 黑色 사이에는 硫黃色(유황색)이 있는데, 이는 五方間色(오방간색)이라 한다.

다시 말하면 綠色은 靑黃色(청황색)으로 동쪽의 間色(간색)[24]이고, 碧色은 靑白色(청백색)으로 서쪽의 間色이고, 紅色은 赤白色

(적백색)으로 남쪽의 間色이고, 赭色은 赤黑色(적흑색)으로 북쪽의 間色이고, 硫黃色은 黃黑色(황흑색)으로 중앙의 間色이 된다. 間色은 '두 개의 五方色을 섞어 그 사이[間]에서 나온 색[色]'을 말한다.

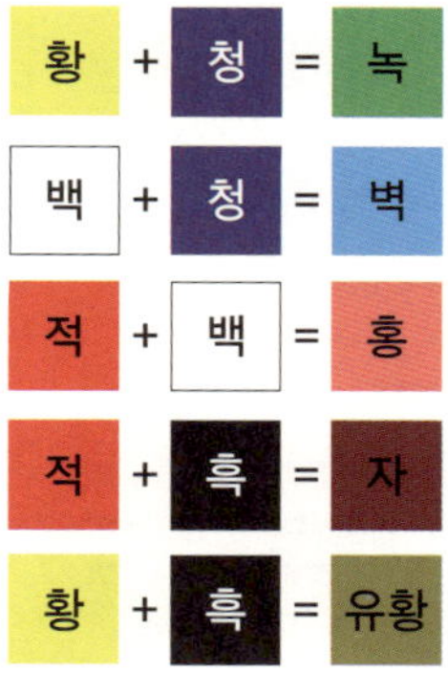

오방간색

회색 · 비색 · 금색 · 남색 · 감색

백색과 회색과 흑색

그 외의 색으로 白色(백색)과 黑色(흑색)의 중간색中間色인 灰色(회색)[25]이 있는데, 灰色은 '나무 등이 타고 남은 재[灰]의 색[色]'을 말한다. 따라서 '잿빛'이라 하기도 하고, 달리 동물動物인 쥐의 털빛과 같다고 하여 '쥐색'이나 금속金屬인 납과 같은 색깔과 같다고 하여 '납색'이라 하기도 한다.

또 '물총새[翡]의 털빛과 같은 색[色]'인 翡色(비색)[26]은 翡[물총새 비]자와 똑같은 뜻을 지닌 翠[물총새 취]자를 더 덧붙여 翡翠色(비취색)이라 하기도 한다. 그러나 사전辭典에 翡色은 청자靑瓷의 빛깔과 같은 푸른색이라 풀이하고, 翡翠色은 비취옥翡翠玉의 빛깔과 같이 곱고 짙은 푸른색이라 풀이하고 있다.

물총새와 비색 청자

아울러 금속金屬 가운데 '황금[金]의 색[色]'은 金色(금색)[27], 백금白金인 '은[銀]의 색[色]'은 銀色(은색)[28], 적금赤金인 '동[銅]의 색[色]'은 銅色(동색)[29]이라 한다. 나아가 '오래[古]된 동색[銅色]'이 古銅色(고동색)[30]인데, 古銅色은 어두운 붉은빛을 띤 褐色(갈색)[31]이기도 하다.

88올림픽 금은동 메달

褐色의 褐[굵은 베 갈]은 옷을 만드는 바싹 마른 '굵은 베'를 뜻

굵은 베

갈색을 띠는 구운 고기

하며, 褐色은 바로 그 '굵은 베[褐]의 색[色]'과 관련이 있다. 그 褐色은 고기를 구울 때에도 볼 수 있는데, 이는 고기 안의 단백질蛋白質과 당류糖類에 열熱이 가해지면서 특별特別한 풍미風味가 더해지는 일련一連의 자연발생적自然發生的 반응反應으로 '마이야르maillard 반응'이라 한다.

쪽과 쪽으로 물들인 옷감

뿐만 아니라 藍色(남색)[32]은 무지개 일곱 색 가운데 하나로, 일반적一般的으로 짙은 파란색으로 여기고 있다. 하지만 원래 파란색과 보라색의 중간색이며, 표준어標準語로는 群青色(군청색)이라 한다. '쪽[藍]이란 식물로 옷감에 여러 번 물들이면 나오는 색[色]'이기에 '쪽'을 뜻하는 藍[쪽 람]자를 써서 藍色이라 한 것이다. 그렇게 쪽에서 비롯되었기에 藍色은 "쪽빛 바다"나 "쪽빛 하늘"이란 말에서처럼 '쪽빛'이라 하기도 하고, '쪽색'이라 하기도 한다.

감나무 열매로 잘못 표기한 자료

간혹 藍色을 곤색こん色이라 하기도 하는데, 곤색은 藍色보다 좀 더 어두운 파란색인 紺色(감색)을 일본말로 이른 것이다. 그처럼 곤색은 일본 말이므로 사용使用을 자제自制하고, 紺色이라 말하는 것이 마땅하다 하겠다. 한데 紺色을 한글로만 써서 '감색'이라 하면서 감나무 열매인 감색으로 잘못 여기는 이들도 적지 않다.

紺色의 紺[반물 감]자는 '반물'을 뜻하는 한자로, '반물'은 '반'과 '물'이 합쳐진 말이다. 한글학회에서 펴낸 『우리말큰사전』에 보면 '반'은 '암키와'로, '물'은 '빛깔'로 풀이하고 있다. 따라서 '반물'을 '암키와의 빛깔'이라 풀이하는 이들이 있으나 옛말에 '반'은 '꼴뚜기'를 뜻하기도 했다. 한데 옛날에는 갑오징어만 '오징어'라 하고, 오늘날의 오징어를 '꼴뚜기'라 했다. 따라서 오늘날로 보면 '반물'의 '반'은 오징어를 말하며, '반물'은 '오징어먹물 빛깔'로 보인다.

보호색과 경계색

그 외에 國防色(국방색)[33]은 '나라[國]를 적군으로부터 막는[防] 군인이 입는 옷의 색깔[色]'을 말한다. 전투戰鬪 중에 적군敵軍에게 쉽게 노출露出되지 않도록 위장僞裝을 하는 색이다.

국방색 군복으로 위장한 군인

마치 '자연自然 속에서 동물動物들이 천적天敵 등의 다른 동물에게 잘 발견發見되지 않도록 하면서 보호[保護]하기 위해 주위周圍 환경環境이나 배경背景과 닮게 하는 색[色]'인 保護色(보호색)[34]과 같다. 예컨대 들꿩의 깃털 색이 겨울에는 白色(백색)을 많이 띄다가 여름에는 茶褐色(다갈색)을 많이 띄는 것이 그런 경우境遇다.

보호색을 띤 들꿩

파충류爬蟲類나 양서류兩棲類 가운데 환경의 변화變化에 따라 재빨리 반응反應해 몸의 색을 바꾸는 경우에서도 保護色을 흔히 볼 수 있다.

반면에 保護色과 달리 警戒色(경계색)[35]은 일부 동물의 몸 빛깔에서 나타나는, '주위의 빛깔보다 선명하게 눈에 띄면서 다른 동물에게 경계[警戒]하도록 하는 색[色]'을 말한다. 만일 천적天敵이 잡아먹는다면 해害가 될 것이라 알리는 구실을 한다.

경계색을 띤 무당벌레

예컨대 무당벌레의 붉게 보이는 몸통은 식물植物 잎사귀 위에서 확연確然하게 눈에 띄는데, 이는 곤충昆蟲을 잡아먹는 새들에게 위협감威脅感을 준다. 왜냐하면 새들은 경험經驗을 통해 붉게 보이는 무당벌레가 불쾌不快한 체액體液을 갖고 있다는 것을 알고 있기 때문이다. 그처럼 새들에게는 警戒色이 효과效果가 있어서 들새가 잡아먹는 곤충 중에서 무당벌레가 차지하는 비율比率은 극히 낮다고 한다.

'色'은 건강함을 드러내는 증표

동물 몸에 띄는 保護色이나 警戒色에서 보듯 색은 생명生命을 좌우左右할 만큼 중요重要할 뿐만 아니라 건강健康함을 드러내는 증표證票가 되기도 한다. 따라서 고대사회古代社會에서 나라의 중요한 의식儀式을 행行할 때에 사용하는 소와 같은 희생물犧牲物은 그 털빛을 보고 건강한 것을 골랐다. 그런 상황狀況에서 비롯된 말이 바로 物色(물색)[35]이다.

物色은 원래 유교儒敎 경전經典 가운데 하나인 『예기禮記』에 "瞻肥瘠 察物色[첨비척 찰물색-(제물의) 살찌고 마름을 보고, 얼룩소의 빛을 살핀다]"이란 글에 처음 나온다. 物(물)자가 애초에 '얼룩소'를 뜻했기에 物色은 '얼룩소의 털빛'을 의미하는데, 그 털빛을 살펴 건강한 소를 골랐기 때문에 物자는 다시 '살피다'의 뜻을 지니기도 한다. 따라서 物色은 '물건[物]의 빛깔[色]'을 의미하면서 '빛깔[色]을 살피다[物]'의 의미를 지니기도 한다.

그처럼 의식에 사용되는 희생물의 털빛으로 좋고 나쁨을 구별하던 物色은 오늘날 '사람이나 물건을 구하거나 찾는다'는 의미로 바뀌어 쓰이고 있다.

"망령기가 있는 칠십 노모를 모시고 있는 터라 당초부터 데릴사윗감이나 있는가 하여 물색하다 보니 그만 혼기를 놓친 것이지요『객주(김주영)』"나 "철철이 값이 오를 만한 물건을 물색해서 사 재 놓았다가 값이 오르면 장사꾼들을 불러다가 물건을 내는 거지요. 장사눈이 여간 밝은 게 아닙니다『토지(박경리)』"에서처럼 활용되고 있다.

物자 관련 자료(문자학으로 배우는 논어)

갑골문 物자

物

[만물 물] - 1262

자는 『설문』에 "만물이다. 소는 큰 물체인데, 천지天地의 수數많은 소를 끌고 일하는 데서 일어나기에 고로 牛의 뜻을 따랐다. 勿은 음이다.(萬物也. 牛爲大物, 天地之數, 起於牽牛, 故从牛. 勿聲.)"라고 했다.

하지만 『설문』 내용과 달리 物자는 牛[소 우]자로 인해 '얼룩소[牛]'를 뜻했으나 얼룩소의 몸에 많은 문양文樣이 있는 데서 '많다'의 뜻을 지니면서 다시 세상世上의 존재存在하는 많은 만물萬物과 관련해 그 뜻이 '만물'이 되었다. 음은 勿[말 물]자로 인해 勿[아득할 물]자나 岉[산 높은 물]자처럼 '물'이 되었다.

얼룩소(칡소)

生
[날 생]

초록빛 앞니 두 개

화안한
웃음 사이로 보이는
초록빛 앞니 두 개(「새싹(강현호)」 일부)

맑고 따뜻한 자리만 골라
한 알 진주로
돋아난다.(「새순이 돋는 자리(김종순)」 일부)

빗소리에 씨앗은 눈 틔워
봄비가 스며들며 낸 길 따라
땅 위로 손을 내밉니다.(「봄비(최지언)」 일부)

기인 하품하며
기지개 켜고
고갤 내민
사랑(「새싹(박정순)」 일부)

이상以上의 시詩에서 "초록빛 앞니 두 개", "한 알 진주", "손", "사랑"은 모두 새로 돋아나는 싹인 새싹을 비유적比喩的으로 표현表現한 말이다. 그처럼 사물事物의 근원根源이 될 수 있는 새로운 시초始初를 비유적으로 이르는 데 쓰기도 하는 말이 새싹이다. 또 조그만 몸에 생명生命의 신비神祕를 가득 품고 있는 새싹은 어린이를 이르기도 한다.

어린이를 표현한 그림

한자에서 바로 그 새싹을 나타낸 글자가 屮[싹 날 철]자다. 또 그 새싹이 움트는 데 바탕이 되는 '흙'을 뜻하는 글자는 土[흙 토]자다. 나아가 屮자와 土자가 합쳐진 㞢자는 生[날 생]자의 본자本字가 된다.

갑골문 屮자 금문 土자

生자는 초목의 싹이 땅 위로 나는 모양

그렇게 生(생)자는 초목草木의 새싹[屮]이 흙[土] 위로 나는 모양을 나타낸 한자로, 새싹이 나는 모양을 나타냈기에 뜻이 '나다'가 되었다.

갑골문 生자 금문 生자 소전 生자

"될성부른 나무는 떡잎부터 알아본다"는 속담俗談에서 '떡잎'은 바로 그 새싹의 일부一部가 된다. 새싹은 떡잎과 본잎으로 이뤄지기 때문이다. 이때 떡잎이 하나면 외떡잎식물이 되고, 둘이면 쌍떡잎식물이 된다. 生자는 좌우左右의 두 떡잎과 가운데 본잎으로 이뤄져 있기 때문에 쌍떡잎식물의 새싹을 나타내고 있다.

어머니가 미역국을 드셔야

생태계 먹이사슬 피라미드

태초太初에 지구地球가 만들어지고 난 뒤에 지구에 존재存在하는 모든 것은 흙에서 나서 흙으로 돌아간다. 그처럼 흙에서 나기에 난[生] 것은 모두 生(생)한 것이고, '생명을 가지고 난[生] 물체[物]'는 모두 生物(생물)[1]이 된다. 바로 그 生物이 자생自生하거나 서식棲息하는 생태계生態系의 먹이사슬 가운데 눈에 보이는 가장 아랫부분의 존재가 초목의 새싹이고, 가장 윗부분의 존재가 동물動物 중에 사람이다.

첫 번째 생일(돌 사진)

그렇게 초목의 새싹이나 동물 중에 사람도 生物로, 生物은 '살아있는[生] 목숨[命]'인 生命(생명)[2]을 지닌 존재다. 그 生命을 사람은 부모父母로부터 받는다. 그렇게 해서 사람의 삶이 시작始作되는 '세상世上에 난[生] 날[日]'이 바로 生日(생일)[3]이다.

生日은 세상에 나는 자신도 괴로운 삶의 시작이 되기에 고생苦生이었겠지만 정작 자신을 세상에 나게 하는 어머니가 더 고생한 날이다. 그 고생을 헤아린다면 어머니가 생일상生日床을 받아 풍습風習에 따라 미역국을 드셔야 함이 마땅하다. 실제로 자신이 세상에 나왔을 적에 미역국을 드신 이가 어머니고, 해마다 그 生日을 기린다면 계속해서 어머니가 미역국을 드셔야 한다. 그럼에도 오늘날 생일상의 미역국을 받는 이는 자식子息이다. 주객主客이 전도顚倒된 것이다. 의식意識이 있는 사람이라면 자신의 생일날에는 어머니가 우선 미역국을 드시도록 하는 게 마땅하다 하겠다. 말은 쉽고 행하기는 어렵겠지만 이치理致를 따지면 그렇다는 애기다.

60번째 생일 미역국

또 生日에 '세상에 나다[出生]'라는 말이 出生(출생)[4]이고, 出生한 곳은 出生地(출생지)가 된다. 옛날에 대부분 아이들은 자신의 집에서 태어났다. 그렇게 '세상에 난[生] 집[家]'이 바로 生家(생가)[5]다. 하지만 오늘날은 대부분 병원病院에서 세상에 태어난다. 따라서 오늘날의 아이들은 대부분 出生地가 병원이라 해야 한다.

필자의 생가

나아가 귀인貴人이나 성인聖人의 出生은 誕生(탄생)이라 하기도 하며, 달리 誕辰(탄신)이라 하기도 한다.

한 부모에서 난 사람은 모두 동생

세상世上에 부모父母가 낳아준 사람은 자신自身만 있는 것이 아닌 경우境遇가 많다. 자신보다 먼저, 또는 자신보다 늦게 태어나는 남매男妹가 있기 때문이다. 이때 남매는 한 부모에게서 한 기운氣運을 받고 나온 한 몸과 같은 사람이다. 따라서 한 부모에서 난 사람은 모두 '한 가지[同]에서 나다[生]'라는 의미의 同生(동생)[6]이 된다.

필자의 동생들

하지만 오늘날 同生은 한가지에서 난 사람 가운데 아랫사람을 의미하는 데 쓰이고 있다. 이는 한가지에서 나온 여러 同生과 함께 있으면서 혹여 남에게 소개紹介를 한다 치면 주로 同生들 가운데 맏이가 나서서 한가지에서 난 아랫사람으로 同生을 소개하는 상황狀況 등에서 그 의미가 정착定着되었기 때문으로 보인다. 그렇게 애초에 同生은 모든 남매를 아우르는 말이었는데 후대에 아랫사람인 아우만을 이르는 의미로 쓰이게 되었다. 말에도 생명력生命力이 있어 시간時間이 지나면서 그 의미가 축소縮小된 것이다.

생산을 감축드린다

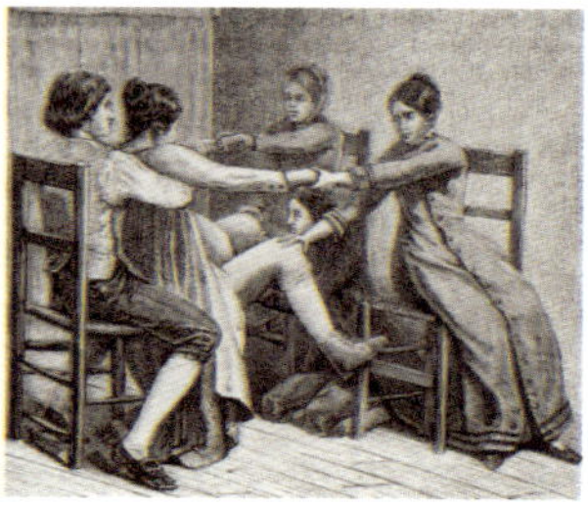
19세기 서양의 출산 모습

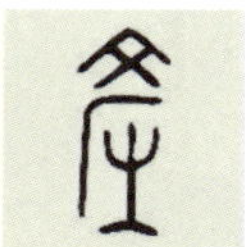
금문 産자

生日은 자신이 세상에 난 날이지만 어머니가 그렇게 세상에 나도록 낳아준 날이기도 하다. 따라서 生자는 '낳다'의 뜻을 지니기도 한다.

예전에는 아이를 낳는다는 의미로, 똑같이 '낳다'의 뜻을 지니는 産[낳을 산]자와 합쳐진 生産(생산)이란 말을 사용使用했다. 사극史劇에서 왕비王妃가 아이를 낳았을 때 "생산을 감축드린다"는 대사臺詞나 "나이 삼십이 넘도록 생산을 못하니 가뜩이나 자식 귀한 집안에 큰 걱정거리지만…『영원한 미소(심훈)』"의 글에서처럼 활용活用되었다. 하지만 오늘날 生産이란 말은 주로 인간人間이 생활生活하는 데 필요必要한 각종各種 물건物件을 만들어 낸다는 의미로 사용하고 있다.

사람은 자연의 일부

나아가 生자는 세상에 나서 산다는 데서 동사動詞인 '살다'나 명사名詞인 '삶'의 뜻으로도 쓰이고 있다. 특히 사람의 삶과 관런되는 말에서 그 쓰임을 엿볼 수 있다.

한데 세상 만물萬物 가운데 사람은 자연自然의 일부一部에 속하며, 그 자연의 법칙法則은 끊임없이 변變한다. 영원永遠한 게 없는 것이다. 그러니 '영원히[永] 살다[生]'라는 永生(영생)[7] 도 있을 수 없다.

런던 동물원에 전시된 호모사피엔스

부모父母로부터 生命을 받아 시작始作되는 '사람[人]의 삶[生]'인 人生(인생)[8]도 마찬가지다. 生者必滅(생자필멸)[9]이라고 '산[生] 것[者]은 반드시[必] 없어진다[滅]' 하니, 사람도 언젠가는 죽어 없어지는 존재存在가 된다. 결국 '사람[人]의 삶[生]은 항상[常]이 없다[無].' 그렇게 '항상이 없다' 함은 늘 변한다는 것으로, 이를 人生無常(인생무상)[10]이라 한다. 사람은 누구나 '세상에 나서[生] 늙고[老] 병들어[病] 죽는다[死]'는 生老病死(생로병사)[11]의 과정을 거치니 人生無常인 것이다.

그럼에도 중국中國을 최초最初로 통일統一한 진秦나라 시황제始皇帝는 '늙지[老] 않고[不] 오래[長] 산다[生]'는 不老長生(불로장생)[12]을 꿈꿨다. 해서 시황제는 '오래[長] 살며[生] 죽지[死] 않는다[不]'는 長生不死(장생불사)[13]의 약재藥材인 불로초不老草를 동남동녀童男童女 수천數千 명名을 서불徐市(서복徐福)에게 거느리게 하여 찾도록 했다.

진시황제

그처럼 찾았던 불로초는 '열[十] 가지 오래[長] 산다[生]는 물상物象'인 十長生(십장생)[14]의 하나인데, 그 十長生은 불로초 외에 해·산·물·돌·구름·소나무·거북·학·사슴을 이른다. 한데 시황제는 끝내 불로초를 구하지 못했고, 不老長生을 위해 먹었던 수은水銀에 중독中毒되어 전국全國을 순행巡行하고 돌아오는 길

〈십장생도〉

에 쓰러져 결국結局 49살에 죽고 말았다.

중생은 사람 외에 날짐승과 길짐승과 물짐승

중생제도의 사물

'무리[衆]를 이뤄 사는[生] 모든 동물'을 의미하는 말이 衆生(중생)[15]이다. 달리 말하면 衆生은 사람 외에 날짐승과 길짐승과 물짐승을 통틀어 이른다. 하지만 후대後代에 사람만 衆生이라 하고, 날짐승과 길짐승과 물짐승은 모두 衆生에서 변한 말인 '짐승'으로 불리고 있다. 衆生의 옛말은 '즁싱'으로, 그 말에서 '중생'과 '짐승'이 비롯되었기 때문이다. 사람인 '중생'과 사람 외의 동물인 '짐승'을 구분區分해 지칭指稱한 것이다.

개미와 진딧물의 공생

아울러 사는데 '함께[共] 산다[生]'는 것은 共生(공생)[16]이고, 共生하는데 '도우며 서로[相] 산다[生]'는 것은 相生(상생)[17]이다. 반면反面에 共生하는데 '상대相對에게 해害를 주면서 붙어서[寄] 산다[生]'는 것은 寄生(기생)[18]이라 한다. 더불어 사는 세상世上, 그 세상이 원만圓滿하게 이뤄지려면 寄生하려는 마음이 아닌 相生하려는 마음이 있어야 할 것이다.

천생 버릇은 임을 봐도 못 고친다

天生(천생)[19]은 '하늘[天]로부터 난[生] 것'이란 의미인데, 타고

난 것으로 이미 정해져 어쩔 수 없음을 이른다. 따라서 "천생 버릇은 임을 봐도 못 고친다"는 속담俗談은 타고난 버릇은 고치기가 어렵다는 말이 된다.

한데 '천생'을 '천상'으로 말하는 이들이 적지 않다. 예컨대 "저 사람은 천상 여자다"와 같이 표현表現하고 있는 것이다. 적지 않은 이들이 그처럼 사용使用한다고 해도 틀린 것은 틀린 것이다. '천생'과 '천상'의 옳고 그름을 구분區分해 사용해야 할 것이다.

잘못 표기한 TV 자막

나아가 天生은 天生緣分(천생연분)[20]이나 天生配匹(천생배필)[21]의 말에서처럼 활용活用되고 있다.

天生緣分은 '하늘[天]로부터 난[生] 연분[緣分]'이란 말로, 하늘이 정해 준 부부夫婦가 되는 인연因緣을 이른다.

天生配匹은 '하늘[天]로부터 난[生] 배필[配匹]'이란 말로, 나무랄 데 없이 신통神通히 꼭 알맞은 한 쌍의 부부를 이른다.

生자는 '날것'이나 '가공하지 않은 것'의 뜻을 지니기도

生자는 산 것(살아있는 것)에서 그 의미가 확대되어 '익다'의 상대相對가 되는 '날것'이나 '가공加工하지 않은 것'의 뜻을 지니기도 하는데, 生鮮(생선)·生薑(생강)·生藥(생약)·生菜(생채)·生太(생태)·生汁(생즙)·生淸(생청)·生蔘(생삼)·生鰒(생복)·生蛤(생합)·生麵(생면)·生栗(생률)·生大口(생대구)·生麥酒(생맥주)·生牛乳(생우유)·生豆腐(생두부)·生菓子(생과자)·生果實(생과실) 등에서 그런 뜻의

생률

쓰임을 엿볼 수 있다.

아울러 生자는 '날것'이나 '가공하지 않은 것'과 관련해 '싱싱하다'의 뜻을 지니기도 한다. 사실 '싱싱하다'의 '싱싱'은 '生生(생생)'이 단모음화單母音化하면서 이뤄진 말로 여겨지고 있다. '시시하다'의 '시시'가 '細細(세세)'에서 비롯된 것처럼.

남북한 이산가족 '생이별' 모습

따라서 生放送(생방송)·生中繼(생중계)·生離別(생이별)·生音樂(생음악)·生地獄(생지옥)·生惹端(생야단)·生苦生(생고생)·生亂離(생난리)·生固執(생고집)·生寡婦(생과부)·生埋葬(생매장)의 生자는 '싱싱하다'의 뜻을 지니기도 하지만 '생생하다'의 뜻을 지니기도 한다.

生자는 '사람'이나 '학문이 있는 사람'을 뜻하기도

뿐만 아니라 生자는 生命을 가지고 난 물체物體인 生物 가운데 만물萬物의 영장靈長인 '사람'을 뜻하기도 한다. 蒼生(창생)[22]이나 後生(후생)[23]의 生자가 바로 그런 뜻으로 쓰였다.

蒼生은 수많은 사람을 의미하는데, 蒼[푸를 창]자가 초목草木이 푸르게 우거지다의 뜻과 관련이 있다. 따라서 蒼자는 원래 '푸르다'나 '우거지다'의 뜻을 지녔고, 蒼生은 '초목이 우거진[蒼] 듯이 수많은 사람[生]'을 의미하게 되었다. 그렇게 수많은 사람을 의미하게 된 蒼生은 다시 수많은 수數와 관련된 億兆(억조)나 億萬(억만)을 덧붙여 億兆蒼生(억조창생)이나 億萬蒼

만세운동을 하는 수많은 사람

生(억만창생)이라 하기도 한다. 따라서 億兆蒼生이나 億萬蒼生도 '수많은 사람'을 의미한다.

LY09-23. 子曰
자子께서 말씀하셨다.
後生可畏니 焉知來者之不如今也리오
"뒤에 학문學問을 배우는 사람을 두려워할 만하니, 어찌 오는 사람이 〈나의〉 지금과 같지 못함으로 알겠는가?
四十五十而無聞焉이면 斯亦不足畏也已니라
40, 50세이나 알려짐이 없다면 이 또한 족히 두려워할 만하지 않다."

공자 초상화

'후생가외' 관련 자료
(문자학으로 배우는 논어)

後生은 '뒤[後]에 난 사람[生]'이나 '뒤[後]에 나서 배우는 사람[生]'이란 의미로, 後生可畏(후생가외)[24]란 말에 활용되고 있다. 後生可畏는 '뒤[後]에 나서 배우는 사람[生]은 두려워할[畏] 만하다[可]'는 의미로, 후배後輩는 나이가 젊고 의기意氣가 장壯하므로 학문學問을 계속 쌓고 덕德을 닦으면 그 진보進步가 선배先輩를 능가凌駕하는 경지境地에 이를 것이라는 말이다. 청출어람靑出於藍과 통하는 말이다.

나아가 生자는 사람과 관련되면서 '학문이 있는 사람'을 지칭指稱할 때도 사용되는데, 儒生(유생)·書生(서생)·敎生(교생)·門下生(문하생)·見習生(견습생)·聽講生(청강생) 등에서 그런 뜻의 쓰임을 엿볼 수 있다.

夕 [저녁 석]

해가 산을 넘어갈 때

긴 치맛자락을 끌고
해가 산을 넘어갈 때

바람은 쉬고
호수는 잠들고

나무들 나란히 서서
가는 해를 전송할 때

이런 때가 저녁때랍니다

피천득 시인

피천득皮千得 시인詩人의 「저녁때」라는 시詩 일부一部다. 시인은 저녁때를 "해가 산을 넘어갈 때"나 "가는 해를 전송할 때"라고 했는데, 국어사전國語辭典에 저녁은 "해가 질 무렵부터 밤이 되기까지의 사이"라 풀이하고 있다. 또 "저녁에 끼니로 먹는 음식"이나 "저녁에 끼니는 먹는 일"로도 풀이하고 있는데, 이는 결국 저녁밥 먹는 때를 말하고 있다.

저녁은 짧아서 아름답다

오늘날 '밤'과 '저녁'을 제대로 구분區分하지 못하는 이들이 적지 않다. 하지만 밤의 상대相對는 낮이고, 저녁의 상대는 아침이다. 밤과 낮은 해가 하늘에 떠 있는 동안과 없는 동안으로, 하루를 이등분二等分한 말이다. 반면에 저녁은 아침과 점심으로 하루를 삼등분三等分한 말이다.

그중에 저녁은 국어사전에서 풀이했듯 밥을 먹는 때고, 밤은 잠을 자는 때다. 따라서 해가 진 저녁은 밤의 일부로, 밤보다 그 시간이 짧다. 그래서 김종해金鍾海 시인은 시로 다음과 같이 썼다. "사라져 가는 것보다/ 아름다운 것은 없다// 안녕히라고 인사하고 떠나는/ 저녁은 짧아서 아름답다."

그렇게 짧아서 아름답다고 한 저녁을 뜻하는 한자는 夕[저녁 석]자다.

달의 일부

夕자는 달의 일부만 보이는 모양

갑골문 夕자

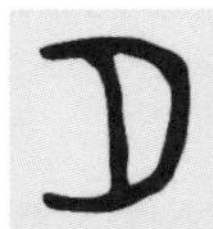
금문 夕자

소전 夕자

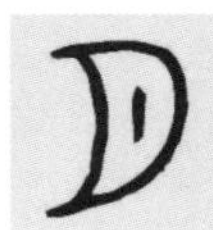
금문 月자

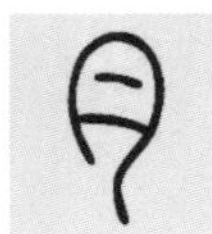
소전 月자

夕(석)자는 갑골문甲骨文 자형字形을 살피면 달의 일부분一部分만 보이는 모양으로 나타내고 있다. 둥그런 달보다 달의 일부분만 보이는 때가 더 많은 데다 둥글게 나타내면 해와 구분區分하기 어렵기 때문이기도 하다. 夕자는 그렇게 달을 나타냈기에 '달'을 뜻했으며, 달이 뜨는 '저녁'을 뜻하기도 했다. 하지만 후대後代에 달 윤곽輪廓에서 점點이 없는

夕자는 '저녁'을 뜻하고, 점이 있는 月[달 월]자는 '달'의 뜻을 지닌 한자로 나눠 쓰이게 되었다.

석양과 추석과 칠월칠석

석양의 풍광

저녁은 해가 지면서부터 시작始作되는데, 그런 '저녁[夕]때의 햇빛[陽]'은 夕陽(석양)[1]이라 한다. 또 夕陽은 저녁때의 저무는 해나 해가 질 무렵을 의미하기도 한다.

달은 해가 지고 난 밤하늘에서 볼 수 있다. 그렇게 볼 수 있는 달은 매일每日 크기가 변變하면서 뜨고 진다. 그런 달이 유독惟獨 크게 보이는 때가 秋夕(추석)이다.

秋夕은 순우리말로 '한가위'라고 하는데, '한가위'는 신라新羅의 가배嘉俳에서 유래由來했다. '가배'는 '가운데'를 의미하는 우리말 '가'를 한자로 옮긴 것으로 '보름'을 이른다. 바로 그 '가'가 '가위'가 됐고, 여기에 '크다'란 뜻을 나타내는 옛말 '하다'의 관형사형冠形詞形 '한'이 붙어 '한가위'가 됐다. 즉 '한가위'는 '큰 보름'을 이르는데, 그 말도 秋夕에 크게 보이는 보름달이 뜨는 날임을 알려주고 있다.

달이 가장 크고, 가장 작게 보일 때 크기 비교

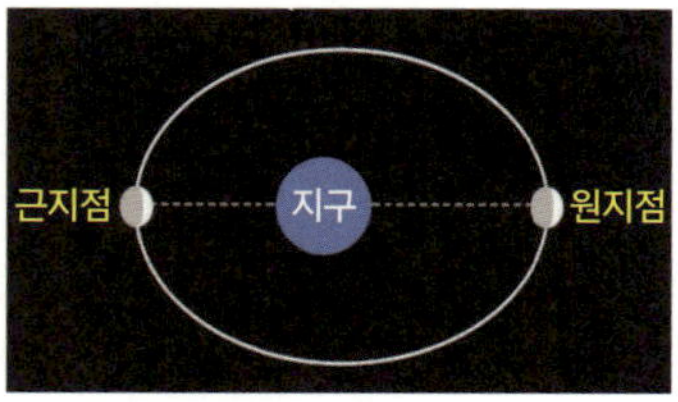

달의 공전 궤도

그처럼 秋夕에 달이 크게 보이는 것은 달이 지구地球 주위周圍를 타원楕圓 궤도軌度로 돌기 때문이다. 달과 지구까지 평균平均 거리는 38만 4000km인데, 달이 지구와 가장 가까운 지점地點에 있을 때는 대략大略 35만

7000km 떨어져 있다. 이렇게 달과 지구의 거리가 가까우면 달이 크게 보이는 것이다. 그처럼 가까운 거리에서 크게 보이는 보름달은 영어英語로 슈퍼문supermoon이라 한다.

한가위 관련 풍속화

秋夕은 음력陰曆 8월八月 15일十五日이다. 음력 8월 15일은 가을[秋]이고, 달은 저녁[夕]에 뜬다. 따라서 '가을'을 뜻하는 秋[가을 추]자와 '저녁'을 뜻하는 夕자를 써서 秋夕이라 한 것이다.

또 秋夕처럼 한자문화권漢字文化圈에서 인상적印象的으로 받아들이는 저녁과 관련된 날이 七月七夕(칠월칠석)[2]이다. 七月七夕은 '전설傳說 속의 견우牽牛와 직녀織女가 1년에 한 번 칠월[七月] 칠[七]일 만난다고 하는 날의 저녁[夕]'이기 때문이다.

덕흥리 고분벽화의 견우와 직녀

그 七月七夕은 베를 짜던 옥황상제玉皇上帝의 딸 직녀와 소를 몰던 목동牧童 견우가 사랑에 빠져 일을 소홀히 한 벌罰로 은하수銀河水를 사이에 두고 떨어져 지내는 벌을 받다가 1년에 딱 한 번만 만날 수 있게 한 날이다. 이 날은 지상地上에 사는 까마귀와 까치가 하늘로 올라가 오작교烏鵲橋를 만들어 둘이 만나게 도와준다고 전해지고 있다.

석간신문이나 일석점호

석간신문 『문화일보』

夕자는 夕刊新聞(석간신문)[3]이나 日夕點呼(일석점호)[4]에서도 '저녁'의 뜻으로 쓰이고 있다.

夕刊新聞의 '新聞'은 사회社會에서 발생發生한 새롭게[新] 들을[聞] 수 있는 사건事件과 견해見解를 담아 신속迅速하게 보도

군대의 일석점호

報道하는 정기간행물定期刊行物로, 이를 '저녁[夕]때에 발간하는[刊]하는 신문[新聞]'이라면 夕刊新聞이라 한다.

日夕點呼의 '點呼'는 단체생활團體生活을 할 때에 인원人員의 숫자 및 상태를 점검하기[點] 위해 한 사람씩 이름을 불러[呼] 확인하는 일을 말한다. 특히 군대軍隊의 하루는 點呼로 시작해서 點呼로 끝난다고 할 정도다. 그때 '매일[日] 저녁[夕]마다 취침就寢 전前에 하는 점호[點呼]'는 日夕點呼라 한다. 2007년 이후부터는 언어순화言語醇化가 이뤄져 '저녁점호'로 사용하고 있는데, 점호란 말은 조선시대朝鮮時代에서도 쓰였던 말이다. 아직도 일부 부대部隊에서는 옛 용어用語 그대로 日夕點呼를 쓴다고 한다.

저녁은 아침의 상대

조석간만의 풍경

앞에서 언급言及했듯 저녁은 아침의 상대相對가 된다. 따라서 '아침'을 뜻하는 朝[아침 조]자는 '저녁'을 뜻하는 夕자와 어울려 朝夕(조석)이란 말로 흔히 쓰인다. 또 朝夕은 朝夕干滿(조석간만)[5]이나 朝夕供養(조석공양)[6]이란 말로도 활용되고 있다.

朝夕干滿은 '아침[朝]과 저녁[夕]에 바닷물이 해안海岸에 들고 나며 마른[干] 상태와 찬[滿] 상태'를 아울러 이르는 말이다.

朝夕供養은 '아침[朝]과 저녁[夕]으로 이바지하여[供] 웃어른께 음식을 드리며 봉양하다[養]'라는 의미의 말이다.

夕자가 朝자와 어울린 말

뿐만 아니라 夕자가 朝자와 어울린 말에는 一朝一夕(일조일석)[7]·朝變夕改(조변석개)[8]·花朝月夕(화조월석)[9]·朝飯夕粥(조반석죽)[10]·朝聞夕死(조문석사)[11] 등의 말도 있다.

一朝一夕은 '하루의 아침[朝]과 하루의 저녁[夕]'이란 의미로, 짧은 시일時日을 이르는 말이다. "제도를 없이함으로써 오랜 노예의 멍에로부터 노비들은 해방되었다고 하지만 끈질기게 내려온 제도가 빚은 기습이 일조일석에 없어질 리는 없고…『토지(박경리)』"의 글에서처럼 활용되고 있다.

朝變夕改는 '아침[朝]에 변경하고 저녁[夕]에 고치다'라는 의미로, 계획計劃이나 결정決定 따위를 일관성一貫性이 없이 자주 고침을 이르는 말이다. "국가의 정령은 조변석개하고, 위령이 서지 못하니 백성이 어이 이것을 믿사오리까『임진왜란(박종화)』"의 글에서처럼 활용되고 있다.

花朝月夕은 '꽃 피는 아침[朝]과 달 밝은 저녁[夕]'이라는 의미로, 경치가 좋은 시절을 이르는 말이다. "화조월석 좋은 때나 추야장 긴긴밤에 외롭고 구슬퍼서 울기도 많이 울었습니다『금삼의 피(박종화)』"의 글에서처럼 활용되고 있다.

朝飯夕粥은 '아침[朝]에는 밥을 먹고, 저녁[夕]에는 죽을 먹다'라는 의미다. 하루의 끼니를 제대로 때우지 못 하는 몹시 가난한 살림을 이르는 말이다. "조반석죽이 어려운 처지에 삼대 군보軍保를 감당 못 하자, 이정이 소를 빼앗아 갔다『만남(한무숙)』"의 글에서처럼 활용되고 있다.

LY04-08. 子曰
자子께서 말씀하셨다.
朝聞道면 夕死라도 可矣니라
"아침에 도道를 〈깨우치도록〉 들으면 저녁에 죽어도 좋다."

공자 초상화

'조문석사' 관련자료
(문자학으로 배우는 논어)

朝聞夕死는 '아침[朝]에 도道를 깨우치도록 들으면[聞] 저녁[夕]에 죽어도[死] 좋다'라는 의미다. 朝聞道夕死可矣(조문도석사가의)를 줄인 말로, 『논어論語』에 나온다.

石 [돌 석] 돌도끼 하나로 모든 것을 해결

아주 오랜 옛날 사람들은 주변周邊에서 쉽게 접接하고 구求할 수 있는 재료材料를 이용利用해 도구道具를 만들었다. 그렇게 도구를 만드는 데 사용使用한 재료에는 돌이나 나무, 또는 짐승의 뼈나 뿔 등이 있었다.

석기시대 돌도끼

하지만 주로 단단한 돌을 사용했는데, 그런 시대를 石[돌 석] 자를 써서 石器時代(석기시대)라 한다. 그 石器時代에 돌로 인류人類가 최초最初로 만들어 사용한 도구는 돌도끼였다. 당시當時에는 돌도끼 하나로 모든 것을 해결解決한 시대였던 것이다.

도구를 만드는 데 돌을 이용

청동기시대의 다양한 석기

중국中國 문화文化 속에서 성숙成熟된 한자漢字는 그 시대를 반영反映하고 있다. 石器時代 이후에 이어진 시대가 청동기시대青銅器時代인데, 중국의 은殷나라가 바로 청동기青銅器를 사용한 시대였다. 하지만 은나라에서 사용된 청동기는 일부一部 지배층支配層만의 전유물專有物이었다. 일반一般 사람들은 여전如前히 도구道具를 만드는 데 돌을 주로 이용利用했다.

옥돌로 만든 악기, 특경

아울러 바로 그 은나라 시대에 사용된 문자文字가 갑골문甲骨文이었다. 따라서 갑골문에 '돌'을 뜻하는 한자는 일반 사람들이 도구로 사용하기 위해 만든 돌도끼나 돌칼의 형태로 만들어질 수밖에 없었을 것이다. 돌을 나타내는 한자가 단순히 주변에서 흔히 볼 수 있는 돌덩이 형태가 아니라 사람이 필요에 의해 만들어진 모양과 관련해 이뤄진 것이다. 바로 그 모양에서 비롯된 한자가 石[돌 석]자다.

갑골문 磬자

은나라 시대에 돌도끼나 돌칼과 비슷한 형태로 만들어진 도구가 쳐서 소리가 나는 악기樂器인 석경石磬이었다. 갑골문에 그 석경을 나타낸 한자[磬]의 자형字形은 石(석)자와 같은 자형이 덧붙여져 있다.

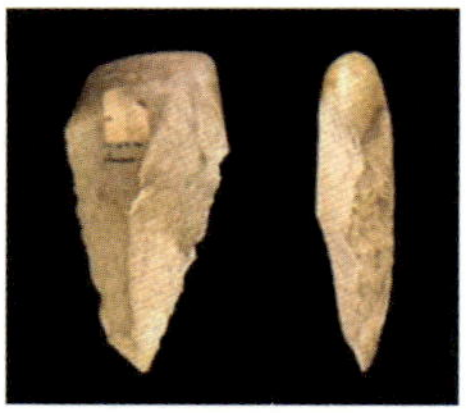

고대에 도구로 사용된 돌

石자는 도구로 사용된 돌

갑골문 石자

갑골문 石자

금문 石자

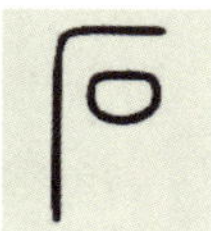

소전 石자

따라서 '돌'을 뜻하는 石(석)자는 흔히 볼 수 있는 돌덩이 형태가 아닌 도구로 사용된 돌을 나타낸 한자로 보인다. 하지만 『설문해자說文解字』에서 石자는 "산의 돌이다. 언덕의 아래에 있고, 口는 형상을 본떴다(山石也. 在厂之下, 口, 象形)"라고 했다. 石자의 厂의 형태를 언덕으로 보고, 口의 형태를 돌로 본 것이다.

오늘날 많은 문자학자文字學者가 바로 그 『설문해자』 견해를 좇아 石자를 언덕 아래 돌 모양을 형상화形象化한 한자로 설명하고 있다. 하지만 갑골문甲骨文에서 石자의 厂형태만으로 '돌'을 뜻하는 자형이 이뤄지고 있음으로 厂형태는 절대로 언덕을 나타낸 자형이 될 수 없다.

중국의 전탑

일본의 목탑

한국의 석탑

우리나라는 '돌의 나라'

흔히 중국中國은 '흙의 나라', 일본日本은 '나무의 나라', 우리나라는 '돌의 나라'라 하고 있다. 따라서 세 나라는 탑塔과 관련關聯된 문화文化에도 그 특징特徵이 잘 드러나는데, 중국은 흙을 이용해 만든 탑이 많으며, 일본은 나무를 이용해 만든 탑이 많다. 반면反面에 우리나라는 돌을 이용해 만든 탑이 많다.

이는 세 나라의 지리적地理的인 배경背景과 관련이 있다. 중국은 황하黃河와 양자강揚子江 주변周邊에 쌓인 양질良質의 흙이 많기에 그 흙을 벽돌[塼]처럼 만들어 쌓은 전탑塼塔으로, 사면四面이 바다로 둘러싸인 일본은 자생自生하는 삼나무가 많기에 그 나무[木]를 이용해 쌓은 목탑木塔으로 만들었다. 반면에 우리나라는 산지山地에 질質 좋은 花崗巖(화강암)이 많기에 그 '돌[石]을 이용해 만든 탑[塔]'인 石塔(석탑)[1]을 만들었다.

우리나라가 탑을 만드는 데 사용한 돌은 花崗巖인데, 花崗巖은 마그마가 땅 속 깊은 곳에서 서서히 식어서 굳어진 것이다. 달리 花崗石(화강석)[2]이라 하기도 하고, '쑥돌'이라 하기도 한다. 굳세고 아름다워서 건축建築에 흔히 사용되고 있다. 분홍색이나

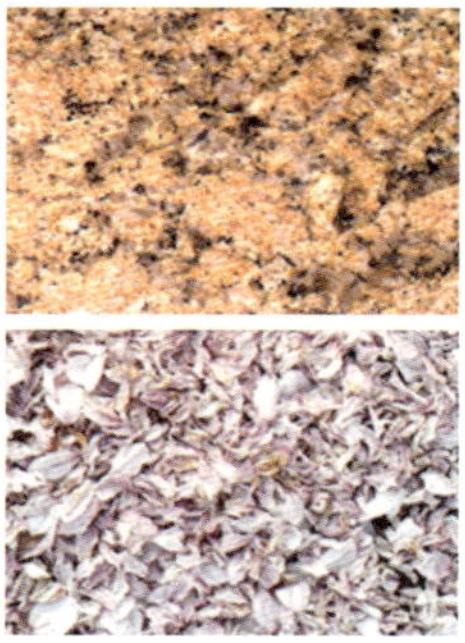

화강석 무늬와 떨어진 벚꽃 잎

흰색 계열 색色을 띄는 경우가 보통이며, 검은 점點이 보이는 돌이다.

그중에 분홍색을 띄는 돌은 마치 봄날 떨어진 무수한 벚꽃잎이 돌에 박힌 듯한 모양으로 보인 데서 '꽃'을 뜻하는 花[꽃 화]자의 음 '화'를 덧붙여 '화강암'이나 '화강석'이라 한 것이다. '화강암'이나 '화강석'의 '강'은 '굳세다'의 剛[굳셀 강]자를 바꿔 쓴 崗[언덕 강]자의 음과 관련된 것으로 보인다. 결국 花崗石은 '꽃[花]의 무늬가 보이는 굳센[崗(剛)] 돌[石]'을 이른 것이다.

대리석과 흑요석

중국의 대리

花崗石처럼 건축建築에 많이 사용되는 돌에는 大理石(대리석)[3] 도 있다. 한데 大理石의 '大理'는 그 돌이 많이 나는 중국中國의 지명地名과 관련이 있다. 결국 大理石은 '대리[大理]에서 나는 돌[石]'을 이르며, 사전辭典에는 석회암石灰巖이 높은 온도溫度와 센 압력壓力을 받아 변질變質된 돌로 풀이하고 있다.

흑요석

그 외에 黑曜石(흑요석)[4]은 '검게[黑] 빛나는[曜] 돌[石]'이라는 의미로, 마그마가 급격히 식으면서 굳어져 이뤄졌다. 유리질琉璃質로 되어 있어 깨진 부분이 날카롭기에 '돌[石]로 기구[器]를 만들어 쓰던 시대[時代]'인 石器時代(석기시대)[5]에는 돌칼이나 화살촉 등의 무기武器를 만드는 데 사용했다. 오늘날은 무언가 기념記念하기 위해 글을 새긴 '비[碑]로 쓰인 돌[石]'인 碑石(비석)[6] 등을 만드는 데 흔히 사용하고 있다.

석상과 지석묘와 반석

돌 가운데 '큰[巨] 돌[石]'은 巨石(거석)[7]이라 하며, '거석[巨石]을 다뤄 석상이나 지석묘 따위를 만들었던 선사시대의 문화[文化]'는 巨石文化(거석문화)[8]라 한다.

'돌[石]을 조각해 만든 사람의 형상[像]'인 石像(석상)[9]으로 유명한 巨石文化는 남태평양南太平洋 폴리네시아Polynesia 동쪽 끝에 있는 화산火山섬인 이스터Easter섬에 모아이인상moai人像을 통해 잘 살펴볼 수 있다.

모아이인상

또 '지탱하도록[支] 돌[石]을 몇 개 둘러 괴고 그 위에 덮개돌을 놓은 선사시대의 무덤[墓]'인 支石墓(지석묘)[10]로 유명한 巨石文化는 우리나라 곳곳에서 잘 살펴볼 수 있다. 대개 지배층支配層의 무덤으로 사용된 支石墓는 덮개돌을 받침돌로 괴어 놓은 데서 '고인돌'이라 하기도 한다.

지석묘(고인돌)

아울러 '넓고 평평한 너럭바위[磐]인 큰 돌[石]'은 磐石(반석)[11]이라 한다. 나아가 磐石은 마치 너럭바위처럼 사물事物이나 사상思想 따위가 아주 견고堅固함을 비유적比喩的으로 이르는 데 쓰이기도 한다. 예컨대 "정도전은 조선 왕조의 반석을 다져 놓았다"라는 말에서처럼 활용活用되고 있다.

반석(너럭바위)

수석과 운석과 화석

돌 가운데에 '기이하게[奇] 생긴 바위[巖]와 괴이하게[怪] 생긴 돌[石]'은 奇巖怪石(기암괴석)[12]인데, 그런 奇巖怪石 가운데 '물[水]이 흐르는 냇가나 강가 등에서 기괴하게 생겨 수집하는 작은 돌[石]'은 水石(수석)[13]이라 한다. 水石은 壽石(수석)으로도 쓰이고 있다.

수석을 줍는 사람들

그 외에 사람들이 관심關心을 갖고 찾는 돌로 하늘에서 떨어진 隕石(운석)[14]이 있다. 隕石은 '유성流星이 대기大氣 중中에서 다 타지 않고 지구상地球上에 떨어져[隕] 돌[石]처럼 보이는 것'이다.

떨어진 운석

뿐만 아니라 역사시대歷史時代 이전以前의 '고대古代에 생존生存한 동식물動植物의 유해遺骸와 활동活動 흔적痕迹 따위가 퇴적물堆積物 중에 매몰埋沒된 채로 또는 지상地上에 그대로 보존保存되어 남아 돌[石]이 되어[化] 있는 것'을 통틀어 이르는 化石(화석)[15]도 사람들 관심의 대상對象이 되고 있다. 化石은 생물生物의 진화進化와 그 시대時代의 지표地表 상태狀態를 아는 데에 큰 도움이 되는 존재存在로, 한때는 하나의 생명生命을 품고 있었던 것이다.

삼엽충 화석

보기에 따라 그냥 石인 '돌'

아울러 사람들이 관심을 두고 주로 땅 속으로 들어가 채굴採掘하는 鑛石(광석)[16]이 있다. 鑛石은 '경제적經濟的 가치價値가 있는 광물[鑛]을 함유含有하고 있는 암석[石]'을 말하는데, 그런 鑛石 가운데 가장 가치가 있게 여겨지는 것이 바로 金剛石(금강석)

이다.

金剛石의 金剛은 '金中最剛(금중최강)'의 줄임말로, '金中最剛'은 옛날 중국中國에서 매우 단단한 금속金屬이나 암석巖石을 일컫는 말이었다. 훗날 그 '金剛'을 덧붙여 다이아몬의 번역어飜譯語로 '金剛石'이란 말을 사용했다.

금강석

곧 다이아몬드가 金剛石인데, 金剛石은 寶石(보석)[17]의 일종一種이다. 하지만 金剛石은 실상實狀 숯과 똑같이 탄소炭素로 이뤄진 물질物質이다. '아주 단단하고 빛깔과 광택이 아름다우며 희귀한 보배[寶]가 되는 광석[石]'이 寶石이지만 보기에 따라 그냥 숯처럼 볼 수도 있는 것이다. 마찬가지로 寶石도 石자를 덧붙인 데서 알 수 있듯 그냥 돌로 볼 수도 있다.

숯과 다이아몬드

해서 일찍이 고려高麗 최영崔瑩 장군將軍의 아버지가 "황금[金] 보기를[見] 돌[石]같이[如] 하라"고 했는데, 이를 의미하는 말이 바로 見金如石(견금여석)[18]이다.

최영 장군 초상화

한데 매우 단단한 金剛石인 다이아몬드를 다듬는 데는 다이아몬드를 이용한다. 그처럼 단단한 옥돌을 다듬는 데도 옥돌을 사용한다.

他山之石(타산지석)[19]의 石이 바로 그 옥돌을 다듬는 돌과 관련이 있다. 他山之石은 '다른[他] 산의[山之] 돌[石]'이라는 의미로, 다른 산의 나쁜 옥돌이라도 자신自身의 옥돌을 가는 데에 쓸 수 있다는 데서 모범模範이 되지 않은 남의 말이나 행동도 자신의 지식知識과 인격人格을 수양修養하는 데 도움이 될 수 있음을 비유적比喩的으로 이르는 말이 되었다.

옥을 다듬는 모습

돌에서 막 바로 채취하는 것

나아가 돌과 관련해 그 표면表面에서 막 바로 채취採取하는 것도 있는데, 그것이 바로 石花(석화)[20]나 石耳(석이)[21]다.

돌에서 굴을 채취한 모양

石花는 그 모양이 '돌[石]에 핀 꽃[花]'처럼 보인 데서 비롯된 말로, '바다의 우유牛乳'라 하는 자연산自然産 굴을 이른다. 특히 굴을 채취한 뒤에 돌을 보면 흰 꽃이 핀 것처럼 보이기 때문에 그처럼 부른 것이다.

석이(버섯)

石耳은 버섯의 일종이기 때문에 다시 '버섯'을 덧붙여 '石耳버섯'이라 하기도 하는데, 깊은 산의 '큰 돌[石]에 붙어 귀[耳] 모양처럼 자라는 버섯'이라 하여 그처럼 불리고 있다. 石栮(석이)로 쓰기도 한다. 설사를 그치게 하고 더위를 막으며 허리 아픈 데 특효特效가 있는 버섯으로 알려져 있다. 흔히 잡채雜菜에 들어가는 목이木耳버섯과 비슷한 모양으로 생겼다.

'石榴'의 '石'은 국명과 관련

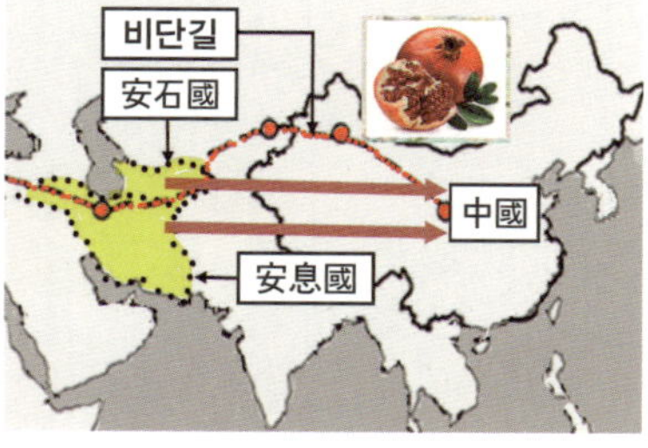

석류의 전파 과정

반면에 石자를 쓰고 있지만 돌과 관련이 없는 말이 과실果實인 石榴(석류)다.

오늘날 石榴의 원산지原産地는 이란으로 알려져 있다. 그 이란을 당唐나라 때에 안식국安息國이라 했고, 그 안식국과 접接하는 나라가 바로 安石國(안석국)이었다. 安石國은 오늘날의 우즈베키스탄과 투르크메니스탄 일대一帶를 말하는데, 그 일대에 있는 실크로드의 요충지要衝地 타슈켄트Tashkent(현재現在 우즈베키스탄의 수도首都)를 당나라 때에 石國이라고 했다. 그 石國을 통해 들어온 과일이 바로 石榴다. 결국 石榴의 '石'은 나라 이름과 관련된 말임을 알 수 있다.

석류 열매

돌과 관련이 없는 결석

아울러 石자는 몸 안의 장기臟器 속에서 생기는 돌처럼 단단한 물질物質을 이르는 말에도 쓰이고 있다. 그것이 바로 結石(결석)[22]이다.

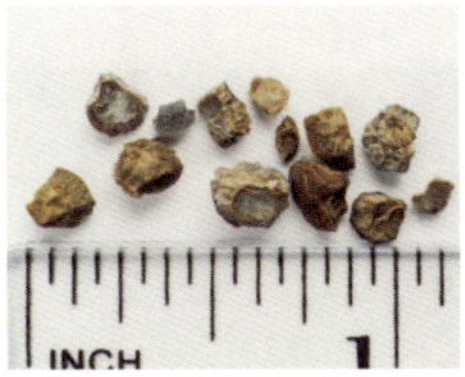

몸에서 나온 결석

結石은 '몸 안의 체액體液에 섞여 있는 물질物質이 이물異物의 표면表面 등에 맺히어[結] 돌[石]같이 단단해진 것'이다. 몸 여러 부위部位에서 생기는데, 생기는 부위에 따라 膽石(담석)[23]·尿石(요석)[24]·齒石(치석)[25] 등으로 구분된다.

膽石은 '쓸개[膽]에 돌[石]처럼 굳은 물질'을 말하고, 그것이 쓸갯길에 생기면 膽道結石(담도결석)이라 한다.

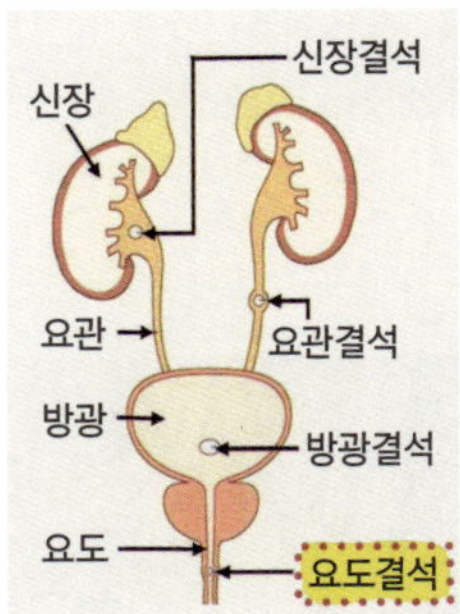

요도결석 관련 그림

尿石은 '오줌[尿] 성분의 일부가 요관尿管·방광膀胱·요도尿道에서 결정화結晶化하여 돌[石]처럼 굳은 물질'을 말하고, 그것이 모든 오줌길에 생긴 結石을 尿道結石(요도결석)이라 한다. 尿道結石은 산통産痛·대상포진帶狀疱疹과 더불어 '3대 통증질환痛症疾患'으로 꼽힐 만큼 극심極甚한 통증을 유발誘發하는 병病으로 알려져 있다.

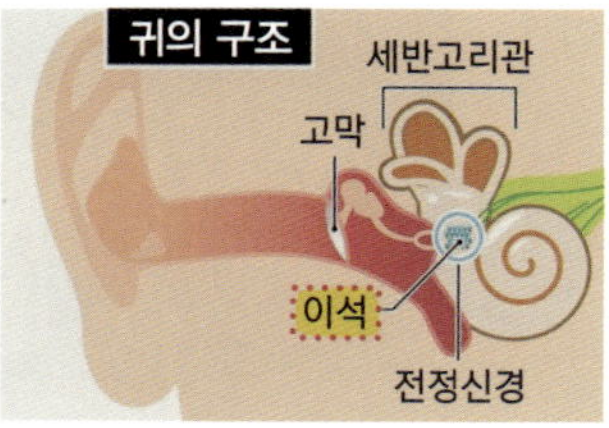

이석증 관련 그림

齒石은 '이[齒]의 표면에 맺히어 돌[石]처럼 굳은 물질'을 말한다. 뿐만 아니라 '귓속[耳]에 결석[石]이 존재하는 증세[症]'가 있는데, 이는 耳石症(이석증)[26]이라 한다.

돌을 던지는 행위

석전놀이(〈기산풍속도〉)

돌은 무기武器가 없을 때 던져서 상대相對를 해칠 수 있는 물체物體로 삼을 수 있다. 그렇게 '돌[石]을 던지는[投] 행위行爲'인 投石(투석)[27]으로 무기를 대신하던 역사歷史는 꽤 오래되었다. 그런 역사는 고구려高句麗 때에 대보름날 민간民間에서 행行했던 석전石戰놀이로도 엿볼 수 있는데, 이는 고려高麗와 조선朝鮮에서도 계속 행해졌다.

필자筆者 고향故鄕 춘향春香고을에서도 지금은 행하지 않지만 웃어른들이 젊었을 적에 요천蓼川이라는 냇가를 사이에 두고 건넛 마을 젊은이들과 '대보름날에 돌[石]을 던져[投] 벌이는 싸움[戰]'인 投石戰(투석전)[28]을 했었다는 이야기를 들은 바가 있다.

투석전을 벌였던 냇가 요천

그처럼 임진왜란壬辰倭亂 때 행주산성幸州山城에서 부녀자婦女子들이 행주치마에 나른 돌도 投石戰에 쓰기 위한 것이었다. 또 오늘날 성황당城隍堂 근처近處에서 볼 수 있는 돌무더기도 投石戰을 벌이기 위해 쌓아둔 것이었다.

돌무더기와 성황당

돌은 사냥을 할 때도 사용되었다. 一石二鳥(일석이조)[29]란 말이 그런 돌의 쓰임을 엿볼 수 있게 한다. 一石二鳥는

'하나[一]의 돌[石]로 두[二] 마리의 새[鳥]를 잡는다'는 의미의 말이기 때문이다. 一石二鳥는 동시同時에 두 가지 이득利得을 봄을 이르기도 하며, 달리 일거양득一擧兩得이라 하기도 한다.

한강

한데 싸우거나 사냥하기 위해 돌을 던지지 않고 의미 없이 던지는 돌과 관련된 말이 漢江投石(한강투석)[30]이다.

계란으로 바위를 친 상황

漢江投石은 '한강[漢江]에 돌[石]을 던지다[投]'라는 의미인데, 그렇게 돌을 던져 넣어도 漢江(한강)은 변變함이 없으니 지나치게 미미微微하여 아무런 효과效果가 미치지 못함을 이르기도 한다.

뿐만 아니라 以卵投石(이란투석)[31]은 '달걀[卵]로[以] 돌[石]에 던지다[投]'라는 의미로, 아주 약弱한 것으로 강强한 것에 대항對抗하려는 어리석음을 비유적比喩的으로 이른다. 이를 속담에서는 "계란으로 바위를 친다"라고 한다.

石자도 '단단하다'의 뜻과 관련

그처럼 以卵投石은 돌의 단단함과 관련된 말인데, 金石之交(금석지교)[32]나 金石盟約(금석맹약)[33]의 石자도 '단단하다'의 뜻과 관련이 있다. 돌은 쇠를 이용해 도구를 만들기 전까지 단단함을 대표하는 물질이었기 때문이다. 그렇게 단단한 두 물질과 관련해 金石之交이나 金石盟約이란 말이 만들어진 것이다.

金石之交는 '쇠[金]와 돌[石]처럼 변함이 없는 단단한 사귐[交]'을 의미하며, 金石之契(금석지계)로 바꿔 쓰기도 한다. 또 금란지교金蘭之交·관포지교管鮑之交·단금지교斷金之交·문경지교刎頸之交·지란지교芝蘭之交와 서로 통하는 말이기도 하다.

金石盟約은 '쇠[金]와 돌[石]같이 단단히 맹세하여[盟] 맺은 약속[約]'을 이른다. "순이는 양지바른 어느 봄날, 꽃을 꺾어 머리에 꽂아 주면서 어설프게 한 사랑의 약속을 금석맹약처럼 생각하여 평생을 가슴앓이를 했다"라는 글에서처럼 활용되고 있다.

舌 [혀 설] 가공스런 무기여

다물면 뵈지 않고
길대야 네 치寸인데

사람을 죽이기도
살리기도 하네그려

창검槍劍도
무색하구나
가공可恐스런 무기여

혀가 칼로 변한 모습

오정방吳正芳 시인詩人의 「혀」라는 시詩다. 시에서는 혀를 '가공스런 무기'로 표현했다. 혀가 그처럼 가공스런 무기가 될 수 있는 것은 혀를 통해 말을 하기 때문이다.

입은 재앙의 문

중국中國 오대십국시대五代十國時代의 정치가政治家 풍도馮道

도 바로 그런 혀를 소재素材로 「설시舌詩」라는 시詩를 남겼다.

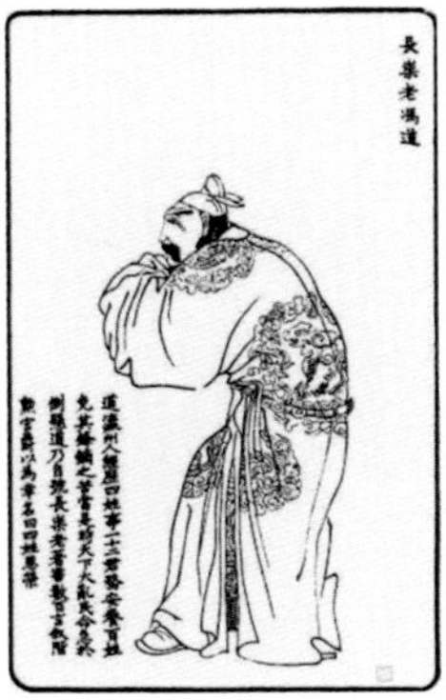
풍도 관련 그림

입은 재앙의 문이요(口是禍之門)
혀는 몸을 베는 칼이다(舌是斬身刀)
입을 닫고 혀를 깊이 간직하면(閉口深藏舌)
어디에서든 몸이 편안하리라(安身處處牢)

시에서처럼 입속의 혀를 조심操心해서였을까? 풍도는 50여 년 동안 다섯 왕조王朝인 후량後梁·후당後唐·후진後晋·후한後漢·후주後周에서 고관高官의 지위地位를 누리면서 벼슬살이를 했다.

나아가 말하는 혀가 얼마나 중요한지는 속담俗談을 통해서도 잘 살펴볼 수 있다. "혀 아래 도끼 들었다", "짧은 세 치 혀가 사람 잡는다", "혀 밑에 죽을 말 있다", "사람의 혀는 뼈가 없어도 사람의 뼈를 부순다"가 바로 그런 속담이다.

舌자는 혀가 입 밖으로 나온 상태

갑골문 舌자

금문 舌자

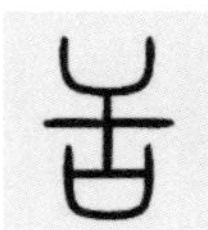
소전 舌자

갑골문 飮자

한자에서 舌[혀 설]자는 바로 그 '혀'를 뜻한다. 舌자는 갑골문 자형으로 살피면 飮[마실 음]자 갑골문 자형에서도 볼 수 있듯 사람의 혀가 입 밖으로 나온 상태에서 침이 튀기는 모양을 나타낸 한자로 보인다. 그 자형의 아랫부분은 사람의 입[口]으로, 윗부분의 갈라진 선線은 혀로, 점點들은 침으로 본 것이다. 갈라진 선으로 혀를 나타낸 것은 혀의 기능이 이리저리 움직이는 행위行爲인 '혀다(켜다)'와 관련이 있고, 그 움직임은 문자文字로 표현表現할 때에 선으로 나타낼 수밖에 없었기 때문이다. 그렇게 혀를 나타낸 데서 舌자는 '혀'의 뜻을 지니게 되었다.

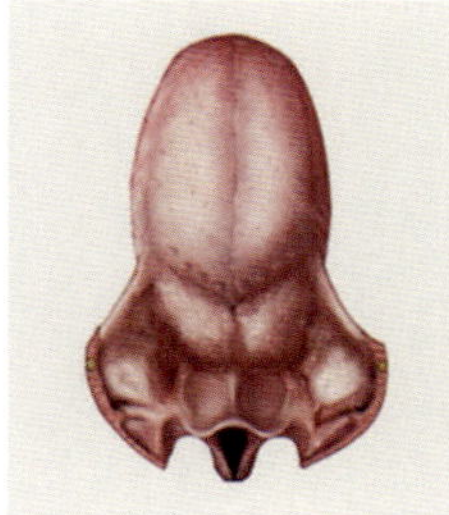

사람의 혀

혀의 역할이 중요하게 작용하는 발음

혀는 크게 두 가지 역할役割을 한다. 하나는 음식飮食의 맛을 느끼면서 골고루 씹는 데 도움을 주는 역할을 하는 것이다. 또 다른 하나는 말을 분명分明하게 하는 데 도움을 주는 역할을 하는 것인데, 특히 혀의 역할이 중요重要하게 작용作用하는 발음發音이 舌音(설음)[1]이다.

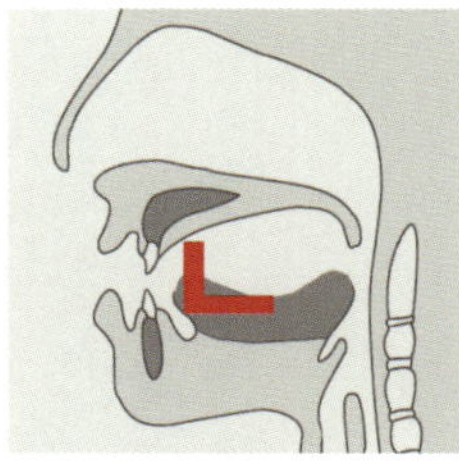

설음의 발음기관 단면도

舌音은 '혀[舌]끝과 잇몸의 사이에서 나는 소리[音]'로, 'ㄴ·ㄷ·ㅌ' 따위가 있다. 초성初聲과 종성終聲에 쓰이며, 기본음基本音인 'ㄴ'은 혀가 위로 구부러지면서 입천장에 닿는 모양을 본떠 만들어졌다.

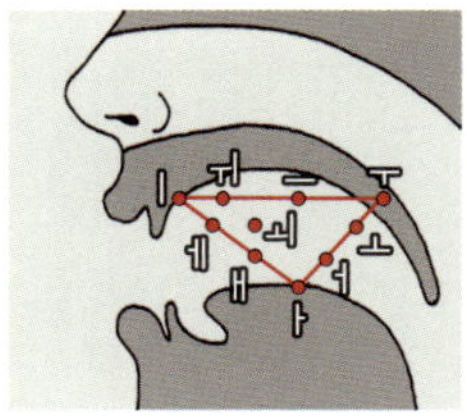

모음 삼각도 조음위치

'ㄴ'처럼 초성·종성에 쓰이는 자음子音과 달리 중성中聲에 쓰이는 모음母音은 발음되는 위치位置에 따라 전설모음前舌母音과 후설모음後舌母音으로 나뉜다. 그중에 'ㅏ·ㅓ·ㅗ 따위의 후설모음이 다음 음절音節에 오는 ㅣ나 ㅣ계系 모음의 영향을 받아 전설모음[前舌母音] ㅐ·ㅔ·ㅚ 따위로 변화하는[化] 현상現象'을 前舌母音化(전설모음화)[2]라 한다. 예컨대 '잡히다'가 '잽히다'로, '먹히다'가 '멕히다'로, '녹이다'가 '뇍이다'로 발음되는 따위를 말한다.

설태와 설암과 설합

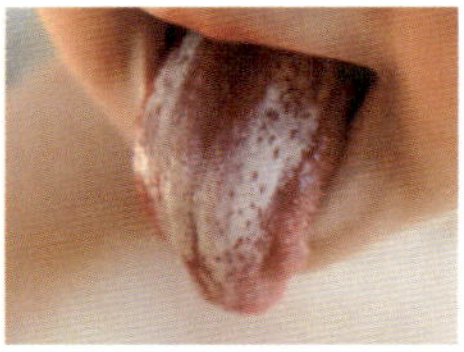

설태

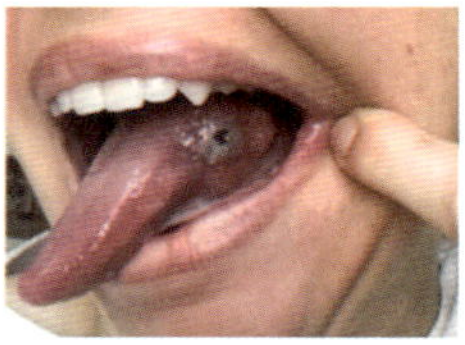

설암

밥과 반찬을 담은 나무 도시락

조선시대 활자서랍장

그 외에 舌자는 舌苔(설태)[3]와 舌癌(설암)[4]과 舌盒(설합)[5]에서도 그 쓰임을 엿볼 수 있다.

舌苔는 '혀[舌]의 표면에 생기는 이끼[苔]처럼 덮인 물질'을 말한다. 건강한 혀는 보통 엷은 분홍색 혹은 약간 흰색이 섞인 분홍색을 띠는데, 舌苔가 있으면 혓바닥의 전체全體 혹은 넓은 부위部位에 걸쳐 하얗게 혹은 검게 변하거나 털이 난 것처럼 보인다. 입 냄새의 가장 큰 주범主犯이 되므로 양치질을 할 때에 신경을 써서 잘 닦아줘야 하겠다.

舌癌은 '혀[舌]에 발생하는 암[癌]'으로, 대표적代表的인 구강암口腔癌에 속한다. 주로 음주飮酒나 흡연吸煙에 의해 발생發生하는 확률確率이 높다. 따라서 음주나 흡연을 자제自制하고 평소平素 구강 위생衛生에 신경神經을 써야 하겠다.

舌盒의 盒[합 합]은 음식飮食을 담는 운두가 높지 않은 그릇으로, 옛날 도시락과 같은 형태로 되어 있다. 그 모양이 마치 혀처럼 여겨지고, 舌盒欌(서랍장)에서 들고나는 방식이 입 밖으로 혀가 들고나는 것처럼 보인 데서 舌자와 합쳐져 舌盒이라 한 것이다. 한데 '책상이나 문갑 따위에 물건을 넣어두는 상자'인 舌盒은 오늘날 '서랍'으로 바뀌어 쓰이고 있다. 따라서 舌盒藏도 '서랍장'이라 하고 있다.

작설차와 용설란

또 舌자는 雀舌茶(작설차)[6]와 龍舌蘭(용설란)[7]에서도 그 쓰임을 엿볼 수 있다.

雀舌茶는 '참새[雀] 혀[舌]처럼 생긴 차나무 잎사귀로 만든 차[茶]'라는 의미로, 24절기二十四節氣 가운데 곡우穀雨에서 입하立夏 사이에 채취採取한 어린잎으로 만든 차를 말한다. 보통 빨리 잎을 채취한 차일수록 떫은맛이 적고, 감칠맛이 잘 조화調和되어 품질品質이 좋다고 알려져 있다. 반대로 잎을 채취한 시기가 늦어질수록 찻잎이 커지며 쓰고 떫은맛이 더해지지만, 수확량收穫量은 증가增加하기 때문에 상대적相對的으로 가격價格이 저렴低廉하다는 장점長點이 있다.

작설차를 만드는 찻잎

곡우 이전에도 찻잎을 채취해 차를 만드는데, 이를 '곡우穀雨'의 '우雨'자를 써서 '우전차雨前茶'라 한다. 더 나아가 곡우보다 앞선 절기인 청명淸明 전에 찻잎을 채취해 만든 차는 '청명淸明'의 '명明'자를 써서 '명전차明前茶'라 한다. 따라서 명전차를 만들고, 그 다음에 우전차를 만든 다음에 雀舌茶가 만들어진다는 것을 알 수 있다.

용설란

龍舌蘭은 '잎이 용[龍]의 혀[舌]를 닮은 난초[蘭]처럼 생긴 여

24절기

李節	二十四節氣					
春	立春입춘	雨水우수	驚蟄경칩	春分춘분	淸明청명	穀雨곡우
夏	立夏입하	小滿소만	亡種망종	夏至하지	小暑소서	大暑대서
秋	立秋입추	處暑처서	白露백로	秋分추분	寒露한로	霜降상강
冬	立冬입동	小雪소설	大雪대설	冬至동지	小寒소한	大寒대한

데킬라

러해살이풀'이란 의미로, 멕시코가 원산지原産地인 식물植物이다. 그 잎에서는 섬유纖維를 분리分離해 끈이나 천 등을 만들고, 뿌리는 데킬라tequila라는 술을 만드는 데 쓰이고 있다.

구설과 필설과 장광설

그 외에 舌자는 혀가 입 속에 있기 때문에 '입'을 뜻하는 口[입 구]자와 어울려 口舌(구설)[8]이란 말로도 쓰이고 있다. 口舌은 '입[口]과 혀[舌]'를 의미하며, 남의 입과 혀에 오른 시비是非하거나 헐뜯는 말을 이르기도 한다. 아울러 口舌數(구설수)[9]는 '남과 시비하거나 남에게서 헐뜯는 말[口舌]을 듣게 될 운수[數]'를 이른다.

또 筆舌(필설)[10]은 '붓[筆]과 혀[舌]'를 의미하며, 붓과 혀로 인한 글과 말을 이르기도 한다.

아울러 長廣舌(장광설)[11]은 한자 그대로 풀이하면 '길고도[長] 폭넓은[廣] 혀[舌]'를 의미하는데, 오늘날은 쓸데없이 장황하게 늘어놓는 말을 이르는 데 쓰이고 있다. 소위所謂 다변가多辯家의 말이기도 하지만 사족蛇足을 많이 다는 말을 이른다.

석가모니 탄생

원래 長廣舌은 불가佛家에서 나온 말로 알려져 있다. 태어나자마자 일곱 걸음을 옮긴 뒤 "천상천하유아독존天上天下唯我獨尊"을 외쳤다는 석가모니釋迦牟尼의 남다른 신체적身體的 특성特性이 32가지였는데, 그중에 유난히 길고 넓은 혀를 이른 것이다. 그런 혀를 가진 석가모니의 말은 원래 거침이 없고 어떤 말을 어느 누구에게 하더라도 논리論理가 정연整然한 표현이었다는 의미로 사용했다.

마치 가로[橫]로 말하든[說] 세로[縱]로 말하든[說] 어떤 말을 하더라도 이치理致에 맞는다는 의미인 횡설수설橫說竪說과 같은 말이었다. 하지만 오늘날 횡설수설이 조리條理가 없이 말을 이러쿵저러쿵 지껄인다는 부정적否定的 의미로 바뀐 것처럼 長廣舌도 부정적인 의미로 쓰이고 있다.

이상에서 口舌과 筆舌과 長廣舌의 舌자는 겉뜻으로는 '혀'로 풀이하지만 속뜻으로는 '말'로 풀이하고 있다. 혀는 말을 하는 데 중요한 역할을 하기 때문이다. 사람의 말을 잘 따라 하는 앵무새나 구관조九官鳥도 다른 새와 달리 혀가 발달發達되어 있기 때문이다.

말하는 구관조

설저유부나 사불급설

그처럼 舌자가 '혀'를 뜻하기도 하면서 '말'을 뜻하기도 하는 말로는 舌底有斧(설저유부)[12]나 駟不及舌(사불급설)[13]이 있다.

舌底有斧는 '혀[舌] 밑[底]에 도끼[斧]가 들어 있다[有]' 의미로, 말을 잘못하면 화禍를 불러일으키니 말을 늘 삼가라는 것이다. 사람의 근육筋肉 가운데 가장 큰 힘을 발휘發揮하는 혀를 조심操心해 '입이 보배'가 되도록 해야지 '입이 원수'가 되도록 하면 안 될 것이다.

사마가 끄는 수레

駟不及舌은 '네 마리 말[駟]이 끄는 빠른 수레도 사람의 혀[舌]에는 미치지[及] 못한다[不]'는 의미로, 소문所聞은 빨리 퍼지는 것이니 말을 조심해야 함을 이르는 말이다. 수레를 끄는 말은 다리로 달리지만 "발 없는 말이 천리에 간다(無足之言飛于千里)"는 속담俗談에서 보듯 말은 날개를 달고 날아가기 때문에 따라 잡을 수가 없다. 그렇게 말[馬]이 말[言]을 따라 잡을 수 없으니 조심하는 수밖에.

설전 · 설화 · 독설

舌자가 '말'의 뜻으로 쓰이는 말에는 舌戰(설전)[14]· 舌禍(설화)[15]· 毒舌(독설)[16] 등이 있다.

舌戰은 '말[舌]로 옳고 그름을 가리는 싸움[戰]'을 이르는데, 달리 '말다툼'이나 '입씨름'이라 하기도 한다.

舌禍는 '말[舌]을 잘못해 겪는 재앙[禍]'으로, 흔히 연설演說이나 강연講演 따위의 내용內容이 법률法律에 저촉抵觸되거나 타인他人을 노怒하게 하여 일어난다.

毒舌은 '남을 해치거나 비방誹謗하는 독한[毒] 말[舌]'을 이른다. 나아가 화가畵家·작가作家·건축가建築家·작곡가作曲家·미식가美食家처럼 어떤 분야에 '정통한 사람'을 뜻하는 데 쓰기도 하는 家[집 가]자를 덧붙인 毒舌家(독설가)[17]는 '독설[毒舌]을 잘하는 사람[家]'를 이른다. 이른바 가시가 돋친 말을 하는데, 냉정冷情히 생각해 보면 틀리지 않는 말을 하는 사람을 이르기도 한다.

小
[작을 소]

작은 것이 아름답다

작은 별꽃

아주 작은 꽃을 좋아한다. 눈에 잘 보이지 않는……. 그것도 추운 겨울을 보내고 막 풀린 언 땅을 뚫고 피어나는 작은 꽃. 그런 꽃 가운데 하나로, 이름도 예쁜 '별꽃'이 있다. 작지만 큰 꽃이 갖추고 있는 모든 것을 그 '별꽃'도 모두 갖추고 있다. 큰 것이 여러 가지를 갖추고 있는 것은 당연當然한데, 큰 것이 갖추고 있는 여러 가지를 그 작은 것도 모두 갖추고 있으니 신기神奇하지 않을 리 없다. 작은 것에도 큰 것과 똑같은 세계世界가 있다. 한데 대부분大部分의 사람들은 큰 것을 좋아한다.

흔히 큰 차, 큰 집을 선호選好하듯……. 더구나 다다익선多多益善이라고 많으면 많을수록 좋다며 그 밑바닥을 알 수 없는 욕심慾心을 낸다. 사람들의 이런 욕심이 지구地球를 병病들게 하고 있다.

『SMALL IS BEAUTIFUL』

그런 지구를 구救하기 위해 1973년 영국英國의 경제학자經濟學者 에른스트 슈마허E. F. Schumacher가 『작은 것이 아름답다(SMALL IS BEAUTIFUL)』라는 책을 써서 그 말이 한때 인구人口에 회자膾炙된 적이 있었다.

작은 것은 큰 미덕

경차를 탄 프란시스코 교황

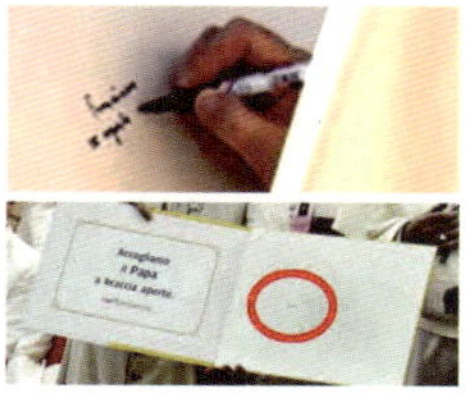
프란시스코 교황 서명

실제로 프란시스코Francesco 교황教皇이 2014년 우리나라를 방문訪問했을 때 큰 차를 마다하고 작은 차를 타고 다녔던 모습을 보면서 '작은 것이 아름답다'는 말이 틀린 것이 아님을 지켜볼 수 있었다.

교황은 우리나라 여러 단체團體를 방문해 방명록芳名錄에 서명署名을 할 때도 큰 종이에 늘 작게 썼다. 능히 크게 쓸 수도 있었는데 작게 쓴 것이다.

대개 사람은 욕심을 부려 크게 하려 하지 욕심을 내려놓고 작게 하려 하지 않는데, 작게 하려는 일은 아무나 할 수 없는 것이다. 자연自然이 수용收容할 수 있는 한계限界를 넘어서는 인간人間의 깊이를 알 수 없는 욕심으로 쓰레기가 넘쳐나는 세상世上에서 작은 것은 큰 미덕美德이라 하겠다.

小자는 곡물 알갱이(알맹이)처럼 작은 형태

갑골문 小자 금문 小자 소전 小자

그렇게 큰 미덕이 되는 것과 관련된 '작다'의 뜻을 지닌 한자는 小[작을 소]자다. 하지만 小자는 무엇을 나타냈는지 분명分明치 않다. 다만 예나 지금이나 사람에게 가장 특별特別한 존재存在가 먹는 것이니 쌀과 같은 작은 곡물穀物의 알갱이(또는 알맹이)를 간단히 세 개로 줄여서 나타낸 자형字形으로 보인다. 곡물의 알갱이는 작지만 하나의 생명

生命을 품고 있는 특별한 존재기 때문이다. 또 상대相對의 뜻을 지니는 大[큰 대]자가 사람 몸을 나타낸 것에 반反하여 小자는 사람 몸에 필요한 곡물을 나타낸 것으로 보인다.

갑골문 米자

곡물 알갱이

이를 갑골문 자형으로 살피면 곡물 알갱이(알맹이)처럼 작은 형태를 셋으로 줄여서 작은 선線으로 나타냈다. 그처럼 작은 형태를 나타낸 데서 小자는 뜻이 '작다'가 된 것이다.

작지만 확실한 행복, 소확행

우리 속담俗談에는 작아도 큰 것 못지않음을 이르는 말이 적지 않다. "작은 고추가 더 맵다", "후추는 작아도 진상에만 간다", "거미는 작아도 줄만 잘 친다", "제비는 작아도 강남을 간다", "개미는 작아도 탑을 쌓는다", "참새가 작아도 알만 잘 깐다", "작은 새 울음이 크다", "작은 도끼로 아름드리나무를 찍어 눕힌다", "작은 산이 큰 산을 가리 운다" 등이 바로 그런 말이다.

개미가 쌓은 탑

그렇게 작아도 큰 것 못지않음에 만족滿足해서일까? 2018년 한 조사기관調査機關의 설문조사設問調査에 '작지만[小] 확실한[確] 행복[幸]'이란 의미의 小確幸(소확행)[1]이란 말이 그 해 우리나라 유행어流行語 1위를 차지한 적이 있었다.

그 小確幸은 일본日本의 소설가小說家 무라카미 하루키むらかみはるき의 에세이 『랑게르한스 섬의 오후(ランゲルハンス島の午後)』에서 비롯된 말로, 산보散步하는 길가에서 날아다니는 노랑나

2018년 올해의 유행어

무라카미 하루키와
『랑게르한스 섬의 오후』

비를 볼 때나 아들의 유치원幼稚園 그림을 서랍 안에서 발견發見했을 때에 느끼는 행복幸福과 같이 바쁜 일상日常에서 느끼는 小小(소소)한 즐거움을 이른 것이다.

사실 행복은 강도强度가 아니라 빈도頻度에 좌우左右된다고 한다. 올림픽Olympics 금메달 하나는 은메달 몇 개에 해당該當하는지 질문質問해 본 결과結果 행복감幸福感이 높은 사람들은 평균 2.5개라고 답答한 반면 행복감이 낮은 사람들은 평균 6개라 답했다고 한다. 이는 행복한 사람은 상대적相對的으로 작은 은메달도 금메달처럼 크게 보지만 행복감이 낮은 사람은 큰 것만 크게 본다는 점을 시사示唆한다. 작은 것도 귀貴히 여기며 小確幸을 자주 경험經驗하는 사람이 큰 행복을 가끔 경험하는 사람보다 더 행복하다는 것이다.

욜로족과 백세족 관련 자료(농협)

한데 소비消費가 小確幸이라 여겨 한 번뿐인 자신自身의 인생人生을 위한다며 돈을 아끼지 않는 이들이 적지 않다. 그처럼 사고 싶은 것을 사고 싶은 대로 사는 소비도 잦으면 결국 '小確幸'의 '小'가 될 수 없음을 알아야 한다.

작은 말씀, 소설

또 小小(소소)한 행복과 관련된 '小確幸'의 '小'자와 같은 뜻으로 쓰이는 말에 小說(소설)이 있다. 小說은 한자漢字로 '작다'의 小자와 '말씀'의 說[말씀 설]자를 쓰고 있기에, 한자 그대로 풀이하면 '작은[小] 말씀[說]'이 된다. 한데 사상思想이나 감정感情을 언어言語로 표현表現하는 예술작품藝術作品인 문학文學 장르 가운데 小說은 시詩나 수필隨筆에 비해 훨씬 문장文章의 호흡呼吸이 긴 문학 장르에 속한다.

박경리 선생과 육필원고와 『토지』 21권

예컨대 박경리朴景利 선생先生이 쓴 小說 『토지土地』의 경우는 1969년에 발표發表를 시작始作해 1994년까지 26년에 걸쳐 쓰였는데, 그 분량分量이 무려無慮 200자 원고지原稿紙로 4만여萬餘 장張이나 된다. 그럼에도 불구不拘하고 小說에 小자를 덧붙인 것에 이해利害가 되지 않는 이들이 적지 않을 것이다.

사실 小說의 小자는 분량의 길이와 관련되어 덧붙인 것이 아니라 小說 속에 등장登場하는 인물人物의 삶과 관련해 小小한 내용을 담고 있다는 데서 '小小하다'의 小자를 덧붙인 것이다.

원래 小說은 길거리에 떠도는 소소한 말인 가담항설街談巷說과 도청도설道聽塗說로 이뤄졌던 중국中國 고대古代 문학文學의 한 양식樣式에서 비롯된 말이다. 결국 小說은 '분량이 작은 말씀'이 아닌 '소소한[小] 내용을 담은 말씀[說]'이란 의미로 쓰인 것이다.

작은 사람, 소인

小자의 다양多樣한 뜻의 쓰임은 小人(소인)[2]이란 말에서도 살펴볼 수 있다.

小人은 대인大人의 상대相對가 되는 의미를 지니기도 하고, 거인巨人의 상대가 되는 의미를 지니기도 하며, 군자君子의 상대가

놀이동산 매표소

『걸리버 여행기』 삽화

되는 의미를 지니기도 한다.

대인大人의 상대가 되는 小人은 '나이가 어려 작은[小] 사람[人]'을 의미한다. 흔히 나이에 따라 입장료入場料를 다르게 받는 매표소賣票所 같은 곳에서 쓰이는 말이다.

거인巨人의 상대가 되는 小人은 '키나 몸집 따위가 작은[小] 사람[人]'을 의미한다. 흔히 동화童話에 등장하는, 인간人間 형태를 한 사람보다 작은 캐릭터를 말한다. 『걸리버 여행기Gulliver's Travels』에 등장하는 小人들이 바로 그런 사람들이다.

군자君子의 상대가 되는 小人은 '도량度量이 작은[小] 사람[人]'을 의미한다. 의義로움을 행하는 군자와 달리 '이로움만 탐하는 마음 씀씀이가 작은[小] 사람[人]의 무리[輩]'를 이르는 小人輩(소인배)[3]란 말에 활용되고 있다. 결국 小人輩의 小人은 군자의 상대말로 쓰인 것이다. 한데 小人輩의 상대말로 오늘날 大人輩(대인배)라는 말을 쓰는 이들이 있다. 大人輩(대인배)는 표준국어사전標準國語辭典뿐만 아니라 다른 사전에도 등재登載되어 있지 않은 말로, 만화漫畵에서 만들어낸 신조어新造語다.

그 외에 小人은 신분身分이 낮은 사람이 자기보다 신분이 높은 사람을 상대하여 자기를 낮춰 이르던 일인칭一人稱 대명사代名詞로도 쓰이고 있다. "이 여자만 살려 주시면 소인 머리털을 뽑아 신을 삼아 드리겠습니다요『타오르는 강(문순태)』"와 같은 글에서처럼 쓰인다.

나아가 小人은 신장身長 발육發育이 부족不足해 '표준標準보다 훨씬 키가 짧고[矮] 작은[小] 증상[症]'인 矮小症(왜소증)[4]을 가진 난쟁이를 이르기도 하는데, 난쟁이는 사전에 "기형적으로 키가 작은 사람을 낮잡아 이르는 말"이라 했다. 또 장애인복지법障碍人福祉法에서는 성장成長이 멈춰 키 145cm 이하以下인 남자男子 성인成人과 140cm 이하인 여자女子 성인이라 했다. 이들은 오늘날 지체장애肢體障碍 6급級 장애인으로 분류分類하고 있다.

단신과 장신의 사람

작다'는 '크다'의 상대

'작다'는 '크다'의 상대相對가 되는 말이다. 따라서 小자는 '크다'의 뜻을 지닌 大[큰 대]자와 어울려 쓰이는 말이 적지 않은데, 그런 말 중에 集小成大(집소성대)[5]· 大同小異(대동소이)[6]· 小貪大失(소탐대실)[7]· 針小棒大(침소봉대)[8]가 비교적 자주 쓰이고 있다.

'집소성대' 관련 공익광고

集小成大는 '작은[小] 것을 모아서[集] 큰[大] 것을 이루다[成]'라는 의미로, '작은[小] 것을 쌓아[積] 큰[大] 것을 이루다[成]'라는 의미의 積小成大(적소성대)와 같은 말이다. 이를 속담으로는 "티끌 모아 태산"이라 한다.

大同小異는 '크게[大] 같고[同] 작게[小] 다르다[異]'라는 의미로, 큰 차이差異 없이 거의 같음을 이르는 말이다. 결국 '피장부아장부彼丈夫我丈夫'의 줄임말인 '피장파장'이나 '오십보백보五十步百步'와 같은 말이고, 우리말로 '도긴개긴'과 같은 말이다. 속담으로는 "도토리 키 재기"나 "그 나물에 그 밥"이며, 달리 "거기서 거기"나 "그 놈이 그 놈"과 통하는 말이기도 하다.

小貪大失은 '작은[小] 것을 탐하다[貪] 큰[大] 것을 잃다[失]'

라는 의미로, 달리 교각살우矯角殺牛와 통하는 말이다. 또 "빈대 잡으려다 초가삼간 태운다"는 속담과 비슷한 의미의 말이기도 하다.

針小棒大는 '바늘[針]만한 작은[小] 것을 몽둥이[棒]처럼 크다[大]고 하다'라는 의미로, 곧 작은 일을 크게 과장誇張하여 말함을 이른다.

여대야소의 21대 국회 정당 의석수

그 외에 정국政局 상황을 두고 하는 말인 與小野大(여소야대)[9]나 與大野小(여대야소)[10]에서도 小자와 大자의 쓰임을 엿볼 수 있다.

與小野大는 '여당[與]이 작고[小] 야당[野]이 크다[大]'는 의미로, 대통령大統領을 배출輩出한 정당政黨인 여당與黨의 의석수議席數가 야당野黨과 무소속無所屬 의원議員의 의석수보다 적은 상황狀況을 말한다.

반면에 與大野小는 '여당[與]이 크고[大] 야당[野]이 작다[小]'는 의미로, 여당의 의원 수가 야당과 무소속 의원의 수보다 많은 상황을 이른다.

'작은'의 뜻을 더하는 접두사

그 외에 小자는 말의 맨 앞에 덧붙여지면서 '작은'의 뜻을 더하는 접두사接頭辭로도 흔히 쓰이고 있다.

小規模(소규모)·小學校(소학교)·小文字(소문자)·小劇場(소극장)·小公演(소공연)·小宇宙(소우주)·小市民(소시민)·小冊子(소책자)·小

講堂(소강당)·小題目(소제목)·小行星(소행성)·小單元(소단원)·小括弧(소괄호)·小道具(소도구)·小資本(소자본)·小公園(소공원) 등의 많은 말에서 小자가 그처럼 쓰이고 있다.

아울러 '쇠가마우지·쇠고래·쇠기러기·쇠깔깔매미·쇠뒤지·쇠딱다구리·쇠뜸부기·쇠물닭·쇠물푸레나무·쇠박새'에 덧붙여진 '쇠'도 '작은'의 뜻을 더하는 접두사로 쓰인 小자의 음 '소'에서 비롯되었다. 동물動物이나 식물植物 가운데 덩치가 크면 그 명칭名稱에 흔히 '말-'이나 '한-'을 앞에 붙여 쓰지만 덩치가 작으면 小자에서 비롯된 '쇠-'를 붙여 쓰고 있는 것이다.

손바닥 위의 쇠뒤지(땃쥐)

小자는 '적다'와 '조금'과 '낮다'의 뜻으로도

뿐만 아니라 小자는 그 의미가 확대되어 小食(소식)[11]이나 小隊(소대)[12]에서처럼 '적다'의 뜻으로도 쓰이고, 小麴酒(소국주)[13]나 小康狀態(소강상태)[14]에서처럼 '조금'의 뜻으로도 쓰이며, 大小人員(대소인원)[15]에서처럼 '낮다'의 뜻으로도 쓰이고 있다.

따라서 小食은 '적게[小] 먹다[食]'라는 의미고, 小食主義者(소식주의자)는 적게 먹으면 경제적經濟的 이익利益은 물론勿論 건강健康 증진增進과 두뇌頭腦 계발啓發에 있어서도 도움이 된다고 주장主張하는 사람을 이른다.

소식하고(좌) 포식한(우) 동갑의 원숭이

小隊는 '적은[小] 인원이 모인 무리[隊]'를 의미하는데, 주로 군대軍隊 편성編成 단위單位의 하나로 쓰이고 있다. 분대分隊의 위, 중대中隊의 아래에 편성

된 조직組織이다. 대개 위관급尉官級 중위中尉나 소위少尉가 지휘指揮를 맡는다.

한산소곡주

하마비

小麴酒는 '누룩[麴]을 조금[小] 넣어 만든 술[酒]'로, 찹쌀로 밑을 담가서 잘 익힌 막걸리의 한 가지를 이른다. 충청남도忠淸南道 서천군舒川郡 한산韓山에서 나는 것이 특特히 유명有名하다. 소곡주素麯酒라 하기도 하며, 달리 '앉은뱅이 술'이라 한다. 한번 마시기 시작하고 나면 앉은뱅이처럼 자리에 주저앉아 일어나지 못한다 하여 '앉은뱅이 술'이라 한 것이다.

小康狀態는 '조금[小] 편한[康] 상태[狀態]'라는 의미로, 소란騷亂하던 세상世上이 조금 안정安定된 상태를 이른 말이었다. 이상적理想的 사회社會인 대동사회大同社會 다음의 차선次善 사회에서 볼 수 있다.

大小人員은 '높고[大] 낮은[小] 모든 사람[人]을 합친 관원[員]'을 이르는데, 하마비下馬碑 등에서 사용하는 말이다. 대개 하마비에는 "大小人員皆下馬(대소인원개하마)"라 적혀 있는데, 이는 대소인원[大小人員]은 다[皆] 말[馬]에서 내려라[下]라는 의미다.

小자는 첩, 소인, 겸양의 뜻을 나타내는 접두어

아울러 小자는 小室(소실)[16]이나 小生(소생)[17]에서처럼 '첩'이나 '소인(자기의 겸칭)'의 뜻으로도 쓰이며, 小官(소관)[18]이나 小宴(소연)[19]에서처럼 '겸양謙讓의 뜻을 나타내는 접두어'로도 쓰이고 있다.

小室은 '정식正式 아내인 정실正室 외에 첩[小]으로 데리고 사는 아내[室]'를 말하고, 小生은 '말하는 이가 자기를 낮추어 소인[小]이 되는 사람[生]'을 말한다.

小官은 '겸양하여 관리[官]가 자신을 이르는 말'이고, 小宴은 '작은[小] 잔치[宴]'를 이르기도 하지만 겸양하여 자신이 차린 잔치를 이르기도 하는 말이다.

水 [물 수] 만물의 근원은 물

그리스 철학자 탈레스

우주에서 본 지구와 달의 뒷면

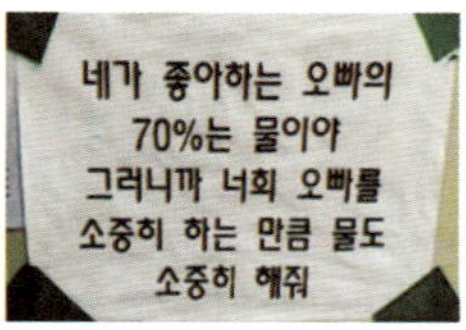

여고 급수대 문구

그리스 철학자哲學者 탈레스Thales는 "만물萬物의 근원根源은 물"이라고 했다. 오늘날 '만물의 영장靈長'이라 하는 사람도 몸의 70%쯤이 바로 그 물로 이뤄져 있다. 사람 몸 안에 고여 있는 피와 땀, 눈물 모두가 물이다. 게다가 사람이 사는 지구地球 표면表面도 70% 이상이 물로 이뤄져 있다.

1961년 인류人類 최초最初 우주인宇宙人이 된 러시아의 유리 가가린Yurii Gagarin은 우주宇宙에서 맨 처음 바라본 지구에 대해 "지구는 푸른빛이었다"라고 말했는데, 지구가 푸른빛인 것도 바다의 물 때문이다.

따지고 보면 바로 그 바다의 물에서 지구 모든 생명체生命體가 비롯되었다. 사람이 세상에 나기 전 어머니가 잉태孕胎해 생명체를 품고 있는 양수羊水로 이뤄진 공간도 바다의 물과 같다. 그렇게 사람은 물이 없으면 존재存在할 수 없고, 생존生存할 수가 없다. 곧 사람과 더불어 생명체가 지구에 존재할 수 있는 것은 바로 물이 있기 때문이다.

물은 '블루 골드'

'물로 보지마' 항의 문구

한때 "나를 물로 보지 마!"라는 말이 적잖게 유행流行한 적이 있었다. 그렇게 "물로 보지 마"는 '사람을 하찮게 보거나 쉽게 생각하지 마라'는 의미로 사용하는 관용구慣用句가 되었다. 이는 물이 흔하고, 단단하지 않은 데서 비롯된 표현表現이다.

또 그런 비슷한 의미의 말에 "물 쓰듯 하다"가 있다. 이는 물이 많다고 하찮게 생각하고, 헤프게 쓰는 것을 말한다. 물을 소중히 여기지 않는 사람들이 적지 않음을 알게 해 주는 관용구라 하겠다.

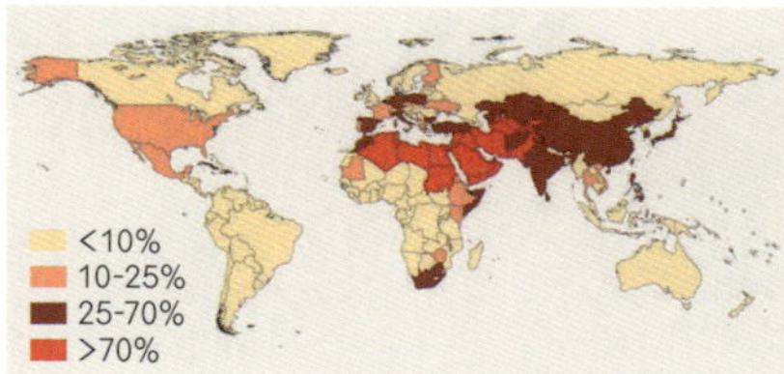

세계 물 부족 지역지도
(2019 UN 세계물개발보고서)

그 같은 관용구에서의 인식認識이 그동안 우리나라 사람들의 '물'에 대한 문화文化였다. 그런데 어느 사이에 우리나라는 '물 부족不足 국가'로 향해 가고 있다.

이제 물은 '블루 골드Blue Gold'가 되었다. 저명著名한 미래학자未來學者 앨빈 토플러Alvin Toffler는 "20세기가 석유의 시대였다면 21세기는 물의 시대"라고 언급言及하면서 물 부족 현상現狀으로 물값이 원유가격原油價格만큼 상승上昇할 수 있을 것이라는 주장主張을 내놓았다. 물이 석유만큼 귀貴한 자원資源으로 바뀐다는 것이다. 따라서 물은 이미 수자원水資源이 되었다.

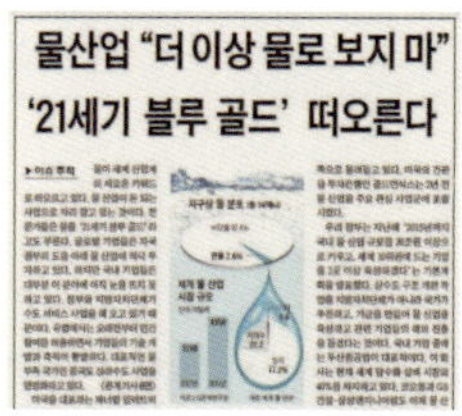
물산업 "더 이상 물로 보지 마"
'21세기 블루 골드' 떠오른다

2008년 5월 16일 『중앙일보』 물 관련 기사 일부

水자는 물이 흐르는 모양

한자에서 水資源(수자원)의 水[물 수]자는 바로 그 블루 골드인

갑골문 水자

금문 水자

소전 水자

'물'을 뜻한다. 한데 물은 일정하게 고정된 형태가 없다. 둥그런 그릇에 담아 놓으면 둥그렇고, 네모난 그릇에 담아 놓으면 네모날 뿐이다. 그런 물을 나타내기 위해 옛날 사람들은 흐르는 물로 표현했다. 흐르는 물은 뱀이 기어다니는 것처럼 이리저리 구부러진 모양으로 위에서 아래를 향해 흐르며 살아 움직이기 때문이다.

태극기 감괘

실제로 갑골문이나 금문 水자도 그처럼 나타내고 있다. 자형 가운데 획劃은 깊은 곳에서 구부러져 흐르는 물줄기로, 그 주변 짧은 획은 얕은 곳에서 구부러져 흐르는 물줄기로 나타낸 것이다. 그 자형은 마치 태극기太極旗에서 '물'을 상징象徵하는 감괘坎卦와 같은 형태形態다. 따라서 水자도 바로 그 감괘처럼 뜻이 '물'이 되었다.

水자는 '내'나 '강'을 뜻하기도

은하수

水자는 흐르는 물을 나타냈기에 그런 곳과 관련된 '내'나 '강'을 뜻하기도 한다.

견우牽牛와 직녀織女를 갈라놓은 銀河水(은하수)의 水자가 '내'의 뜻으로 쓰였다. 銀河水를 '내'를 써서 순우리말로 '미리내'라고 하는 데서 이를 알 수 있다. 실제로 銀河水는 밤하늘에 남북南北으로 길게 냇물처럼 분포分布한 항성恒星의 무리를 말한다. 게다가 '미리내'의 '미리'는 물과 관련이 있다.

반면에 한강漢江의 옛 이름인 阿利水(아리수)에서 水자는 '강江'을 뜻한다. 오늘날은 한강에서 취수取水한 수돗물의 브랜드 이름으로 쓰이고 있다.

수돗물 '아리수' 홍보 포스터

하지만 오늘날 水자는 '내'나 '강'뿐만 아니라 그 의미意味가 확대擴大되어 자연계自然界에 호수·바다·지하수 따위의 형태形態로 널리 분포分布하는 액체液體인 물을 가리키는 데도 사용使用되고 있다.

음료수는 애초에 분명 맹물

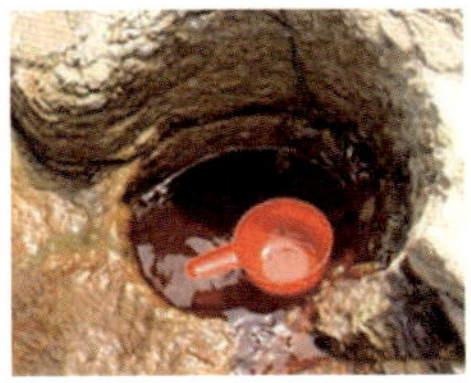
강원도 양양의 오색약수

옛날 봉이鳳伊 김선달金先達이 대동강大同江 물을 팔아먹었다는 이야기가 있지만 1990년대年代 이전以前까지 우리나라에서 물은 집 밖에서도 돈 내고 사먹는 것이 아니었다. 하지만 오늘날은 어디서든지 목이 마르면 돈 내고 어려움 없이 물을 사 마시고 있다.

시판하는 여러 종류의 생수

그렇게 사 마시는 물을 흔히 生水(생수)[1]라 하는데, 生水는 사전辭典에 '샘구멍에서 솟아 나오는[生] 맑은 물[水]'로 풀이하고 있다. 또 生水로 '약[藥]의 효과가 있는 물[水]'이면 藥水(약수)[2]라 하고, '비교적 많은 양量의 광물질[鑛]을 함유含有하고 있는 샘[泉]에서 나는 물[水]'이라면 鑛泉水(광천수)[3]라 하기도 한다. 영어英語로는 미네랄워터Mineral Water라 부르는데, 미네랄이 광물질鑛物質을 뜻하기 때문이다.

시판하는 여러 종류의 음료수

그처럼 요즘 生水는 자연自然에서 나는 사람이 식용 가능한 날것 그대로의 물, 그중에서도 시판市販되어 상품商品으로 판매販賣되는 '먹을[食] 수 있는 물[水]'인 食水(식수)[4]로 흔히 인식認識되고 있다.

한데 食水는 달리 飮用水(음용수)[5]라 할 수 있다. 또 '마시는[飮] 용도[用]의 물[水]'인 飮用水는 '마시는[飮] 재료[料]가 되는 물[水]'인 飮料水(음료수)[6]와 같은 말이라 할 수 있다.

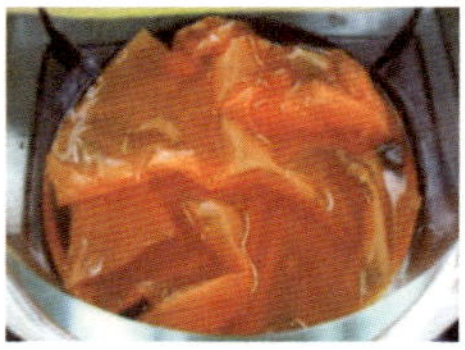

음료수로 물들인 옷감

문제問題는 오늘날 飮料水의 水가 그냥 물이 아닌 데 있다. "'음료수에 그릇을 씻으면 어떻게 해요?' 외치는 소리가 등 뒤에서 귀가 따갑게 울려온다『태백산맥(전광용)』"의 글에서처럼 飮料水는 애초에 분명 맹물과 같은 물이었는데, 오늘날 사람들이 갈증渴症을 해소解消하기 위해 사 먹는 飮料水는 대부분 당분糖分이 다량多量으로 함유含有된 마실 거리로 변했기 때문이다. 특히 오늘날 飮料水는 맹물이 아닌 설탕물, 그것도 합성착향료合成着香料와 타르색소tar色素가 범벅된 물이라 할 수 있다.

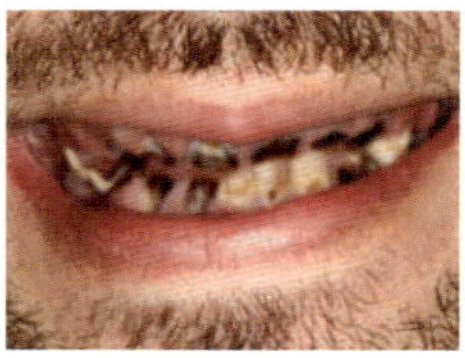

하루 8리터 콜라 마신 사람의 치아

곧 오렌지 주스와 같은 飮料水는 진짜 오렌지보다 더 오렌지 향香이 나도록 향료香料를 쓰고, 흰 옷감을 담가 두면 오렌지색으로 물들 정도로 색소色素를 쓰고 있다. 그런 飮料水는 과용過用하면 치아齒牙 등에 좋을 리가 없으니 자제自制함이 좋겠다.

'정안수'는 '정화수'를 잘못 쓴 것

예전에는 食水를 주로 우물에서 떠다 먹었고, 어머니들은 이른 새벽에 아무도 다녀가지 않은 우물에서 맨 먼저 물을 길어다가 부뚜막에 놓아두고 부엌의 신神인 조왕신竈王神에게 가족家族의 평안平安을 빌면서 치성致誠을 드리기도 했다. 그때의 물이 바로 井華水(정화수)[7]다.

치성을 드리는 모습

대중가요大衆歌謠 〈전선야곡〉에 보면 "가랑잎이 휘날리는 전선의 달밤 … 정안수 떠놓고서 이 아들의 공비는 어머님의 흰머리가 눈부시어 울었오 아 쓸어안고 싶었오"라고 했는데, 가사歌詞에 '정안수'는 '정화수'를 잘못 쓴 것이다.

'정화수'는 한자로 井華水인데, '우물[井]에서 길어 온 빛나는[華] 물[水]'이라는 의미다. 그 우물의 이른 새벽 물은 밤새 땅 속의 깊은 곳에서 우러나온 정기精氣가 배인 것으로, 신神을 감동感動시킬 수 있을 만큼 빛나는 물이기에 井華水라 한 것이다.

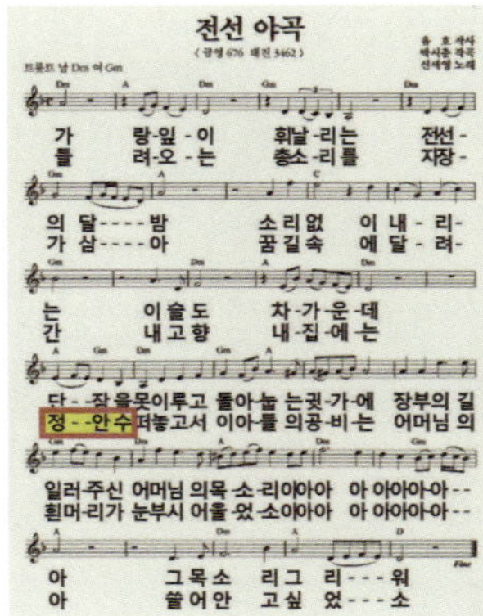

〈전선 야곡〉의 악보

해수와 담수와 기수

지구상地球上에는 '바다[海]의 물[水]'인 海水(해수)[8]가 97.2% 차지하고 있으며, 그 외에 빙하氷河가 2.15%, 지하수地下水가 0.62% 차지하고 있다. 그러고 나서 호수湖水나 하천河川처럼 사람들이 쉽게 이용할 수 있는 물의 양量은 전체全體의 0.03%에 불과不過하다.

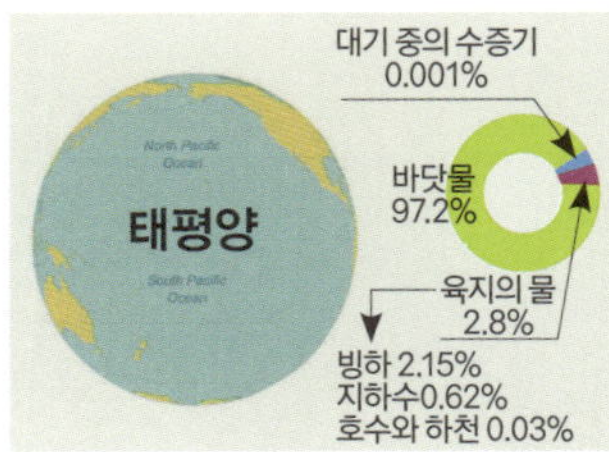

지구상의 물 분포 비율 관련 자료

지구상의 물이 5리터라고 하면 곧바로 이용할 수 있는 민물은 찻숟가락 하나 분량分量에 지나지 않는 것이다. 그런 민물은

담수와 함수가 만나는 기수 지역

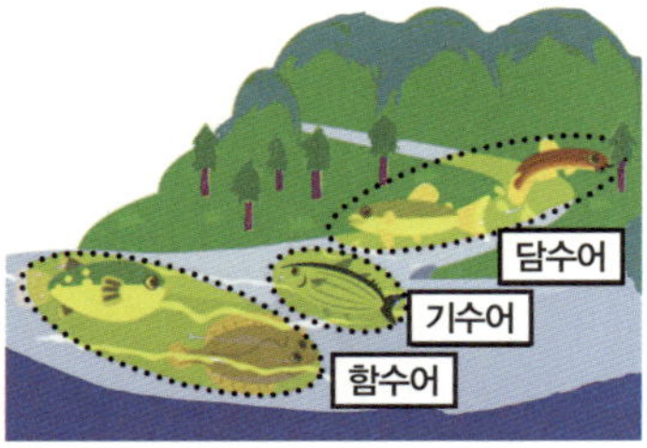

담수와 기수와 해수 관련 그림

변산 격포해수욕장(채석강)

'염분鹽分이 없는 담백한[淡] 물[水]'이기에 淡水(담수)[9]라고도 하는데, 생명체生命體가 생존生存하기 위해 마실 수 있는 물이다. 반면에 海水는 '염분의 농도濃度가 높은 짠[鹹] 물[水]'이기에 鹹水(함수)[10]라 하기도 하는데, 물이 짜서 사람이나 짐승이 마시는 데 부적합不適合하다.

또 淡水와 鹹水가 섞여 염분이 적은 물은 汽水(기수)[11]라 하는데, '김[汽]이 나게 끓일 때의 모양처럼 보이는 물[水]'이라 하여 汽[김 기]자를 덧붙인 것으로 보인다. 강어귀에 있는 바닷물에서 볼 수 있다.

물고기는 淡水에서도, 鹹水에서도, 汽水에서도 사는데, 사는 물에 따라 淡水魚(담수어)와 鹹水魚(함수어)와 汽水魚(기수어)로 구분해 이른다. 鹹水魚는 海水魚(해수어)라 하기도 한다.

나아가 바다 물에서 노니는 海水魚처럼 사람도 무더운 여름철에 '바다[海] 물[水]에 몸을 씻고[浴] 노니는 일'인 海水浴(해수욕)[12]을 즐긴다. 아울러 그런 '해수욕[海水浴]을 할 수 있도록 환경環境과 시설施設이 잘 갖추어진 곳[場]'이 바로 海水浴場(해수욕장)[13]이다.

한데 우리나라에서 海水浴은 여름에 국한局限된 명칭名稱이다. 여름이 아닌 봄이나 가을이나 겨울에는 海水浴을 하지 않기 때문이다. 따라서 海水浴場이란 말도 여름에 국한된 명칭이 될 수밖에 없다. 사람들이 사계절四季節 내내 찾는 곳으로 명명命名한다면 해변海邊이라 함이 마땅하다 하겠다. 하지만 워낙 오랫동안 해수욕장이라는 말이 사람들에게 익히 사용되었던 명칭이라 해변으로 바꿔 부르기 쉽지 않은 상황이다.

배산임수와 장풍득수와 산남수북

세계 4대 문명의 발상지

세계世界 4대四大 문명文明의 발상지發祥地가 강江과 관련된 데서 알 수 있듯 예부터 사람들은 물을 가까이하며 살았다. 사는 데 물이 없으면 안 되기 때문이다. 이는 짐승에게도 마찬가지인데, 사람들은 그처럼 물이 필요해 물가를 찾는 짐승을 쉽게 잡을 수도 있었다. 뿐만 아니라 물가에서 조개나 물고기를 잡아먹을 수도 있기 때문에 물과 가까이하며 살았다. 곧 물이 풍부豊富한 곳에 생물生物도 풍부했던 것이다.

하지만 홍수洪水로 인해 물의 피해被害를 입을 수 있기에 '지대地帶가 높은 산[山]을 등지고[背] 물[水]이 내려 보이는[臨] 지형地形'인 背山臨水(배산임수)[14]의 곳에 주로 살았다. 대개 그런 곳은 '산이 바람[風]을 숨기면서[藏] 물[水]을 쉽게 얻을[得] 수 있는 장소場所'가 되는데, 그곳이 바로 藏風得水(장풍득수)[15]의 지형이다. 그처럼 '바람[風]과 물[水]을 따져 집터나 묏자리 따위의 좋고 나쁨을 알아내는 술법이나 사람'을 이르는 風水(풍수)[16]라는 말은 바로 그 藏風得水를 줄인 말이다.

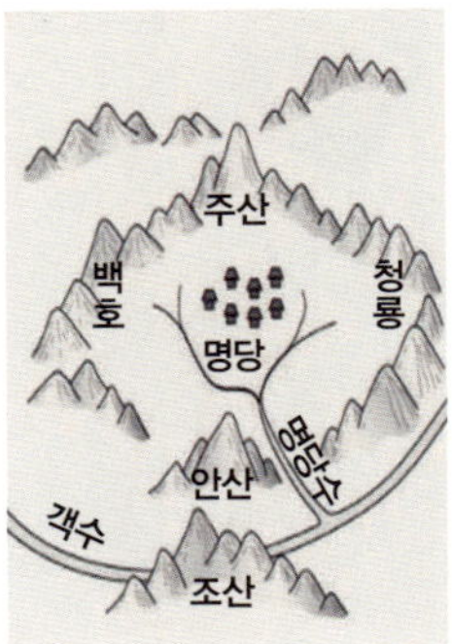

'장풍득수' 관련 그림

또 藏風得水의 지형으로 '산[山]의 남녘[南]이면서 물[水]의

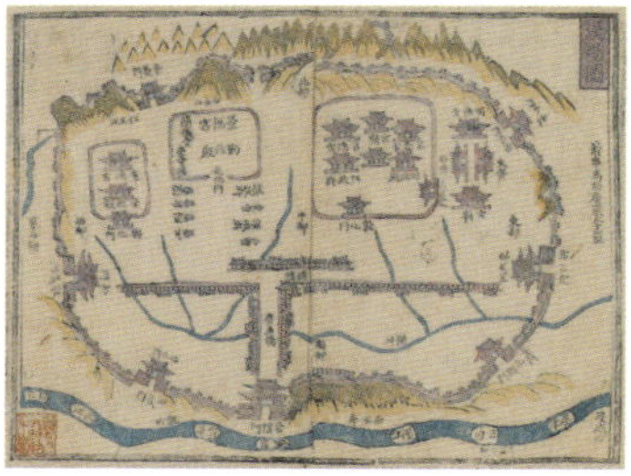

「한양도」(위백규)

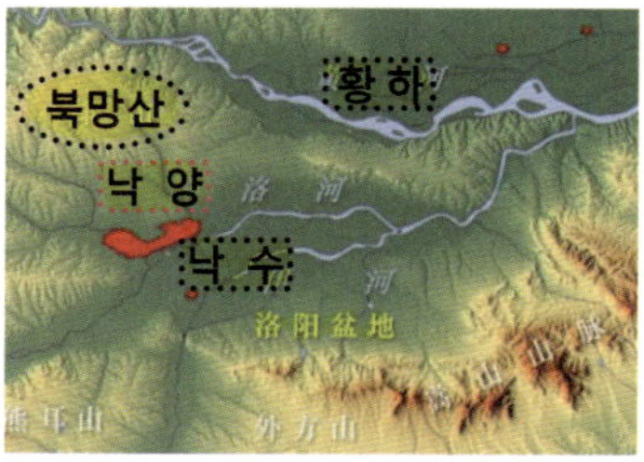

북망산과 낙양과 낙수 지형도

북녘[北]이 되는 곳'인 山南水北(산남수북)[17]의 장소에 볕이 잘 드는 곳을 한자로 이를 때는 陽[볕 양]이라 한다. 지명地名 가운데 陽(양)이 덧붙여지면 대부분 山南水北의 지형과 관련이 있다.

예컨대 漢陽(한양)은 삼각산三角山인 북한산北漢山의 남녘과 아리수阿利水인 한강漢江의 북녘에 위치位置하기에 陽자를 써서 漢陽이라 했다. 그처럼 丹陽(단양)·靑陽(청양)·密陽(밀양)·光陽(광양)·襄陽(양양)·咸陽(함양)·潭陽(담양)도 마찬가지 지형에서 비롯되었다.

또 중국中國의 洛陽(낙양)도 북망산北邙山의 남녘과 낙수洛水의 북녘에 위치해 있기에 陽자를 덧붙였다.

수평과 수직

세탁기 수평계

물은 앞서 언급言及했듯 사람의 눈으로 볼 때에 일정一定한 형태形態를 지니고 있지 않지만 지구地球 중력重力의 방향方向과 직각直角을 이루는 방향으로 기울지 않고 언제 어디서나 평평平平한 상태狀態를 이루는 특징特徵을 갖고 있다. 따라서 그런 상태는 水자와 함께 '평평하다'의 뜻을 지닌 平[평평할 평]자를 써서 水平(수평)이라 한다.

또 水平으로 이뤄진 水面(수면)의 위치나 높이와 관련된 말인 '수준'이나 '수위'의 '수'도 水자를 써서 水準(수준)과 水位(수위)로 쓰고 있다. 나아가 水準은 사물事物의 질質이나 가치價値 따위의 기준基準이 되는 일정一定한 표준標準이나 정도程度를 의미意味하기도 하고, 水位는 어떤 일이 진행進行되는 정도를 비유적比喩的으로 이르기도 한다.

수직추 사용 모습

반면反面에 중력重力 방향方向으로, 실에 추錘를 달아 드리울 때 실이 나타내는 방향인 '수직'의 '수'는 垂[드리울 수]자를 써서 垂直(수직)으로 쓴다.

급수공덕과 상선약수와 지자요수

바다를 표류하는 구명보트

항해航海 중에 불운不運하게 조난遭難 당해 표류漂流하는 사람에게 가장 고통苦痛이 되는 것은 물로 가득한 그 드넓은 바다에서 정작 마실 물이 없는 것이라 한다. 음식飮食은 한 달 정도 먹지 않아도 어느 정도 버틸 수 있지만 물은 3일만 마시지 못해도 탈진脫盡하고 생명生命이 위태로워지기 때문이다. 70% 가량이 물로 구성되어 있는 사람 몸은 고작 2%만 물이 손실損失되어도 심한 갈증渴症을 느끼게 된다. 더 나아가 5% 이상以上 손실되면 의식意識이 희미稀微해지고, 10% 이상 손실되면 사망死亡할 수도 있다.

그러니 목마른 사람에게 '물[水]을 길어[汲] 주는 공로[功]와 덕행[德]'인 汲水功德(급수공덕)[18]은 비록 쉽고도 간단簡單한 일이나, 남을 위爲하는 의미意味있는 선행善行이라 할 수 있다.

또 그렇게 사람에게 중요重要한 물에 대해 논論한 노자老子 『도덕경道德經』의 유명有名한 말이 있다. '가장 위[上]가 되는 선

[善]은 물[水]과 같다[若]'라는 의미의 말인 上善若水(상선약수)[19] 가 그것이다. 물을 이 세상世上에서 으뜸가는 선善의 표본標本으로 여기어 일렀는데, 그 물은 만물萬物을 이利롭게 하면서도 다투지 않고 항상 낮은 곳으로 처處하여 마침내 넓은 바다를 이룬다. 또 청탁淸濁을 불문不問하고 서로 섞여 합쳐지며, 어떤 그릇에도 담긴다. 그럼에도 바위를 뚫는 인내와 끈기를 지니기도 한다. 그런 물의 덕성德性을 본本받아 살면 허물이 없다 함을 이른 말이 바로 上善若水인 것이다.

반기문 전 UN 총장의
오바마 대통령 생일선물

2015년年 당시當時 반기문潘基文 유엔UN 사무총장事務總長이 미국美國 대통령大統領 버락 오바마Barack Obama에게 선물膳物한 액자額子의 휘호揮毫도 바로 上善若水였다.

지혜로운 사람은 물을 좋아하고

안동 백운정 '이요문'

나아가 물과 관련해 불가佛家에서 비롯된 汲水功德이나 도가道家에서 비롯된 上善若水와 달리 유가儒家에서 비롯된 말에 知者樂水(지자요수)가 있다.

공자孔子는 『논어論語』에서 "知者樂水(지자요수) 仁者樂山(인자요수)[20]"라 했다. 이는 '지혜로운[知] 사람[者]은 물[水]을 좋아하고[樂], 어진[仁] 사람[者]은 산[山]을 좋아한다[樂]'라는 의미다. 곧 지혜로운 사람은 사리事理에 통달通達하여 사방四方으로 흘러 막힘이 없는 것이 물과 같아 물을 좋아하는 것이고, 어진 사람은 의리義理를 편便히 여겨 중후重厚함이 변하지 않는 것이

산과 같아 산을 좋아하는 것이라 했다.

그러나 산을 좋아한다고 어질지만은 않고, 물을 좋아한다고 지혜롭지만은 않을 것이다. 산이 높으면 골이 깊어 그 골로 물이 흐르니 산[山]과 물[水]을 가릴 것이 없이 山水(산수)를 가까이 하는 이들은 모두 어질고 지혜로운 사람이 아닐까 싶다.

LY06-23. 子曰
자子께서 말씀하셨다.
知者樂水하고 仁者樂山하나니
"지혜로운 사람은 (내나 강의) 물을 좋아하고, 어진 사람은 산을 좋아하니,
知者動하고 仁者靜하며
지혜로운 사람은 움직이고 어진 사람은 고요하며,
知者樂하고 仁者壽니라
지혜로운 사람은 즐기고 어진 사람은 오래 산다."

공자 초상화

'지자요수' 관련 자료
(문자학으로 배우는 논어)

手 [손 수] 손이 부끄러워서

김상옥 의사

왼쪽은 김상옥金相玉 의사義士가 자신 생애生涯 마지막에 남긴 사진寫眞이다. 의사는 1923년에 수많은 독립운동가獨立運動家가 상상想像하기도 힘든 고문拷問을 당했던 당시 일본日本 경찰警察의 심장부心臟部 종로경찰서鐘路警察署에 폭탄爆彈을 던졌다. 그리고 일경日警과 격전激戰을 벌이다 끝내 자결自決하셨다.

그런 의사가 의거義擧를 행行하기 전前에 찍은 마지막 사진에는 뒷짐을 지고 있다. 손을 보이지 않게 찍은 것이다. 왜일까? '나라를 뺏기고 아무 것도 못하는 손이 부끄러워서'였다고 한다.

손은 그렇게 무언가 의미意味 있는, 생산적生産的인 활동活動을 하는 데 사용되는 신체身體의 일부一部인 것이다.

손은 제2의 뇌

상상想像해 보자. 유감遺憾스런 상황狀況이지만 두 발을 쓸 수 없는 사람과 한 손을 쓸 수 없는 사람 가운데 누가 더 온전穩

全해 보일까? 살다 보면 그 두 사람처럼 사고事故로 두 발을 못 쓸 수도, 한 손을 못 쓸 수도 있다. 이때 딱 보기에 한 손을 못 쓰는 사람이 더 온전한 것처럼 보인다. 하지만 이 두 사람이 먹고살기 위해 생산적인 활동을 한다면 누가 더 할 수 있는 일이 많을까?

장애 관련 아이콘

두 발을 못 쓰는 사람이 더 할 수 있는 일이 많다. 어차피 앉아서 일하면 비장애인非障碍人과 두 손으로 일하는 건 마찬가지기 때문이다. 이렇게 손은 사람 생존生存에 있어 발보다 더 비중比重이 크다는 것을 알 수 있다.

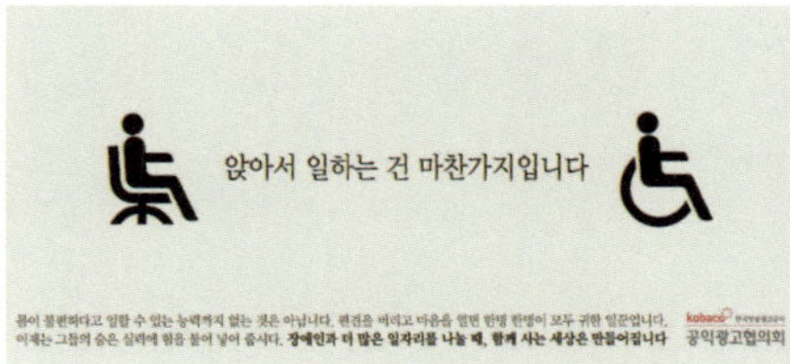

장애 인식 관련 공익광고

그 손은 제2의 뇌腦다. 몸 밖의 두뇌頭腦다. 독일獨逸의 철학자哲學者 칸트Kant는 손을 "눈에 보이는 뇌의 일부"라고 했다. 손은 육체肉體의 부속품附屬品이 아니라 정신精神의 도구道具인 것이다. 그 손의 뼈는 27개로, 두 손에는 54개 뼈가 있다. 이는 성인成人 온몸 206개 뼈 가운데 4분의 1이 넘는다. 손이 전신全身에서 차지하는 부위部位는 아주 적지만 그에 비해 뼈의 수가 무척 많음을 알 수 있다. 그처럼 손에 뼈가 많으니 자유로운 동작動作이 가능한 것이다.

따라서 지구상地球上의 동물動物 가운데 엄지손가락과 새끼손가락을 자유롭게 서로 맞붙일 수 있는 존재存在도 사람뿐이다. 웃자고 하는 말이지만, 만일 주변周邊 사람들 가운데 이 동작動作이 안 되는 사람이 있다면 그는 바로 사람의 탈을 쓴 동물임이 틀림이 없다. 그렇게 손은 사람을 다른 동물과 구별區別짓게 하는 요소要素인 것이다.

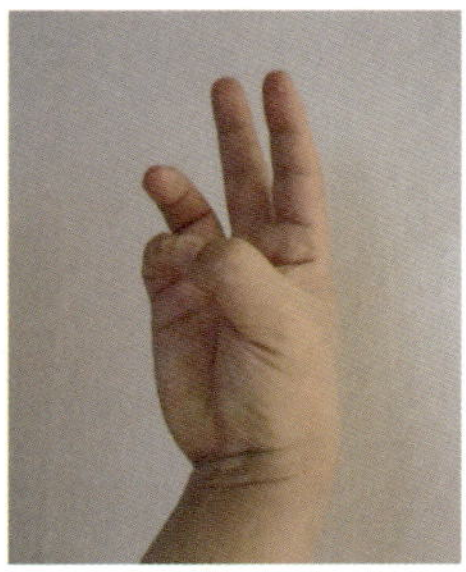

맞붙인 양 끝 손가락

금문 手자

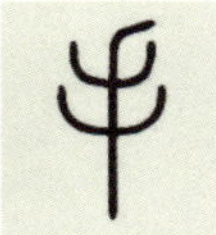
소전 手자

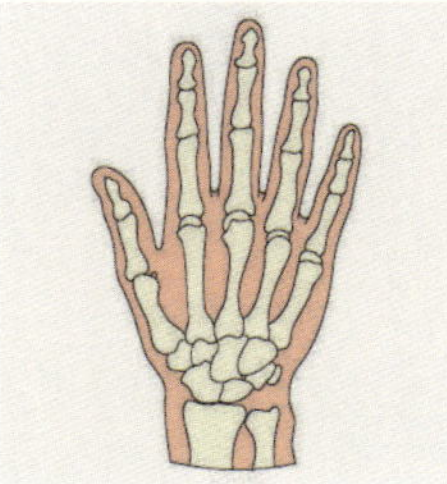
사람의 손

手자는 다섯 손가락과 손목을 나타낸 형태

바로 그 '손'을 뜻하는 한자인 手[손 수]자는 금문에 다섯 손가락과 손목을 선線으로 간략히 나타낸 형태로 쓰이고 있다. 그렇게 손을 나타낸 데서 '손'의 뜻을 지니게 된 것이다. 갑골문에서는 手자 자형을 볼 수 없는데, 이는 사용 어휘語彙가 많지 않았던 당시에 단순히 손과 관련된 뜻이라면 오른손에서 비롯된 又[또 우]자로 손을 나타냈기 때문으로 보인다.

갑골문 又자

쌍수와 섬섬옥수와 마수

쌍수를 든 사람

손은 다시 왼손과 오른손으로 구분區分된다. 그처럼 '둘로 한 쌍[雙]을 이루는 손[手]'을 雙手(쌍수)[1]라 한다. 따라서 "쌍수를 들어 환영한다" 하면 두 손을 들어 환영한다는 말이 된다.

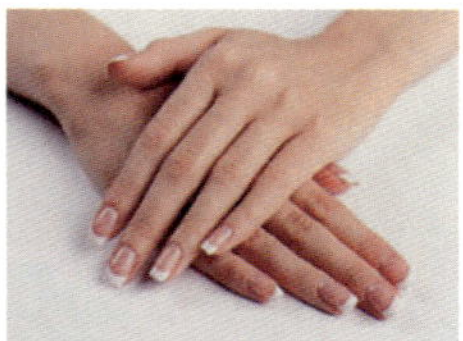
가냘프고 고운 여자의 손

또 '가늘고[纖] 가는[纖] 옥[玉] 같은 손[手]'은 纖纖玉手(섬섬옥수)[2]라 하며, 이는 가냘프고 고운 여자女子의 손을 이른다. 중국中國 속담俗談에 "열 손가락에 일생의 길흉이 있고, 백년의 영화가 달려있다"라는 말이 있는데, 대체로 손가락이 가늘고 긴 사람은 지혜智慧가 있다고 여겼다. 따라서 오늘날에도 손가락이 길게 보이도록 즐겨 손톱을 기른다고 한다.

아울러 '요사스럽고 못된 마귀[魔]처럼 음험하고 흉악한 손

[手]'은 魔手(마수)[3]라 한다. 달리 '검은손'이라 하는데, "마수를 뻗치다" 하면 사람을 속여 이용利用하거나 해害치려고 음흉陰凶하고 흉악凶惡한 속셈으로 접근接近한다는 의미다.

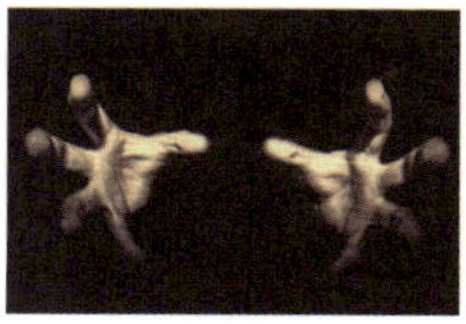

마수 관련 이미지

천수관음상과 불수감

그 외에 불가佛家에서 중생衆生이 갖가지 고통苦痛을 받고 있을 때, 여러 모습模襲으로 변變하여 나타나 중생을 어려움에서 벗어나게 하거나 복덕福德을 얻게 해 주는 보살菩薩을 이르는 千手觀音(천수관음)[4]도 손과 특별特別한 관련關聯이 있다.

흥천사 금동천수관음보살좌상

千手觀音은 '천[千] 개의 손[手] 갖기를 발원發願하여 이뤄진 관음[觀音]'으로, 손이 구제救濟의 힘이 끝없음을 나타내기 때문이다. 곧 지옥地獄의 고통에서 벗어나게 해 주며, 소원所願을 이뤄주는 손인 것이다. 바로 그런 생김새의 불상佛像은 千手觀音像(천수관음상)이라 한다. 또 '부처[佛]의 손[手]을 닮았다는 귤[柑]과 같은 운향과芸香科 나무의 열매'는 佛手柑(불수감)[5]이라 한다. 佛手柑을 본뜨거나 새겨 넣은 무늬는 아들을 많이 낳고 복福을 많이 받으며 오래 살기를 기원祈願하는 의미로 사용되고 있다.

불수감

불수감 무늬 그릇

백수건달과 공수래공수거

아울러 手자가 '손'의 뜻으로 쓰이는 말에는 白手(백수)[6]도 있다. 국어사전國語辭典에 白手는 "아무것도 끼거나 감지 아니한 손"이라 했으나 또 다른 국어사전에 보면 "아무것도 갖고 있지 않는 손"이라 했다. 흔히 '희다'의 뜻을 지닌 白[흰 백]자를 덧붙이고 있으니 아무것도 하지 않아 깨끗해 보이는 '흰 손'으로 알고 있는 이들이 적지 않으나 사전은 달리 풀이하고 있는 것이다.

사실 白手의 白자는 '희다'의 뜻 외에 白痴(백치)·白熟(백숙)·白丁(백정)·白兵戰(백병전)·白沸湯(백비탕)·和白會議(화백회의)의 白자처럼 '없다'의 뜻을 지니기도 하는데, 그처럼 白手의 白자도 '없다'의 뜻으로 쓰였다.

건달바

따라서 白手는 '아무것도 없는[白] 손[手]'을 말한다. 나아가 白手는 돈 한 푼 없이 빈둥거리며 놀고먹는 乾達(건달)인 白手乾達(백수건달)에서 그 쓰임을 엿볼 수 있다.

白手乾達의 '乾達'은 본래 불교용어佛敎用語인 乾達婆(건달바)에서 비롯되었다. 乾達婆는 수미산須彌山 남쪽 금강굴에 살며, 향香을 먹고 허공虛空을 날아다니면서 노래만 즐기는 제석천帝釋天의 음악音樂을 관장管掌하는 신神이다. 하는 일 없이 노래만 즐기기 때문에 마찬가지로 빈둥빈둥 놀거나 게으름을 피우는 사람을 일컬어 乾達이라 하게 되었다.

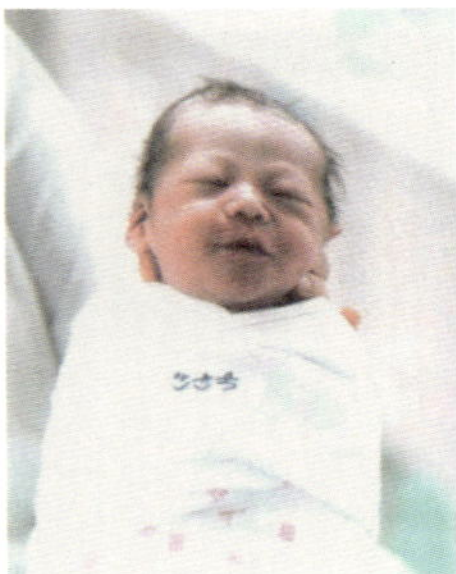

갓 태어난 아이

또 白手와 비슷한 말이 空手(공수)다. 空手도 '아무것도 가진 것이 없는 빈손[空手]'을 의미하는 말이기 때문이다.

흔히 사람은 이 세상世上에 때어날 때 빈손으로 왔다가 죽어서 저세상에 빈손으로 간다고 한다. 그처럼 '빈손[空手]으로 왔다가[來] 빈손[空手]으로는 가다[來]'라는 의미의 말이 空手來空手去(공수래공수거)[7]로, 이는 재물財物에 욕심慾心을 부릴 필요必要

가 없음을 이른다.

빈손으로 왔다는 삶의 출발점出發點은 누구나 무소유無所有로부터이기에 세상에 태어나 맨 처음 입는 옷인 배냇저고리에는 주머니가 없다. 한데 빈손으로 간다는 삶의 마지막에 입는 수의壽衣에도 주머니가 없다. 무언가 욕심껏 가지고 저세상으로 갈 수 없다는 것이다.

'공수거' 관련 공익광고

그처럼 없이 왔다가 없이 가는데 살아생전生前에 돈 버는 데만 연연戀戀해 하는 이들이 적지 않다. 물론 먹고사는 데 돈이 필요하다. 하지만 돈은 삶의 수단手段이 되어야지 목적目的이 되어서는 안 된다. 그저 할 일이 돈 버는 일밖에 없는 사람들이나 돈을 목적으로 삼아 세상을 사는 것이다.

세수와 세면

손으로 직접 식사하는 모습

손으로 할 수 있는 일은 헤아리기 힘들 정도로 많으며, 그중 손으로 할 수 있는 대표적代表的인 일이 식사食事다. 그처럼 식사를 할 때에 우리나라 사람은 수저를 사용하지만 일부 다른 나라에서는 손으로 직접 하기도 한다. 식사 도구道具는 아무리 씻어도 도대체 얼마나 많은 사람의 입속에 들어갔는지 알 수 없지만 손은 자신 입 외에 다른 사람 입에 들어간 적이 없기 때문이다. 그처럼 손으로 직접 식사하는 이들에게 손 씻는 일은 중요할 것이다. 손에는 오만五萬 가지 세균細菌 덩어리가 묻어 있기 때문이다. 혹여 발 닦은 수건手巾으로 손을 닦으면 손사래를

'세수' 관련 공익광고

치는 사람들이 적지 않은데, 사실 손보다 발이 더 깨끗하다고 한다. 사방四方을 돌아다니면서 손이 수많은 세균을 만지는 동안에 발은 가만히 신발 속에만 있기 때문이다.

그처럼 발보다 더 오염汚染된 손은 물에 잘만 씻어도 질병疾病 70%를 예방豫防할 수 있다. 조사調査에 의하면 교육敎育을 많이 받은 사람일수록 손을 더 자주 씻는다고 하는데, 아마도 교육을 통해 손 씻는 일이 건강健康한 삶에 도움이 된다는 것을 알기 때문일 것이다.

한데 교육을 많이 받은 사람도 정작 洗手(세수)[8]와 洗面(세면)[9]을 구분區分하지 않고 사용하는 이들이 적지 않다. 아이들에게 "세수를 하라" 하고, 낯을 씻지 않으면 왜 낯을 씻지 않았느냐 하는 경우가 있기 때문이다. 하지만 洗手는 한자로 '洗[씻을 세]'자와 '手[손 수]'자다. 곧 '손[手]을 씻다[洗]'라는 의미가 洗手인 것이다. 반면反面에 '洗[씻을 세]'자와 '面[낯 면]'자가 합쳐진 말인 洗面이 '낯[面]을 씻다[洗]'라는 의미다.

세수 洗手 명
낯을 씻음.

'세수'의 뜻

洗手 세수 명
얼굴을 씻음.

'洗手'의 뜻

왼쪽 자료資料에서도 보듯 사전辭典에서도 洗手를 "낯을 씻음", "얼굴을 씻음"으로 풀이를 하고 있으니 적지 않은 이들이 두 말의 쓰임을 구분하지 못하고 있는 것이다. 한자를 아는 이라면 마땅히 구분해 써야 하겠다.

수공업 · 수제품 · 수신호 · 수작업

아울러 '손[手]을 사용하여 생산하는 작은 규모의 공업[工業]'

을 이르는 手工業(수공업)[10], '손[手]으로 만든 제품[製品]'을 이르는 手製品(수제품)[11], '손[手]으로 보내는 신호[信號]'를 이르는 手信號(수신호)[12], '손[手]으로 하는 작업[作業]'을 이르는 手作業(수작업)[13], '손[手]으로 들 수 있는 화물[貨物]'을 이르는 手貨物(수화물)[14], '손[手]으로 움직이는[動] 방식[式]'을 이르는 手動式(수동식)[15], '손[手]으로 만든[製] 신[靴]'을 이르는 手製靴(수제화)[16], '손[手]으로 쳐서[打] 늘이는 면[麵]'을 이르는 手打麵(수타면)[17]에서도 手자가 '손'의 뜻으로 쓰이고 있음을 엿볼 수 있다.

수타면을 만드는 모습

手자는 '사람'의 뜻을 지니기도

나아가 手足(수족)[18]이 '손[手]과 발[足]'을 아울러 이르는 말이기도 하지만 자기의 손이나 발처럼 마음대로 부리는 사람을 비유적으로 이르는 말이기도 한 것처럼 手자는 '사람'의 뜻을 지니기도 한다. 게다가 手자는 손이 다른 동물과 분명하게 구분되는 부위部位이면서 사람만 자유자재自由自在로 쓰기 때문에 그런 뜻을 지니게 되었다.

歌手(가수)·選手(선수)·木手(목수)·投手(투수)·捕手(포수)·射手(사수)·敵手(적수)·下手(하수)·弓手(궁수)·助手(조수)·國手(국수)·熟手(숙수)·遊擊手(유격수)·狙擊手(저격수)·喇叭手(나팔수)·消防手(소방수)·操舵手(조타수)·舞踊手(무용수)·彈藥手(탄약수)·外野手(외야수)·小銃手(소총수)·運轉手(운전수)·守備手(수비수)·攻擊手(공격

궁수의 모습

야구 포지션 명칭

수)·左翼手(좌익수)·內野手(내야수)·中堅手(중견수)·交換手(교환수)·吹打手(취타수) 등에 쓰인 手자가 바로 그런 뜻으로 쓰이고 있다.

다만 한글로 기수·포수·고수를 한자로 쓸 때에 旗手(기수)와 騎手(기수), 砲手(포수)와 捕手(포수), 高手(고수)와 鼓手(고수)는 서로 잘 구분해 써야 한다. 이상以上의 말로 살펴보면 대체로 손이 어떤 활동活動을 하는지에 따라 어떤 일을 하는 사람인지 결정決定된다는 것을 알 수 있다.

手자는 '솜씨', 또는 '수단'이나 '방법'의 뜻을 지니기도

엄지족의 모습

오늘날 빠른 속도速度로 문자文字 메시지를 전송電送하거나 정보情報를 검색檢索하는 엄지족이 대폭적大幅的으로 증가增加하고 있지만 연필 한 자루, 사과 한 개 깎지 못하는 사람도 적지 않다. 칼에 다칠까 봐 아예 사용使用하려 하지 않았기 때문이다. 극단적極端的인 말이지만, 사실 칼로 다치지 않으려면 태어나지 말아야 한다. 게다가 칼로 손을 베이기보다 종이에 손을 베이는 경우가 더 많다. 칼을 사용해 보는 것 자체自體가 배움의 한 과정過程이 되는 것이라 여겨야 한다. 넘어져 봐야 자전거自轉車를 배울 수 있듯.

연필이나 사과를 깎는 것처럼 손을 놀려 무언가 처리處理하거나 만드는 것을 이르는 '솜씨'는 '손'과 태도態度나 모양模樣의 의미를 지닌 접미사接尾辭 '씨'가 합쳐진 '손씨'에서 비롯된 말이다.

예전에 한 외국外國의 선교사宣敎師가 우리나라 아이들이 젓가락으로 콩자반을 먹으면서 한 알도 흘리지 않는 것을 보고 "저건 식사가 아니라 곡예"라며 감탄感歎했다는 일이 있었는데, 곡예曲藝는 솜씨 있는 재주를 의미한다.

젓가락으로 콩자반을 집는 모습

그처럼 손으로 솜씨 있는 재주를 발휘發揮할 수도 있고, 어떤 목적目的을 이루는 데 손이 수단手段과 방법方法이 되어주므로 手자는 '솜씨'나 '재주', 또는 '수단'이나 '방법'의 뜻을 지니기도 한다.

'손[手]'과 손에 이어진 '팔뚝[腕]'을 뜻하는 두 한자가 어우러진 手腕(수완)이란 말이 바로 '일을 꾸미거나 치러 나가는 재주(솜씨)'의 의미로 쓰이는 것도 그 때문이다. "학급과 학교 당국 사이에 대립이 있을 땐 언제나 학급의 편에 유리하도록 멋지게 해결하는 수완을 부렸다『지리산(이병주)』"나 "현도가 장삿길에 나선 지도 이미 5, 6년, 장사 수완도 어지간히 능란해진 모양이었다『북간도(안수길)』"의 글에서처럼 활용되고 있다.

또 바둑 등에서 자주 사용하는 말인 妙手(묘수)·强手(강수)·惡手(악수)·上手(상수)·訓手(훈수)·應手(응수)·單手(단수)·自充手(자충수)·無理手(무리수)·勝負手(승부수)·强硬手(강경수)의 手자도 모두 그런 뜻으로 쓰이고 있다.

바둑을 두는 모습

그 외에 手자는 '자기의 생활生活이나 체험體驗을 손수[手] 기록한다[記]'는 말인 手記(수기)[19]나 '남의 아래[下]에서 손수[手] 일을 해결하는 사람[人]'을 이르는 下手人(하수인)[20]에서처럼 '손수'의 뜻으로도 쓰인다.

또 손으로 힘을 쓴다 하여 手자는 '힘'의 뜻을 지니기도 한다. '물려받은 재산이 없이 스스로[自]의 힘[手]으로 집안[家]을 일으키다[成]'라는 말인 自手成家(자수성가)[21]의 手자가 그런 뜻으로 쓰였다.

首 [머리 수] 사람이나 동물의 목 위의 부분

유학儒學에서 대표적代表的 경전經典으로 삼는 사서삼경四書三經 가운데 하나인 『맹자孟子』에 "마음을 수고롭게 하는 자는 남을 다스리고, 힘을 수고롭게 쓰는 자는 남에게 다스려진다(勞心者治人 勞力者治於人)"고 했다. 곧 정신노동精神勞動 하는 사람은 남을 다스리고, 육체노동肉體勞動 하는 사람은 남의 다스림을 받는다는 것이다. 나아가 "남에게 다스려지는 자는 남을 먹이고, 남을 다스리는 자는 남에게 먹이는 것이 천하에 통용되는 법도다(治於人者食人 治人者食於人 天下之通義也)"라고도 했다.

사실 남을 다스리기 위해 육체적肉體的 활동活動이 아닌 정신적精神的 활동을 하는 신체身體 부위部位는 心[마음 심]자와 관련된 '마음(심장)'이 아니라 首[머리 수]자나 頭[머리 두]자와 관련된 '머리'다. 한데 그 '머리'는 국어사전國語辭典을 살피면 여러 의미로 쓰이고 있다.

1. 사람이나 동물의 목 위의 부분. 눈, 코, 입 따위가 있는 얼굴을 포함하며 머리털이 있는 부분을 이른다. 뇌와 중추 신

짐승을 닮은 사람의 낯

경 따위가 들어 있다.

2. 생각하고 판단하는 능력.
3. 머리에 난 털.
4. 한자에서 글자의 윗부분에 있는 부수.
5. 단체의 우두머리.
6. 사물의 앞이나 위를 비유적으로 이르는 말.
7. 일의 시작이나 처음을 비유적으로 이르는 말.
8. 어떤 때가 시작될 무렵을 비유적으로 이르는 말.
9. 한쪽 옆이나 가장자리.
10. 일의 한 차례나 한 판을 비유적으로 이르는 말.
11. 음악 음표의 희거나 검은 둥근 부분.

위에서처럼 다양多樣한 의미로 쓰이는 '머리'는 '마리'와 통通하는 말이기도 하다. 사실 15세기世紀에는 '머리'를 '마리'로 쓰기도 했다. 하지만 후대後代에 '머리'가 위에서 풀이한 사전의 의미처럼 쓰이고, '마리'는 동물動物의 수數를 헤아리는 단위單位로 쓰이고 있다. 동물의 수를 헤아릴 때는 머리를 보며 '한 마리', '두 마리'하면서 세기 때문이다.

한옥의 용마루

또 '머리'는 신체身體에서 맨 위에 있기 때문에 등성이를 이루는 지붕이나 산의 맨 위에 있는 꼭대기, 또는 파도波濤가 일 때 치솟은 물결의 맨 위에 있는 꼭대기 등을 이르는 '마루'와 통하는 말이기도 하다. 오늘날 '마루'는 '용마루·산마루·길마루·물마루·언덕마루·고갯마루·지붕마루·대청마루' 등에서 여전히 그 쓰임을 살펴볼 수 있다.

首자는 머리를 옆에서 본 모습

갑골문 首자

금문 首자

소전 首자

언급言及했듯 '머리'를 뜻하는 한자에서는 首[머리 수]자와 頭[머리 두]자가 있다. 그중에 首자는 부수자部首字로, 본자本字는 𦣻자다.

갑골문에 𦣻자는 눈과 머리털이 있는 머리를 옆에서 본 모습으로 나타내고 있다. 하지만 후대에 𦣻자는 덧붙여진 巛의 형태가 丷의 형태로 바뀌어 오늘날은 首자로 쓰이고 있다. 그렇게 머리를 나타낸 데서 뜻은 '머리'가 되었다.

고대의 인두상

머리는 생명과 직결된 곳

머리는 육신肉身에서 생명生命과 직결直結된 곳이다. 사대육신四大六身 가운데 두 팔과 두 다리가 잘려도 당장 죽지 않지만 머리가 잘리면 즉시 죽기 때문이다. 옛날 전쟁戰爭에서는 그처럼 잘린 적장敵將 머리를 승리勝利의 징표徵表로 삼았는데, 그 잘린 머리는 首級(수급)[1]이라 했다.

수급을 자른 모습

首級은 '적장의 잘린 머리[首]'를 의미하기도 하지만 '으뜸[首]이 가는 등급[級]'을 의미하기도 한다. 따라서 '등급'을 뜻하는 級[등급 급]자를 덧붙여 쓰고 있는데, 이는 전쟁에서 승리 후에 논공행상論功行賞을 할 때에 적장 머리를 자른 공功이 가장 으뜸의 등급을 받았기 때문이다.

또 首級을 취取하기 위해 '적군敵軍이나 죄인罪人의 머리[首]

참수의 모습(「형정도첩」)

효시한 모습

나무에 매달린 죽은 올빼미

를 베다[斬]'라는 의미의 말이 斬首(참수)[2]다. 나아가 그처럼 '베어 낸 사람 머리[首]를 높은 곳에 매달아[梟] 놓다'라는 의미의 말은 梟首(효수)[3]라 한다.

옛날에는 梟首하는 형벌刑罰인 梟首刑(효수형)이 있었는데, 이는 사람들의 왕래往來가 많은 높은 곳에 베어 낸 머리를 매달아 놓고 그 죄罪를 경계警戒하도록 사람들에게 보인 처벌處罰이었다. 그렇게 '梟首한 것을 보이다[示]'라는 의미의 말은 효시梟示라 했다.

'효수'나 '효시'의 '효'는 한자로 '올빼미'를 뜻하는 梟[올빼미 효]자다. 올빼미는 효孝의 상징象徵으로 알려진 반포조反哺鳥인 까마귀와 달리 어미를 잡아먹는 흉악凶惡한 새로 잘못 알려지는 바람에 예부터 중국이나 우리나라에서 불인不仁과 악인惡人의 상징으로 치부置簿되었던 새다.

따라서 옛날 불효不孝를 행行하는 패륜아悖倫兒가 있으면 그 집 나무에 올빼미를 죽여 매달아 놓았는데, 이는 패륜아에게 효시를 한 것이다. 계속 패륜을 행하면 효시된 올빼미처럼 똑같게 죽이겠다는 의미였다. '올빼미'를 뜻하는 梟자도 새[鳥]가 나무[木]에 매달려 있음을 나타낸 한자다.

나아가 絞首刑(교수형)[4]은 '머리[首] 밑의 목을 옭아매어[絞] 죽이는 형벌[刑]'을 말한다. 이는 역사적歷史的으로 오랫동안 존재存在해 온 방식方式의 사형死刑 방법方法이었다.

서양西洋에서 이 형벌의 집행執行 시時에는 발판으로 사용되는 통桶을 제거除去해 허공虛空에 매달려 죽도록 하게 했는데,

이때 통을 제거하기 전에 죽는 사람의 소원所願을 하나 들어주는 것이 관행慣行이었다. 바로 그런 상황에서 비롯된 말이 '버킷리스트bucket list'다. '버킷'은 '통'과 관련된 말이고, '리스트'는 소원을 들어주는 '목록'과 관련된 말인 것이다. 오늘날 '버킷리스트'는 죽기 전에 꼭 한 번쯤은 해 보고 싶은 것들을 정리整理한 목록을 의미하는 말로 쓰이고 있다.

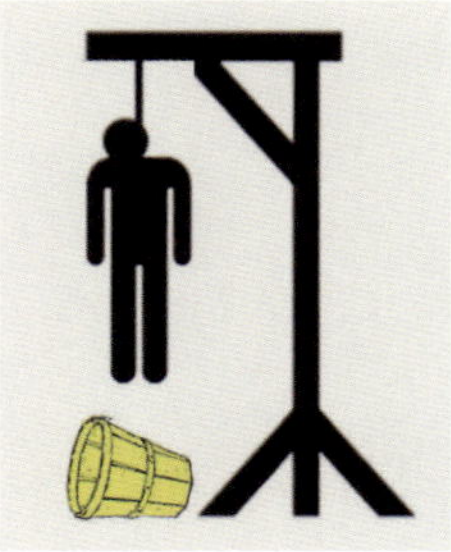
교수형 관련 그림

首자는 동물의 머리를 나타내는 데도

首자는 사람 머리뿐 아니라 동물動物 머리를 나타내는 데도 쓰이고 있다. 鳩首會議(구수회의)[5]· 首丘初心(수구초심)[6]· 鶴首苦待(학수고대)[7]의 首자가 그런 한자다.

머리를 맞댄 비둘기떼

鳩首會議는 '여러 비둘기[鳩]가 머리[首]를 맞대듯 사람들이 모여[會] 의논하다[議]'라는 의미로, 비둘기들이 서로 머리를 맞대고 먹이를 쪼아 먹는 모양처럼 사람들이 소곤소곤 말을 주고받는 것을 이르는 말이다.

首丘初心은 '여우가 죽을 때 머리[首]를 언덕[丘]에 두고 처음[初]의 마음[心]으로 돌아가다'라는 의미로, 근본根本을 잊지 않음을 이른다. 또 죽어서라도 그리워하는 고향故鄕 땅에 묻히고 싶어 하는 마음을 이르기도 한다. 首丘初心은 공자孔子의 이름인 丘[언덕 구]자를 피휘避諱해 邱[땅 이름 구]자로 바꿔 首邱初心으로 쓰기도 한다.

머리를 빼고 있는 두루미(학)

鶴首苦待는 '두루미[鶴]의 머리[首]처럼 길게 빼고 애써서[苦]

기다리다[待]'라는 의미로, 누군가 또는 무언가 간절懇切하게 기다리는 모습貌襲을 이른다. "기름진 국에 배불리 밥을 먹을 수 있고, 용돈까지 얻을 수 있는 장날을 늘 학수고대 기다리곤 했었다『불의 제전(김원일)』"에서처럼 활용되고 있다.

首자는 '우두머리'를 뜻하기도

2019년 북미수뇌회담

머리는 몸에서 가장 높은 곳에 위치位置해 기억記憶이나 사고思考를 하는 데 중심中心이 되는 인체人體의 한 부위部位다. 따라서 首자는 그 의미意味가 확대擴大되어 사람의 무리 가운데 지위地位가 가장 높으면서 중심이 되는 사람인 '우두머리'를 뜻하기도 한다.

우리나라 역대 국가원수

아울러 首자처럼 머릿속에 있는 '뇌'를 뜻하는 腦[뇌 뇌]자도 '우두머리'의 뜻을 지니기도 한다. 따라서 首자와 腦자를 합친 首腦(수뇌)[8]는 '어떤 조직이나 단체의 가장 중요한 자리에 있는 우두머리[首腦]'를 의미하고, 首腦部(수뇌부)[9]는 '가장 중요한 자리에 있는 우두머리[首腦]들이 모인 부서[部]'를 의미한다. 또 首腦會談(수뇌회담)[10]은 '두 나라 이상의 우두머리[首腦]가 모여[會] 나누는 이야기[談]'를 의미한다.

그 외에 '괴이한[魁] 짓을 하는 무리의 우두머리[首]'인 魁首(괴수)[11], '정당[黨]의 우두머리[首]'인 黨首(당수)[12], '일정한 기간 국가[國家]를 다스리는 으뜸[元]가는 권력을 지닌 우두머리[首]'인 國家元首(국가원수)[13]에서도 首자가 '우두머리'의 뜻으로 쓰이고 있음을 엿볼 수 있다.

首자는 '첫째'나 '으뜸'의 뜻

또 머리가 신체身體에서 맨 위에 있는 데서 首자는 '첫째'나 '으뜸'의 뜻을 지니기도 한다. 首位(수위)·首席(수석)·首座(수좌)의 首자가 그런 뜻으로 쓰이고 있다.

2011년 백악관 상황실 미국 대통령

首位(수위)[14]는 '첫째[首]가는 자리[位]'를 이르고, 首席(수석)[15]도 '등급이나 직위 따위에서 첫째[首]가는 자리[席]'를 이른다. 아울러 首位의 位[자리 위]자나 首席의 席[자리 석]자처럼 '자리'를 뜻하는 座[자리 좌]자를 덧붙인 首座(수좌)[16]도 '등급이나 직위 따위에서 첫째[首]가는 자리[座]'를 이른다.

공자와 수제자 안연

뿐만 아니라 首자는 首弟子(수제자)[17]나 首看護師(수간호사)[18]에서도 '첫째'나 '으뜸'의 뜻으로 쓰이고 있다.

首弟子는 '여러 제자 가운데 배움이 가장 뛰어나 으뜸[首]이 되는 제자[弟子]'를 이른다. 3,000명名의 제자를 두었다는 공자孔子의 경우 흔히 안연顔淵(안회顔回)을 일컬어 首弟子라 한다.

2009년 미국 대통령 오바마

首看護師는 종합병원綜合病院 등에서, '의사醫師의 진료診療를 돕고 환자患者를 돌보는 사람들 가운데 으뜸[首]이 되는 간호사[看護師]'를 이른다.

아울러 '으뜸[首]이 되는 우두머리[魁]'를 이르는 首魁(수괴)[19], '한 당파나 무리를 으뜸[首]으로 다스리는[領] 사람'을 이르는 首領(수령)[20], '으뜸[首]이 되어 집단이나 단체를 통솔하는 어른

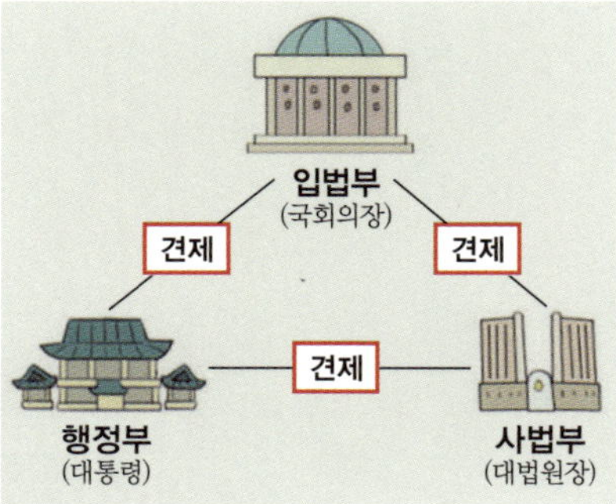

삼권분립 관련 그림

[長]'을 이르는 首長(수장)[21]에서도 首자가 '첫째'나 '으뜸'의 뜻으로 쓰이고 있음을 엿볼 수 있다.

또 首相(수상)[22]은 '고려高麗와 조선朝鮮의 조정朝廷에 우두머리[首]가 되는 재상[相]'을 지칭指稱하는 말이었는데, 오늘날은 일반적一般的으로 의원내각제議員內閣制에서 다수당多數黨의 우두머리를 이르고 있다.

반면에 대통령大統領은 행정부行政府의 首班(수반)[23]이라 하는데, 首班은 '행정부에서 으뜸[首]이 되는 반열[班]의 자리나 사람'을 이른 데서 비롯된 말이다.

首자는 '요처'나 '시초'나 '먼저', '자수하다'의 뜻

〈수선전도〉

아울러 首자는 머리가 신체身體에서 중요重要한 부위部位이기에 여러 사물事物 가운데 가장 종요로운 곳인 '요처要處'를 뜻하기도 한다. '전국全國의 정치政治·경제經濟·문화文化 중심지中心地로 요처[首]가 되는 도시[都]'인 首都(수도)[24]의 首자가 바로 그런 뜻으로 쓰였다.

뿐만 아니라 首자는 머리가 신체에서 맨 위쪽에 있는 데서 시간적時間的으로 가장 이를 때를 가리키면서 '시초始初'나 '먼저'의 뜻을 지니기도 하는데, 그런 뜻으로 쓰이는 首자는 '한 해[歲]의 시초[首]'를 이르는 말인 歲首(세수)[25]나 '먼저[首] 주창함[唱]'을 이르는 말인 首唱(수창)[26]에서 엿볼 수 있다.

示 [보일 시] 가물 끝은 있어도 장마 끝은 없다

비가 오길 비는 사람들

오늘날처럼 문명文明이 발달發達되지 않았던 농경시대農耕時代에는 자연自然에 의지하며 살던 사람들에게 해나 비가 더욱 중요한 존재存在로 작용作用했다.

혹여 오랫동안 해만 떠 있어 긴 가뭄이 들거나 비만 계속 내려 장마가 들면 농사農事를 망쳐 결국 많은 사람이 굶주림에 시달리게 되었기 때문이다.

특히 긴 장마가 더 문제問題였던 것으로 보인다. "가물 끝은 있어도 장마 끝은 없다"나 "삼 년 가뭄에는 살아도 석 달 장마에는 못 산다"는 속담俗談에서 이를 알 수 있다. 가뭄은 아무리 심해도 얼마간 거둘 것이 있지만 큰 장마가 진 뒤에는 아무것도 거둘 것이 없게 된다. 거둘 것이 없으면 굶주리게 되니 가뭄보다 장마로 인한 재난災難이 더 무서웠던 것이다.

하지만 가뭄의 피해被害도 적지 않았다. 가뭄이 오랫동안 지속持續되면 사람들이 고통苦痛을 겪는 것은 긴 장마가 들었을 때나 마찬가지였다.

그렇게 되면 사람들은 하늘에 제사祭祀를 지내 비가 내리길

기우제 지내는 모습

빌었다. 이때 지내는 제사가 기우제祈雨祭다. 기우제에서 비가 내리길 바라는 마음이 얼마나 간절懇切했는지 "공자도 제 사는 골에 먼저 비 오라고 했다"는 속담이 있을 정도다.

'제사'를 뜻하는 祭자와 祀자는 示자를 공통으로

제사 지내는 모습

기우제처럼 사람이 죽었을 때도 제사를 지냈다. 예부터 사람이 죽으면 그 넋이 하늘에 깃든다고 여겼다. 그렇게 하늘에 깃든 사람의 넋을 기리기 위해 살아있는 사람들은 대개 해마다 제사를 지내고 있다.

그 '제사'를 뜻하는 한자가 바로 祭[제사 제]자와 祀[제사 사]자다. 두 한자 모두 示[보일 시]자를 공통으로 덧붙이고 있다.

示자는 제사의 의식에 사용된 제탁

갑골문 示자

갑골문 示자

갑골문 示자

갑골문 祭자

그렇게 제사祭祀와 관련된 示(시)자는 갑골문 祭[제사 제]자의 자형字形으로 살피면 제사의 의식儀式에 사용된 제탁祭卓을 나타낸 것으로 보인다. 갑골문의 그 자형이 다양多樣하지만 제탁인 丅의 형태를 기본基本으로 위나 아래에 짧은 선線이 덧붙여져 결국 오늘날 示자로 쓰이고 있다.

示자는 그렇게 제탁을 나타낸 데서 원래 '제탁'을 뜻했으나 오늘날은 '보이다'의 뜻으로 흔히 쓰이고 있다. 이는 신神이 좋은 일이나 나쁜 일을 사람에게 보여 알릴 수 있는 능력能力이 있다고 여긴 옛날 사람들이 제탁에 제물祭物을 올려 신으로 하여금 흠향歆饗하게 하고, 그 영험靈驗함을 사람에게 드러내 보이길 바랐던 데서 비롯된 뜻이다.

고대의 제탁

시범이나 시위

그렇게 '보이다'의 뜻을 지니게 된 示자는 示範(시범)[1]이나 示威(시위)[2]에서 그 쓰임을 엿볼 수 있다.

示範은 '본보기[範]를 보이다[示]'라는 의미로, 示範學校(시범학교)·示範住宅(시범주택)·示範事業(시범사업)·示範競技(시범경기)·示範運行(시범운행)·示範農場(시범농장)·示範放送(시범방송)·示範種目(시범종목)·示範訓練(시범훈련)·示範授業(시범수업)·示範助教(시범조교)·示範講義(시범강의)·示範行事(시범행사) 등의 여러 말로 활용되고 있다.

태권도 시범행사 모습

示威는 한자 그대로 풀이하면 '위엄[威]을 보이다[示]'라는 말이다. 그렇게 '위엄을 보이다'할 때의 '위엄威嚴'은 국어사전國語辭典에 보면 "존경할 만한 위세가 있어 점잖고 엄숙함. 또는 그런 태도나 기세"로 설명하고 있다. 따라서 시위는 점잖고 엄숙嚴肅하게 위세威勢를 보이는 것이 되어야 한다.

촛불 시위

법法을 준수遵守하는 示威는 국민國民의 권리權利로, 그 권리의 행사行使는 위엄 있게 이루어져야 한다.

태극기 시위

한데 오늘날 우리나라 示威에서는 그런 모습을 보기 쉽지 않다. 대부분大部分 특정집단特定集團이 공동체共同體 혹은 국가國家 전체全體 이익利益을 고려考慮하지 않고 자기 집단의 이익만을 고집固執하는 집단이기주의集團利己主義의 행동行動을 하기 때문이다. 그처럼 특정집단이 떼를 지어 다니며 떼를 쓰듯 示威를 하니 우리나라를 '떼한민국'이라 이를 정도다. 이젠 示威를 하는 문화文化도 개선改善이 필요必要하다 하겠다.

침묵시위

오늘날 示威는 그 장소場所나 방법方法, 쟁점爭點에 따라 街頭示威(가두시위)·武力示威(무력시위)·反戰示威(반전시위)·連坐示威(연좌시위)·沈黙示威(침묵시위)·車輛示威(차량시위)·集團示威(집단시위)·平和示威(평화시위)·流血示威(유혈시위)·不法示威(불법시위)·抗議示威(항의시위)·天幕示威(천막시위)·徹夜示威(철야시위)·一人示威(일인시위) 등이 있다.

전시나 효시

전시된 미술품을 관람하는 사람들

또 示자는 展示(전시)[3]나 梟示(효시)[4]에서도 '보이다'의 뜻으로 쓰이고 있다.

展示는 '펴서[展] 보이다[示]'라는 의미로, 여러 물품物品을 한 곳에 펴서 벌여 놓고 보이는 것을 말한다. 흔히 '역사적 유물이나 미술 작품, 또는 특정한 물건들을 펴서[展] 벌여 놓고 사람들에게 보이는[示] 모임[會]'을 갖는데, 이는 展示會(전시회)[5]라 한다.

나아가 '효용성效用性을 고려考慮하지 않고 사람들에게 펴서

[展] 보이는[示] 데만 치중置重하는 행정[行政]'을 展示行政(전시행정)[6]이라 한다.

또 정치政治 지도자指導者 등이 대내외적對內外的으로 자신의 업적業績을 과시誇示하기 위해 '실질적實質的인 효과效果가 크지도 아니한 상징적象徵的인 정책政策을 펴서[展] 보임으로써[示] 얻고자 하는 효과[效果]'는 展示效果(전시효과)[7]라 한다. 展示效果는 소비消費 지출支出이 자신의 소득所得 수준水準에 따르지 아니하고 타인他人을 모방模倣함으로써 늘어나게 되는 사회적社會的·심리적心理的 효과를 이르기도 하는데, 그로 인해 저축貯蓄이 줄어드는 현상이 일어나기도 한다.

梟示는 '목을 베어 매달아[梟] 보이다[示]'라는 의미인데, 梟[올빼미 효]자가 '목을 베어 매달다'의 뜻을 지니기도 하기 때문에 그런 의미를 지니게 되었다.

올빼미 관련 그림

梟자는 鳥[새 조]자와 木[나무 목]자가 합쳐진 梟자가 본자本字로, 오늘날은 灬의 형태를 생략해 쓰고 있다. 새[鳥]를 잡아 나무[木]에 매달은 모양을 나타냈는데, 그 새가 바로 '올빼미'다. 따라서 梟자는 '올빼미'를 뜻하기도 한다.

반포조(까마귀) 관련 그림

오늘날 올빼미는 희귀稀貴하게 여겨져 천연기념물天然記念物로 지정指定된 야행성夜行性 맹금류猛禽類다. 하지만 옛 사람들에게 올빼미는 '불인不仁과 악인惡人'의 상징象徵으로 치부置簿되었다. 반포조反哺鳥인 까마귀와 달리 잠자는 어미를 쪼아 잡아먹는 흉악凶惡한 새로 잘못 인식認識되었기 때문이다.

그런 인식은 꽤 오랜 옛날부터 시작始作된 것으로 보인다. 기원전紀元前 1,000년쯤에 주周나라를 세운 공신功臣인 주공周公

주공이 성왕을 보좌하는 모습의 화상석

은 어린 조카인 성왕成王을 도와 섭정攝政을 했다. 그때 주공의 형제兄弟들인 관숙管叔과 채숙蔡叔은 주공을 질시嫉視해 "삼촌(주공)이 조카(성왕)의 나라를 집어 삼킬 것"이라는 유언비어流言蜚語를 퍼뜨렸다. 어린 성왕도 그 유언비어를 믿었다. 그러자 주공은 성왕에게 왕실王室의 위기危機를 경고警告하는 "올빼미야! 올빼미야! 이미 내 새끼를 취했으니(잡아먹었으니) 내 집까지 헐지 마라[鴟鴞(梟)鴟鴞(梟) 旣取我子 無毁我室]"라는 시詩를 전傳했다.

아비를 잡아먹는 獍의 그림

이후 올빼미는 아비를 잡아먹는다는 맹수猛獸를 이르는 獍[맹수 이름 경]자와 함께 '효경梟獍'이라는 고사故事로 만들어져 '아비 어미를 잡아먹는 아주 불경스런 동물'로 흔히 인용引用되었고, 집안에 불효不孝를 행行하는 패륜아悖倫兒가 있으면 바로 그 올빼미를 잡아 죽인 다음에 나무에 매달아 패륜아로 하여금 경계警戒의 증표證票로 삼도록 했다. 그로 인해 梟자는 '올빼미' 외에 '목을 베어 매달다'의 뜻을 지니게 되었다.

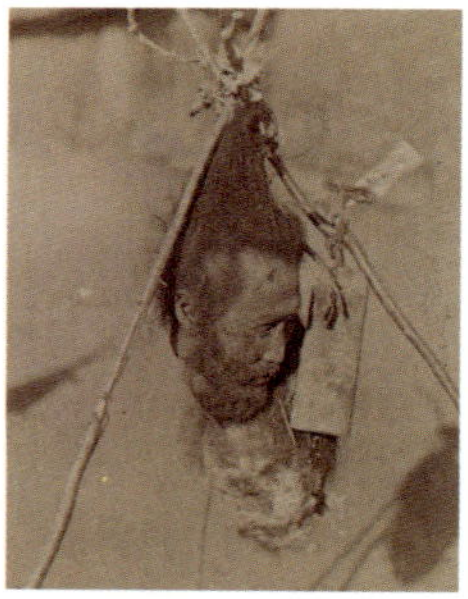

조선시대 효수형

실제로 옛날 죄인罪人의 목을 베어 나무나 장대 끝에 매달아 놓고 뭇사람에게 보이도록 한 형벌刑罰인 효수형梟首刑도 梟자를 쓰고 있다. 그처럼 梟示도 목을 베어 높은 곳에 매달아 놓아 뭇사람에게 보인다는 함을 의미한다. "적장의 목이 효시되어 시장에 걸려 있었다"와 같은 말에서처럼 활용되고 있다.

염화시중이나 시상화석

그 외에 示자는 拈華示衆(염화시중)[8]이나 示相化石(시상화석)[9]에서도 '보이다'의 뜻으로 쓰이고 있다.

'염화시중' 관련 그림

拈華示衆은 '석가釋迦가 말없이 연꽃[華]을 집어[拈] 무리[衆] 지은 제자에게 보이다[示]'라는 의미인데, 이를 보고 제자들 가운데 가섭迦葉만 그 의미를 깨닫고 빙그레 웃었다[拈華微笑(염화미소)]. 석가의 마음이 가섭의 마음에 전傳해진 것이다. 그것이 바로 이심전심以心傳心이다.

석가는 진리眞理란, 말이나 책冊에만 의존依存하지 않고 마음에서 마음으로 통하는 점이 있어야 한다고 생각한 것이다. 따라서 拈華示衆하여 이심전심으로 제자들에게 불법佛法을 전했다. 이를 달리 마음[心]과 마음[心]이 서로[相] 들어맞다[印]는 의미의 心心相印(심심상인)이라 하기도 하며, 불립문자不立文字나 교외별전敎外別傳이라 하기도 한다.

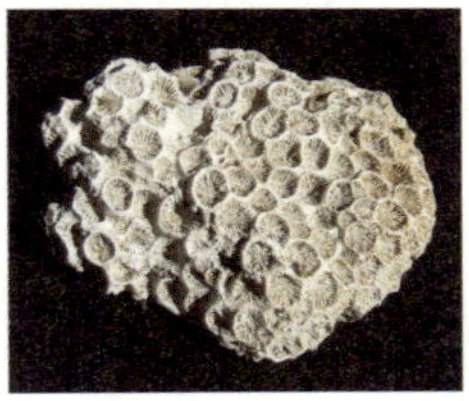

산호 화석

示相化石은 '지층地層 퇴적환경堆積環境의 모양[相]을 잘 드러내 보이는[示] 화석[化石]'을 일컫는 말이다. 특정特定 환경環境 조건條件에서만 발견發見되어 그 생물生物이 살았던 당시當時의 생활환경生活環境을 유추類推하는 데 유용有用한 화석化石이다. 예를 들면 산호珊瑚가 잘 발달된 지층은 수온水溫이 비교적比較的 높고 얕은 바다였음을 알 수 있다.

示자는 '알리다'의 뜻

示자는 그냥 보는 데서 그치지 않고 보여서 알 수 있도록 알린다 하여 '보이다'의 뜻 외에 '알리다'의 뜻을 지니기도 한다.

公示(공시)[10]나 告示(고시)[11]의 示자가 바로 '알리다'의 뜻으로 쓰이고 있다.

公示는 '일정한 내용을 공적[公]으로 게시해 사람들에게 널리 알리다[示]'라는 의미로, 흔히 공공기관公共機關이 권리權利의 발생發生·변경變更·소멸消滅 따위의 내용內容을 공적公的으로 게시揭示해 사람들에게 널리 알리는 경우가 이에 해당該當한다.

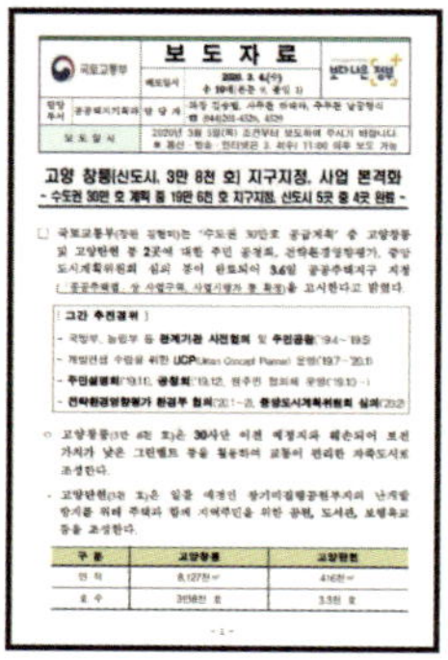

정부 고시문

그런 公示로 公示地價(공시지가)[12]는 '국토교통부國土交通部 장관長官이 조사調査·평가評價하여 공시[公示]한 땅[地]의 단위면적(㎡)당 값[價]'을 이른다.

告示는 '고하여[告] 알리다[示]'라는 말로, 주로 행정기관行政機關에서 일반一般 국민國民들을 대상對象으로 어떤 내용內容을 고하여 알리는 경우를 이른다.

그런 告示로 告示價格(고시가격)[13]은 '정부政府에서 공정가격公定價格 등을 국민國民 일반一般에게 널리 알리기 위해 고시[告示]한 가격[價格]'을 말한다. 정부는 국민생활國民生活과 국민경제國民經濟의 안정安定을 위해 필요必要하다고 인정認定할 때는 특히 긴요緊要한 물품物品의 가격, 부동산不動産 등의 임대료賃貸料 최고가격最高價格을 지정指定할 수 있다.

시사나 시달, 게시나 묵시

示자는 示唆(시사)[14]나 示達(시달)[15]에서도 '알리다'의 뜻으로 쓰이고 있다.

示唆는 '어떤 것을 미리 간접적間接的으로 알리며[示] 부추기다[唆]'라는 의미다. "나는 이 일에 대해 그로부터 아무런 시사도 받지 못했다"라는 말에서처럼 활용活用되고 있다.

示達은 '상부上部에서 하부下部로 명령命令 따위를 알리기[示] 위해 문서文書 등으로 전달하다[達]'라는 의미다. 흔히 관청官廳에서 일반一般 국민國民에게 문서로 알리는 일을 말한다. "상부에서는 적이 이용할 수 있는 모든 건물들을 없애라는 명령이 시달되었다"라는 말에서처럼 활용되고 있다.

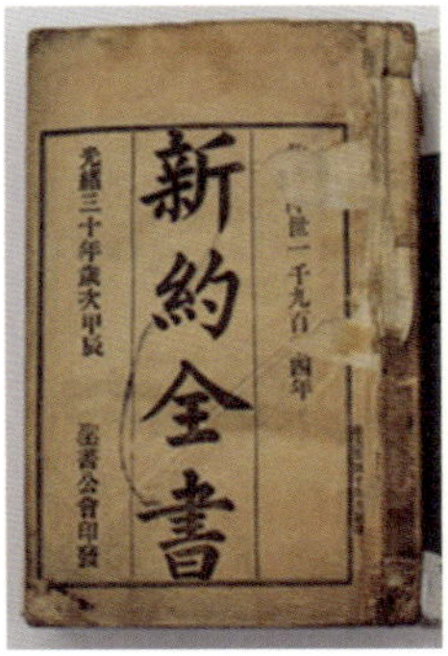

『신약전서』(신약성서)

또 示자는 啓示(계시)[16]나 默示(묵시)[17]에서도 '알리다'의 뜻으로 쓰임을 엿볼 수 있다.

啓示는 '일깨워[啓] 알리다[示]'라는 의미로, 사람의 지혜智慧로써 알 수 없는 진리眞理를 신神이 가르쳐 알게 한다는 말이기도 하다.

계시록 관련 그림

신약성서新約聖書의 마지막 권卷은 啓示錄(계시록)인데, 신자信者들의 박해迫害와 환난患難을 위로慰勞하고 예수Jesus의 재림再臨과 천국天國의 도래到來 및 로마Roma의 멸망滅亡 따위를 일깨워 알리는 예언豫言을 담아 기록하고 있다.

啓示錄은 默示錄(묵시록)이라 하기도 하는데, 默示錄의 默示는 '직접적直接的으로 말이나 행동行動으로 드러내지 않고 잠잠하게[默] 뜻을 드러내어 알리다[示]'라는 의미다. 하나님이 啓示를 내려 그의 뜻이나 진리를 알게 해준다는 말이기도 하다.

食 [밥 식]

밥은 하늘이다

하늘을 혼자 못 가지듯이 밥은 서로 나눠 먹는 것,
밥은 하늘입니다.
하늘의 별을 함께 보듯이 밥은 여럿이 같이 먹는 것,
밥은 하늘입니다.
밥이 입으로 들어 갈 때에 하늘을 몸 속에 모시는 것,
밥은 하늘입니다.
아-하 밥은 모두 나눠 먹는 것.(「밥은 하늘이다(김지하)」)

가마솥에 지은 밥

정조正祖 때에 강원도江原道 암행어사暗行御史였던 이기李夔는 흉년凶年으로 헐벗은 백성百姓을 구제救濟하기 위해 임금의 명命도 없이 자기 마음대로 닫힌 창고倉庫의 문門을 열었다. 임금의 명에 따르는 법法보다 못 먹어 굶주린 백성의 목숨을 살리는 밥이 우선于先이라 여겼기 때문이다.

그처럼 법보다 밥이 우선이고, 밥은 하늘이었던 것이다. 해서 예부터 "君以民爲天 民以食爲天(군이민위천 민이식위천)"이라 하여 '임금[君]은 백성[民]으로써[以] 하늘[天]로 삼고[爲], 백성[民]은 밥[食]으로써[以] 하늘[天]을 삼는다[爲]'라고 했다.

하늘인 밥은 다시 쌀밥·보리밥·꽁보리밥·기장밥·메밀밥·수수밥·옥수수밥·조밥·귀리밥·콩밥·팥밥·감자밥·상수리밥·잡곡밥·오곡밥·나물밥·콩나물밥·무밥·밤밥·굴밥·조개밥·송이밥·김치밥·달걀밥·쑥밥… 등이 있다. 그런 밥이 하늘인 것이다.

꽁보리밥

밥은 의식주 가운데 하나

밥은 사람이 세상世上을 사는 데 기본적基本的으로 필요必要한 의식주衣食住 가운데 하나다. 의식주의 의는 옷[衣]이고, 식은 밥[食]이고, 주는 집[住]이다. 모두 '짓다'라는 공통점을 갖고 있다. 옷을 짓고, 밥을 짓고, 집을 짓고……. 그리고 입고, 먹고, 잔다.

옛날 사람의 밥상

그러나 그 가운데 가장 중요한 것을 하나 고르라면 모든 사람들의 선택選擇은 '밥'이 될 것이다. 옷이나 집이 없으면 부끄럽고 춥게 살겠지만 밥이 없으면 당장 죽기 때문이다. 따라서 의식주 가운데 가장 중요한 것이 식食인 밥이라 하겠다.

食자는 그릇에 담긴 밥

갑골문 食자

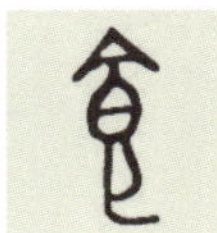

금문 食자

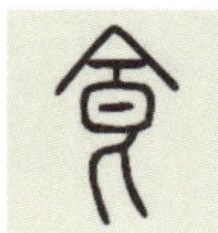

소전 食자

바로 그 '밥'을 뜻하는 食[밥 식]자는 밥뚜껑을 나타낸 亼의 형태와 밥이 담긴 그릇을 나타낸 皀[고소할 급(흡)]자가 합쳐진 한자로, 亼皀자가 본자本字다. 하지만 후대後代에 食자로 약간 간략簡略하게 쓰이면서 그릇에 담긴 밥을 나타낸 데서 '밥'의 뜻을 지니게 되었다.

음식은 국처럼 마시는 것과 밥처럼 씹어 먹는 것

무용총 접객도의 밥

'밥'은 여러 의미를 지닌다. 기본적으로는 쌀이나 보리 따위 곡식을 끓여 익힌 음식이나 끼니로 먹는 음식을 이른다. 그러나 고양이 밥, 돼지 밥과 같이 동물의 먹이를 의미하기도 한다. 또 남에게 눌려 지내거나, 이용만 당하는 사람을 비유적比喩的으로 이를 때에도 '밥'이란 말을 쓰고 있다. 그 외에 '밥'은 '낚싯밥'과 같이 속어俗語로 '미끼'를 의미하기도 한다. 뿐만 아니라 나눠 가질 물건物件 중 각각各各 갖게 되는 한 부분部分을 의미하기도 한다.

이상以上에서 밥의 기본적基本的 의미가 '곡식을 끓여 익힌 음식'이나 '끼니로 먹는 음식'이라 했는데, 음식은 한자漢字로 국처럼 마시는 것을 뜻하는 飮[마실 음]자와 밥처럼 씹어 먹는 것을 뜻하는 食자로 구분區分한다.

콩나물국밥(전주 왱이집)

예부터 우리나라 사람들은 밥[食]을 먹을 때에 국[飮]도 함께 곁들여 먹었기에 '마시고[飮] 먹는[食] 것을 통틀어 이르는 말'을 飮食(음식)[1]이라 한 것이다. 그렇게 밥을 먹을 때에 국도 함께 곁들여 먹는 식생활食生活은 우리나라에서 추운 겨울을 이겨내는 데 도움이 되는 식문화食文化로 자리 잡았다.

아예 '순대국밥'이나 '콩나물국밥'처럼 '국밥'이란 飮食이 생긴 것도 국과 밥을 함께 먹는 식습관食習慣에서 비롯되었다.

밥은 곧 생명

아이에게 밥을 먹이는 모습

사람에게 밥은 그냥 배고픔을 해결解決하는 끼니가 아니고 생명生命이다. "밥숟갈을 놓았다"라는 말이 '죽었다'는 의미로 받아들이는 것을 보면 이를 미뤄 짐작할 수 있다. 어머니나 할머니가 들려준 옛날이야기에서 잘 살다 죽었음을 이르는 행복幸福한 결말結末이 대부분 "그래서 잘 먹고, 잘 살았다"라는 말인 것도 마찬가지다.

또 생명을 유지維持하기 위해 하는 일도 '밥줄'이라 하며, 직장職場을 잃어 일을 못하면 "밥줄 떨어졌다"라고 하는 말도 밥이 생명임을 알게 해 주는 말이다.

그처럼 생명을 유지하기 위해 사람이 세상에 태어나 맨 먼저 먹는 밥은 離乳食(이유식)[2]이다. 離乳食은 '젖[乳]을 떼면서[離] 먹는 밥[食]'으로, 아기들이 먹기 좋게 부드럽게 만든 飮食이다.

반면反面에 중환자重患者 등이 생명을 유지하기 위해 '죽이나 미음처럼 소화消化되기 쉽도록 묽게 만들어 흘러[流] 움직일[動] 수 있도록 만든 밥[食]'은 流動食(유동식)[3]이라 한다.

우주식을 먹는 우주인

流動食은 宇宙食(우주식)[4]으로도 만들어지고 있다. 宇宙食은 '우주[宇宙] 공간空間을 나는 비행사飛行士가 먹는 밥[食]'인데, 대부분 탈수脫水 가공加工해 포장包裝하나 튜브tube에 넣은 流動食으로도 만들어지기 때문이다.

그 외에 하늘을 나는 '비행기[機] 안[內]에서 승객이나 승무원에게 제공되는 밥[食]'은 機內食(기내식)[5]이라 한다.

또 禪食(선식)[6]은 '불자佛者들이 참선[禪]을 할 때에 먹던 밥

[食]'으로, 주로 현미·찹쌀·보리·검정콩·검정깨·들깨·율무의 일곱 가지 곡식穀食으로 만들며 위胃에 부담을 주지 않고 머리를 맑게 한다는 음식이다.

약식 藥食 명
찹쌀 고두밥에 여러 재료를 넣어 시루에 찐 한국 고유 음식

'약식'의 뜻

아울러 藥食(약식)[7]은 한자로 '약 약(藥)'자와 '밥 식(食)'자를 쓰고 있는데, 사전辭典 풀이에 의하면 "찹쌀 고두밥에 여러 재료를 넣어 시루에 찐 한국 고유 음식"이라 하고 있다. 그 풀이로는 왜 藥食에 藥[약 약]자를 썼는지 알 수가 없다. 이는 사실 藥食에는 찹쌀 외에 참기름·대추·진간장·밤 등이 들어가지만 옛날 藥(약)으로 여겨졌던 귀貴한 꿀을 넣었기 때문이다. 곧 藥食은 '약[藥]인 꿀이 들어간 밥[食]'이라 하겠다. 오늘날은 꿀 대신에 흑설탕黑雪糖을 넣기도 하는데, 그렇다면 藥食에 藥이 빠진 셈이 된다 하겠다.

약식

의식주와 식의주

우리말에 "금강산도 식후경"이란 말이 있다. "금강산도 식후경"의 '식후경'은 한자로 食後景(식후경)[8]이라 쓰면서 '밥[食]을 먹은 후[後]에 경치[景]'를 의미하는데, 아무리 좋은 구경이라도 밥이 우선이라는 것이다. 흔히 말하는 "먹고살기 바쁘다"도 바쁘게 사는 삶이 '옷'이나 '집'보다 '밥'을 우선시해 이를 해결解決하려 하기 위함임을 알게 해 준다.

〈금강 내산〉(정선)

그렇다면 사람의 삶에 가장 중요重要한 세 가지

기본요소基本要素는 밥을 우선시해 '食衣住(식의주)'라 해야 한다. 해서 실제로 북한北韓은 '옷[衣]과 밥[食]과 집[住]을 통틀어 이르는 말'인 衣食住(의식주)[9]를 '食衣住'라 하고, 중국中國도 '食衣住'라 하는 이들이 더 많다. 한데 우리나라는 衣[옷 의]자를 앞세워 '衣食住'라 하고 있다.

식의주 食衣住 명
'의식주'의 북한어

'식의주'의 뜻

이는 체면體面을 중시重視한 우리나라 민족성民族性과 관련된 것으로 보인다. 또 신분제身分制 사회社會였던 옛날에는 정定해진 법도法度에 따라 옷을 입었고, 뿌리 깊은 유교문화儒教文化에서 굶어 죽는 일은 작은 일이지만 법도에 벗어나는 일은 큰일로 여겨지는 풍토風土로 인해 '衣'를 우선시한 것으로 보인다.

食자는 모든 '음식'을 뜻하기도

한데 衣食住든 食衣住든 食자는 엄밀히 말하면 '밥'만을 뜻하지 않는다. 먹는 모든 것을 통틀어 이르기도 하기 때문이다. 따라서 食자는 국을 포함해 먹을 수 있는 모든 '음식'을 뜻하기도 한다.

식욕 관련 사진

그 음식은 사람이 삶을 유지하는 데 필요한 영양분營養分을 공급供給해 준다. 따라서 사람에게 '음식[食]에 대한 욕심[慾]'인 食慾(식욕)[10]은 생존生存을 위한 필수적必須的인 욕구慾求가 된다.

그럼에도 '음식[食]에 대한 욕심[慾]이 들지[振] 않다[不]'고 하면 이는 食慾不振(식욕부진)[11]인 상태고, 더 나아가서 食慾不振이 병적病的인 상황에까지 이른다면 拒食症(거식증)[12]에 걸린 상태

화가 이중섭

라 할 수 있다.

拒食症은 '음식[食]을 거부하거나[拒] 두려워하는 병적인 증세[症]'을 말한다. 흔히 마른 몸매를 높이 평가評價는 문화文化에서 체중體重 증가增加에 대한 극도極度의 두려움으로도 생기는데, 무리無理한 다이어트에 의해 촉발觸發되는 경우境遇가 많다. 하지만 6·25전쟁六二五戰爭 발발勃發 이후以後에 몹시 궁핍窮乏했던 화가畵家 이중섭李仲燮은 부진不振한 전시회展示會 결과結果와 가족家族과의 이별離別로 인해 절망絶望에 빠져 말년末年에 拒食症을 앓다 죽었다고 알려져 있다.

拒食症과 달리 暴食症(폭식증)[13]은 '음식[食]을 세차게[暴] 많이 먹는 병적인 증세[症]'인데, 먹은 음식을 토吐하길 반복反復하면서도 계속해 한꺼번에 지나치게 많이 먹는 것을 말한다.

밥이 보약

군대의 부식

흔히 "밥이 보약補藥"이란 말을 한다. 병病에는 약藥보다 밥을 먹고 힘을 내야 한다 하여 이르는 말이다. 그처럼 밥은 어떤 음식보다 우선이 되는데, 우리 식생활의 '주[主]가 되는 음식[食]'을 主食(주식)[14]이라 한다. 반면에 밥에 딸린 반찬 따위와 같이 '主食에 곁들여[副] 먹는 음식[食]'은 副食(부식)[15]이라 한다.

아울러 '主食 대신[代]으로 쓰는[用] 음식[食]'은 代用食(대용식)[16]이라 한다. 쌀이 主食인 우리나라에서는 국수나 고구마 등을 代用食이라 할 수 있는데, 식생활이 다양多樣해진 오늘날에는 빵과 같은 음식도 代用食이라 할 수 있다.

또 '主食인 쌀에 잡곡雜穀을 섞어[混] 만든 음식[食]'은 混食(혼식)[17]이며, '밀가루[粉] 따위로 만든 음식[食]'은 粉食(분식)[18]이라 하고, '混食과 粉食을 아우르는 음식'은 混粉食(혼분식)[19]이라 한다. 예전 우리나라에 쌀 자급률自給率이 부족不足해 보릿고개가 있던 시절時節에는 식량食糧 사정事情을 타개打開하기 위해 혼분식混粉食을 장려獎勵했다.

그 외에 '익히지 아니한 날[生]로 된 음식[食]'은 生食(생식)[20]인데, 生食은 대부분 '자연[自然] 그대로의 음식[食]'인 自然食(자연식)[21]이기도 하다. 반면에 '불[火]에 익힌 음식[食]'은 火食(화식)[22]이라 한다.

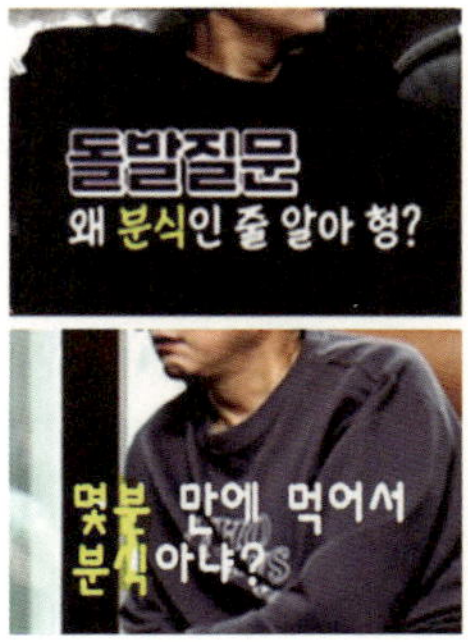

'분식' 관련 방송

食자는 '먹다'의 뜻을 지니기도

밥은 먹는 것이기에 食자는 '밥'의 뜻 외에 '먹다'의 뜻을 지니기도 한다. 偏食(편식)[23]·缺食(결식)[24]·蠶食(잠식)[25]의 食자가 그런 뜻으로 쓰이고 있다.

偏食은 '치우치게[偏] 먹다[食]'라는 의미로, 어떤 특정한 飮食만을 가려서 먹음을 이른다.

한데 '고기를 피하고 채소[菜] 등의 식물성 음식만 먹음[食]'과 관련된 菜食(채식)[26]을 하거나 종교상宗敎上의 신념信念으로 승려僧侶가 고기를 먹지 않는 것을 偏食이라 하지 않는다. 힌두교Hindu敎 신자信者가 소고기를 안 먹고, 회교도回敎徒가 돼지

유칼립투스 잎을 먹는 코알라

고기를 안 먹는 것도 마찬가지다.

또 '풀[草]만 먹는[食] 동물[動物]'인 草食動物(초식동물)[27]도 偏食을 한다고 하지 않는다. 다만 오로지 유칼립투스eucalyptus 잎만 먹는 코알라koala나 주로 대(대나무)를 먹는 판다panda의 경우는 偏食을 한다고 볼 수 있다. 그리고 草食動物과 달리 肉食動物(육식동물)[28]은 '다름 동물의 고기[肉]를 먹고[食] 사는 동물[動物]'을 이른다.

缺食은 '끼니를 거르며[缺] 먹다[食]'라는 의미로, 飮食을 제때에 제대로 먹지 못함을 이른다. 나아가 缺食은 缺食兒童(결식아동)이나 缺食老人(결식노인)이란 말에 활용活用되고 있다.

폐기한 음식물

우리나라는 하루 폐기廢棄하는 음식물 배출량排出量이 8톤 트럭으로 1,600대 분량分量쯤이라고 하는데, 전국全國에 적지 않은 缺食人口(결식인구)가 있다. 이들을 위해 먹을 수 있는 음식을 함부로 하지 않고, 잘 활용함이 좋겠다.

잠식의 모양

蠶食은 '뽕잎을 누에[蠶]가 조금씩 먹다[食]'라는 의미로, 그처럼 남의 것을 야금야금 먹어 들어가거나 침략侵略하는 것을 이르기도 한다. 먹성이 좋아 잘 먹는 것을 비유적으로 이르는 속담이 "잠자고 난 누에 같다"고 하는데, 이는 蠶食하는 모양에서 비롯되었다.

그 외에 食言(식언)[29]의 食자도 '먹다'의 뜻으로 쓰이고 있다. 食言은 한자 그대로 풀이하면 '말[言]을 먹다[食]'라는 의미인데, 이는 한번 입 밖에 낸 말을 도로 입 속에 넣는다는 것이다. 곧 약속約束한 말대로 지키지 아니함을 이른다. "이준은 황국협회 타도를 부르짖고 식언을 일삼는 정부를 규탄하였다『타오르는 강(문순태)』"에서처럼 활용하고 있다.

무위도식 · 발분망식 · 삼순구식

아울러 食자가 '먹다'의 뜻으로 쓰이는 말에 三旬九食(삼순구식)[30] · 無爲徒食(무위도식)[31] · 發憤忘食(발분망식)[32]도 있다.

보릿고개가 있었던 옛날에는 초근목피草根木皮로 연명延命하는 이들이 적지 않았다. 그런 시절時節에 밥을 제대로 먹는 일이 쉽지 않았음을 이르는 말이 三旬九食이다. 三旬은 세[三] 번의 열흘[旬]이니 30일三十日인 한 달을 말하고, 九食은 아홉[九] 번 먹는다[食]는 말이다. 곧 '한 달인 30일[三旬]에 아홉[九] 번 밥을 먹다[食]'라는 의미로, 집안이 몹시 가난하여 먹을 것이 없어 굶주린다 함을 이른다. 하루 세 끼니로 치면 한 달에 구십九十 끼니이니, 한 달에 아홉 번 밥을 먹으면 열 끼니 가운데 한 번만 먹을 정도라는 것이다.

無爲徒食은 '하는[爲] 일 없이[無] 헛되이[徒] 먹기[食]만 하다'라는 의미의 말이다. 게으르거나 능력이 없는 사람을 이를 때에 쓰이고 있다. "무사 신분제의 해체로 삼백여 년간의 특권 의식으로 무위도식하던 그들이 하루아침에 실직하여 비참하게 되었다『들불(유현종)』"나 "원생들은 원래부터 교육 수준이 낮았고 유랑과 무위도식의 악습에 물들어 있던 무리였다『당신들의 천국(이청준)』"의 글에서처럼 활용되고 있다.

發憤忘食은 '알고자 하여 분[憤]을 발[發]하면 먹는[食] 것을 잊다[忘]'라는 의미로, 공자孔子가 배움의 즐거움에 대해 이른 말이다. 『논어』에서 비롯된 말인데, 그처럼 과유불급(過猶不及)·교언영색(巧言令色)·극기복례(克己復禮)·단사표음(簞食瓢飮)·도청도설(道聽塗說)·문일지십(聞一知十)·불치하문(不恥下問)·살신성인(殺身成仁)·술이부작(述而不作)·온고지신(溫故知新)·요산요수(樂山樂水)·욕속부달(欲速不達)·할계우도(割鷄牛刀)·후생가외(後生可畏) 등의 많은 말이 역시 『논어』에서 비롯되었다.

食자는 '먹히다'나 '먹이'의 뜻을 지니기도

또 食자는 '먹다'의 피동사被動詞인 '먹히다'의 뜻을 지니기도 한다. 弱肉强食(약육강식)[33]의 食자가 그런 뜻으로 쓰이고 있다.

弱肉强食은 '약한[弱] 것의 몸[肉]은 강한[強] 것에게 먹히다[食]'라는 의미로, 생존生存 경쟁競爭의 살벌함을 이른 말이다.

아울러 食자는 糧食(양식)[34]이나 美食(미식)[35]에서처럼 '먹이(먹을거리)'의 뜻을 지니기도 한다.

사람의 '생존을 위해 필요한 먹이[糧食]'를 의미하는 糧食은 "책을 읽어 마음의 양식을 쌓다"라는 말에서처럼 지식知識이나 사상思想 따위의 원천源泉이 되는 것을 비유적比喩的으로 이르기도 한다. '좋은[美] 먹이[食]'를 의미하는 美食도 '좋은[美] 먹이[食]를 찾아 먹는 사람[家]'를 이르는 美食家(미식가)[36]라는 말로 활용되고 있다. 한데 美食家를 맛있는 것을 찾아 먹는 사람으로

'미식가' 관련 방송 자막

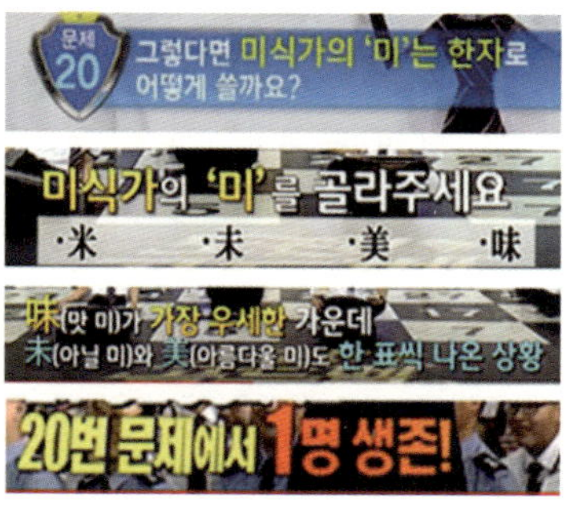

여겨 '맛'을 뜻하는 味[맛 미]자로 잘못 판단해 味食家로 여기는 경우가 많다. 실제로 한 TV의 고등학생高等學生 관련關聯 프로그램에 이를 묻는 문제問題가 출제出題되었는데, 도전挑戰 학생學生 가운데 단 1명만 맞히고 전원全員 탈락脫落한 일이 있었다.

그 외에 食자는 달과 지구地球의 그림자에 의한 자연현상自然現象인 日蝕(일식)이나 月蝕(월식)의 蝕[좀먹을 식]자를 대신해 日食(일식)[37]이나 月食(월식)[38]에서처럼 쓰이기도 한다.

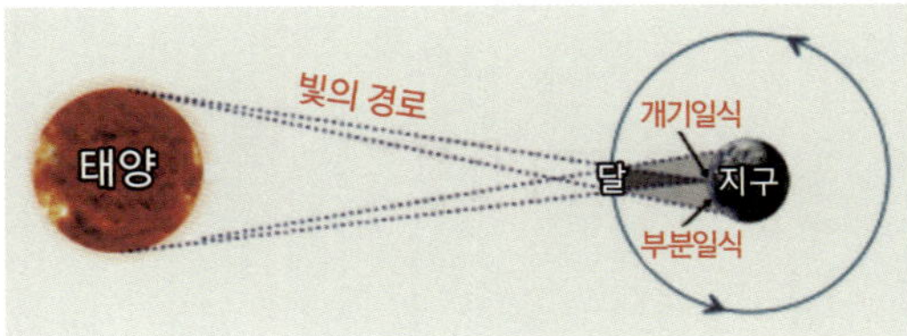

일식의 원리

日食(日蝕)은 '달의 그림자가 해[日]를 갉아먹어[食(蝕)] 결국 해가 가려지는 현상現象'을 말한다. 그때 '해가 일부 부분[部分]만 가려지는 일식[日食]'은 部分日食(부분일식)[39]이라 하고, '해가 다[皆] 없어져[旣] 가려지는 일식[日食]'은 皆旣日食(개기일식)[40]이라 한다.

개기일식의 과정

月食(月蝕)은 '지구의 그림자가 달[月]을 갉아먹어[食(蝕)] 결국 달이 가려지는 현상現象'을 말한다. 그때 '달이 일부 부분[部分]만 가려지는 월식[月食]'은 部分月食(부분월식)[41]이라 하고, '달이 다[皆] 없어져[旣] 가려지는 월식[月食]'은 皆旣月食(개기월식)[42]이라 한다.

食자는 '사'의 음으로도

아울러 食자는 '사'의 음으로도 읽힌다. 보잘것없는 음식과

옛날 대나무 도시락

관련해 '한[一] 대그릇[簞]의 밥[食]과 한[一] 표주박[瓢]의 마실[飮] 것'을 의미하는 一簞食一瓢飮(일단사일표음)[43]이란 말의 食자가 바로 '사'의 음으로 읽힌다. 一簞食一瓢飮은 줄여서 簞食瓢飮(단사표음)이라고도 한다.

그처럼 食자가 '밥'을 뜻할 때는 '식'과 '사' 두 음으로 읽히는데, 두 음은 '일반적인 밥'을 뜻할 때는 '식'이지만 '거친 밥'을 뜻할 때는 '사'로 구분區分한다. 또한 食자가 자동사自動詞의 뜻인 '먹다'로 쓰일 때는 '식'으로 읽히고, 타동사他動詞인 '먹이다'로 쓰일 때는 '사'로 읽힌다. 하지만 후대後代에 '먹이다'로 쓰일 때의 食자는 다시 음의 역할자 司[맡을 사]자를 덧붙인 飼[먹일 사]자가 그 뜻을 대신代身하기도 한다.

臣
[신하 신]

나라가 편해야 신하가 편하다

임금과 신하(다산기념관)

"나라가 편해야 신하가 편하다"라는 속담俗談의 '나라'는 국어사전 풀이로 보면 '나라님'을 이른 것으로 보인다. 사전에 "나라님이 편해야 그 밑의 신하도 마음 편히 지낼 수 있다는 뜻으로, 윗사람들이 잘 지내야 그 아랫사람들도 마음 놓고 지낼 수 있음을 비유적으로 이르는 말"이라 풀이하고 있기 때문이다.

또 국어사전에 '나라님'은 "나라의 임자라는 뜻으로, '임금'을 이르는 말"이라 했다. 반면에 '신하'는 "임금을 섬기어 벼슬하는 사람"이라 풀이하고, 연관聯關 단어單語에 신례臣隸·신복臣僕 등이 비슷한 말이라고 했다. 오늘날 잘 사용되지 않은 어휘語彙인 '신례'의 '례'와 '신복'의 '복'은 한자로 '종'을 뜻하는 隸[종 례]자와 僕[종 복]자다. 그처럼 '신례'와 '신복'의 '신'을 한자로 쓴 臣[신하 신]자도 원래는 '종'과 관련된 한자였다.

마찬가지로 '종'을 뜻하는 한자에는 奴[종 노]자도 있다. 한데 바로 그 奴(노)자에 신례臣隸의 隸자를 덧붙여 奴隸(노예), 신복臣僕의 僕자를 덧붙여 奴僕(노복)이라 하는 말에서도 臣(신)자가 원래 奴자와 똑같이 '종'과 관련된 한자였음을 미뤄 짐작할 수 있다.

노예가 되는 사람도 신하

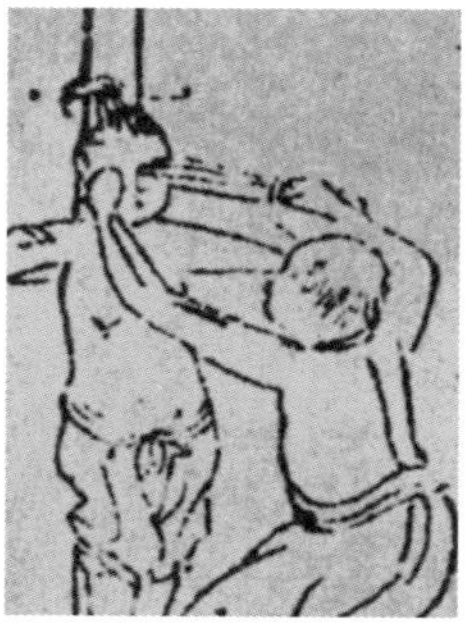
눈을 찌르는 모습

고대古代에는 부족部族과 부족이 싸워 이긴 부족이 진 부족의 사람들을 종이 되는 노예로 삼았다. 이때 노예가 된 사람은 지배자支配者인 군장君長를 섬겼는데, 후대後代에 군장의 권력權力이 강强해지면서 그 지위地位가 왕王으로 바뀌자 노예가 되는 사람도 신하의 신분身分이 된 것이다.

한데 당시에 신하처럼 지배자를 섬겼던 노예 가운데 반항反抗 능력能力이 있는 사람들은 한쪽 눈을 뾰족한 도구道具로 찔러 앞을 보지 못하게 제재制裁를 가加했다. 이렇게 제재를 가하면 의기義氣가 꺾이는 데다 한쪽 눈이 보이지 않아 행동반경行動半徑의 폭幅이 좁아져 반항 능력이 떨어질 수밖에 없었다. '신하'를 뜻하는 臣(신)자는 바로 그런 상황에서 비롯된 한자인 것이다.

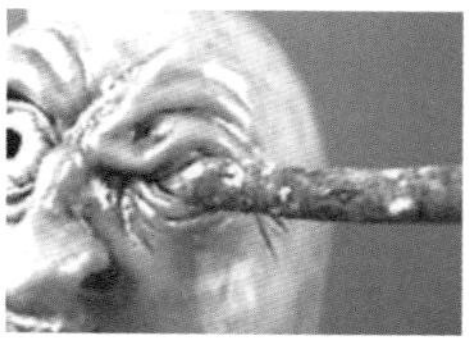

臣자는 뾰족한 도구로 제재가 가해진 눈

갑골문 臣자

금문 臣자

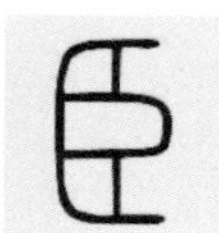
소전 臣자

실제로 갑골문 臣(신)자 자형字形은 뾰족한 도구道具로 제재制裁가 가해진 눈을 나타냈다. 그 자형에서는 제재가 가해진 눈동자 부위部位를 강조强調해 돌출突出

시켜 표현表現했다. 눈동자 가운데 보이는 짧은 선線은 찔린 부위部位를 나타냈다. 하지만 臣자는 금문 과정過程을 거쳐 소전에서 짧은 선이 없어지고 돌출된 눈동자가 보이는 눈을 나타낸 형태로만 쓰이게 되었다.

갑골문 民자

금문 民자

사실 군주시대君主時代에 임금 아래의 모든 백성百姓은 신하였다. 따라서 백성을 달리 臣자를 덧붙여 臣民(신민)이라 하기도 하는데, 臣民의 民[백성 민]자도 臣자처럼 뾰족한 도구로 눈에 제재를 가하는 상황狀況에서 비롯된 한자다.

군위신강이나 군신유의

조정의 임금과 신하들 모습

신하는 지배자支配者인 임금이 있기 때문에 존재存在하는 사람이었다. 따라서 임금과 신하는 주종관계主從關係에 놓여 있었다. 하지만 임금이 혼자 넓은 세상世上의 만백성萬百姓을 다스릴 수 없었기에 결국 신하가 임금을 대신代身해 만백성을 다스릴 수밖에 없었다. 그러니 신하는 임금과 똑같이 지배자의 입장立場에 있는 사람이기도 했다. 그처럼 보면 신하는 임금을 향하기보다 만백성을 향해 충심忠心을 다해야 하는 사람이라 하겠다. 그런 '임금[君]과 신하[臣]'인 君臣(군신)[1]의 관계를 잘 드러낸 말이 삼강오륜三綱五倫 가운데 君爲臣綱(군위신강)[2]과 君臣有義(군신유의)[3]다.

君爲臣綱은 삼강三綱의 하나로, '임금[君]은 신하[臣]의 벼리[綱]가 된다[爲]'라는 의미다. 신하는 임금을 섬기는 것이 근본根

本임을 이른 것이다.

君臣有義는 오륜五倫의 하나로, '임금[君]과 신하[臣]는 의로움[義]이 있어야[有] 한다'라는 의미다. 임금과 신하 사이의 도리道理는 의로움에 있음을 이른 것이다.

사육신과 생육신

노량진 사육신 묘역

옛글에 "집이 가난해지면 좋은 아내를 생각하고[家貧思良妻], 나라가 어지러워지면 충성스런 신하를 생각한다[國亂思忠臣]"고 했는데, '충성스런[忠] 신하[臣]'인 忠臣(충신)[4] 가운데에는 나라가 어지러워져 혹여 임금이 자리에서 물러나고 새 임금이 즉위卽位해도 섬기지 않은 이들이 있었다. 바로 그런 이들로 우리나라 역사歷史에 死六臣(사육신)[5]과 生六臣(생육신)[6]이 있다.

死六臣은 '충절을 지켜 죽은[死] 여섯[六] 신하[臣]'라는 의미로, 조선朝鮮 세조世祖 2년(1456)에 단종端宗의 복위復位를 꾀하다가 처형處刑된 忠臣과 관련이 있다. 이개李塏·하위지河緯地·유성원柳誠源·성삼문成三問·유응부兪應孚·박팽년朴彭年이 바로 그들이다.

단종 어진

반면에 死六臣처럼 새 임금인 세조를 몰아내려고 하진 않았으나, 평생 단종에 대한 충절忠節을 지킨 이들이 生六臣이다. 그렇게 '충절을 지키며 살았던[生] 여섯[六] 신하[臣]'인 生六臣은 이맹전李孟專·조려趙旅·원호元昊·김시습金時習·성담수成聃壽·남효온南孝溫(또는 권절權節)을 말한다.

구국의 영웅인 이순신

이순신 장군 영정

또 조선의 忠臣 가운데 한 사람으로, 구국救國의 영웅英雄인 李舜臣(이순신)은 그 이름에 아예 臣자를 쓰고 있다.

이름에 臣자와 함께 쓴 舜[순임금 순]자는 중국中國에서 덕德으로 천하天下를 다스리며 태평太平한 시절時節을 만들었던 요순시대堯舜時代의 '순舜임금'과 관련이 있다. 순임금은 치세治世의 모범模範이 되는 임금인데, 李舜臣의 '舜臣'은 그런 순임금[舜]의 돕는 신하[臣]가 되겠다는 이름이다.

요임금과 순임금과 우임금

李舜臣은 위로 李羲臣(이희신)과 李堯臣(이요신)의 두 형兄과 아래로 李禹臣(이우신)의 아우가 있어 모두 4형제四兄弟였다. 이들 형제 이름은 전부 돌림자인 臣자 위에 중국 고대古代 전설상傳說上의 임금들인 삼황오제三皇五帝 가운데 복희씨伏羲氏의 희羲[사람 이름 희]자와 요堯[요임금 요]자와 순舜자를 쓰고, 순임금의 뒤를 이은 우禹[하우씨 우]임금의 글자를 나이순으로 따서 덧붙였다. 태평한 시절을 만드는 데 도움을 주는 사람이 되라는 의도意圖를 담고 지어진 이름이었던 것이다.

그래서였을까? 이순신은 나라가 풍전등화風前燈火의 위기危機에 놓여 있을 때에 태평하게 만드는 데 큰 역할役割를 했다.

臣자는 '신하'와 관련된 여러 말에 덧붙여져

나아가 臣자는 忠臣 이외以外에 그 역할役割이나 지위地位, 또는 예우禮遇에 따라 奸臣(간신)[7]·諫臣(간신)[8]·文臣(문신)[9]·武臣(무신)[10]·家臣(가신)[11]·使臣(사신)[12]·戚臣(척신)[13]·權臣(권신)[14]·逆臣(역신)[15]·寵臣(총신)[16]·亂臣(난신)[17]·功臣(공신)[18]처럼 '신하'와 관련된 여러 말로 덧붙여져 쓰이기도 한다.

간신 이완용을 풍자한 만화

奸臣은 '간사한[奸] 신하[臣]'를 이르며, 그 奸臣과 동음이의어同音異議語인 諫臣은 '임금에게 옳은 말로 간하는[諫] 신하[臣]'를 이른다. 諫臣은 諫[간할 간]자와 뜻이 같은 諍[간할 쟁]자를 쓴 諍臣(쟁신)으로 바꿔 쓰이기도 한다.

文臣은 '문관[文]인 신하[臣]'를 이르며, 그에 상대相對되는 武臣은 '무관[武]인 신하[臣]'를 이른다.

家臣은 '높은 벼슬아치의 집[家]에서 일하는 신하[臣]'를 이르고, 고려시대高麗時代에 武臣 정권政權 아래에서 武臣 권력자權力者 가문家門에 들어가 사적私的인 일을 돌보아 주다가 그들의 신임信任을 얻어 관료官僚로 진출進出한 문신文臣 계층階層을 이르기도 한다.

신라·백제·고구려 사신 모습

使臣은 '임금이 부리는[使] 신하[臣]'로, 임금 명령命令을 받고 외교적外交的인 목적目的으로 다른 나라에 파견派遣하는 벼슬아치를 이른다. 사절使節이라고도 하며, 단체團體로 움직일 때는 사절단使節團이라 한다.

戚臣은 '임금의 외척[戚]이 되는 신하[臣]'를 이르고, 權臣은 '권세[權]가 있는 신하[臣]'를 이른다.

逆臣은 '반란을 일으켜 임금을 거스르는[逆] 신하[臣]'를 이르고, 寵臣은 '임금의 총애[寵]를 받는 신하[臣]'를 이르며, 亂臣은 '나라 정치政治를 어지럽게[亂] 하는 신하[臣]'를 이른다. 또 亂臣

은 부모를 해치는[賊] 자식[子]을 의미하는 賊子(적자)와 어울려 亂臣賊子(난신적자)라는 말로도 쓰이고 있다.

功臣은 '나라에 공[功]이 있는 신하[臣]'로, 그 공로功勞에 따라 開國功臣(개국공신)[19]나 反正功臣(반정공신)[20]으로 지칭指稱한다. 開國功臣은 '나라[國]를 새로 여는[開] 데 공[功]이 있는 신하[臣]'를 이르며, 反正功臣은 '옳지 못한 임금을 몰아내고 새 임금을 세워 바른[正] 상태로 돌이키는[反] 데 공[功]이 있는 신하[臣]'를 이른다.

고굉지신 · 국록지신 · 사직지신

그 외에 臣자는 股肱之臣(고굉지신)[21]· 國祿之臣(국록지신)[22]· 社稷之臣(사직지신)[23]· 棟樑之臣(동량지신)[24] 등의 말에서도 그 쓰임을 엿볼 수 있다.

股肱之臣은 '넓적다리[股]와 팔뚝[肱]이 되는[之] 신하[臣]'라는 의미로, 임금이 가장 신임信任하는 중요重要한 신하를 이른다.

國祿之臣은 '나라[國]의 녹[祿]을 받는 신하[臣]'라는 의미로, 벼슬길에 나아가 나라의 일을 하며 녹봉祿俸을 받는 벼슬아치를 이른다.

〈사직단도〉(정선)

社稷之臣은 '사직[社稷]을 받드는 신하[臣]'라는 의미로, 사직社稷은 새로 나라를 세울 때 천자天子나 제후諸侯가 제사祭祀 지냈던 토지신土地神과 곡신穀神을 말한다. 나아가 그 사직이 없으면 나라도 없는 것이기에 사직은

나라를 이르기도 한다. 따라서 社稷之臣은 나라의 안위安危와 존망存亡을 맡은 중요한 신하를 이른다.

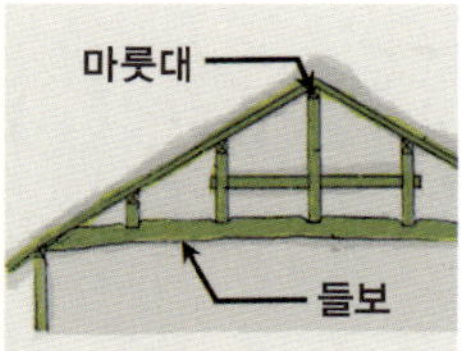

마룻대와 들보

棟樑之臣은 '마룻대[棟]나 들보[樑]가 되는 신하[臣]'라는 의미로, 마룻대나 들보인 동량은 집을 지을 때에 가장 쓸 만한 재목材木을 사용한다. 따라서 棟樑之臣은 한 나라의 중요重要한 책임責任을 맡아 수행遂行할 만한 가장 쓸 만한 신하를 이른다.

臣자는 '백성'의 뜻으로도

그 외에 臣자는 '백성'의 뜻으로도 쓰인다. 백성은 모두 임금의 신하라 할 수 있기 때문이다. 市井之臣(시정지신)[25]의 臣자가 바로 그런 뜻으로 쓰이고 있다.

市井之臣은 '저자[市]나 우물[井]에 모여 있는 백성[臣]'이란 의미로, 벼슬하지 않는 사람들을 이른다. 안일과 바깥일이 구분區分되었던 예전에 저자의 일은 주로 백성 가운데 남자가, 밥 짓고 빨래하는 물을 구하는 우물의 일은 여자가 했다. 따라서 남자와 여자가 많이 모이는 '저자'를 뜻하는 市[저자 시]자와 '우물'을 뜻하는 井[우물 정]자가 어우러진 市井을 덧붙여 市井之臣이란 말이 이뤄졌다.

옛날 저자와 우물가의 모습

아울러 臣자는 小臣(소신)이나 臣妾(신첩)에서처럼 임금에게 신하가 사용하는 '자칭自稱 대명사代名詞'로도 쓰이며, 여자가 자기自己를 이르는 겸칭謙稱으로도 쓰이고 있다.

辛 [매울 신] 신라면, 푸라면, 행라면

신라면

푸라면

辛[매울 신]자는 라면으로 인해 잘 알려진 한자漢字다. 간혹間或 한자를 잘 모르는 10대들에게는 '푸'자처럼 보이는 글자의 형태 때문에 '푸라면'이라 불리기도 하는 라면이다. 또 辛자가 幸福(행복)의 幸[다행 행]자와 비슷한 데서 '행라면'이라 부르는 이들도 있다.

'辛라면'은 그 상품명商品名을 붙이는 데 우여곡절迂餘曲折이 있었다. 그 라면을 생산生產할 당시當時에 식품위생법상食品衛生法上 상품명은 한글로 해야 하고, 외국어外國語 병기倂記 때는 한글 표기表記보다 크게 할 수 없었다. '辛'이 '라면'보다 크게 표기되는 '辛라면'은 법法에 저촉抵觸되었던 것이다.

이에 대해 '辛라면'을 생산하는 회사會社에서는 수천數千 년간年間 한자문화권漢字文化圈인 우리나라에서 한자를 외국어로 분류分類하는 것이 타당妥當한지, 즉각적卽刻的인 의미意味 전달傳達과 이미지 부각浮刻이 생명生命인 상품명에서 한글보다 한자를 크게 쓸 수 없다는 규정規定이 합리적合理的인지 반론反論을 제기提起했다. 불필요不必要한 규제規制가 식품산업食品產

業을 저해沮害할 수 있다는 판단判斷을 했기 때문이다. 결국 당시 보건사회부保健社會部에서는 그 회사의 건의建議를 받아들여 1988년 10월 법法 조항條項을 개정改定했다. 이후 辛자를 한글보다 크게 쓴 '辛라면'은 상품명으로 사용할 수 있게 되었다.

매운맛은 맛이 아니다

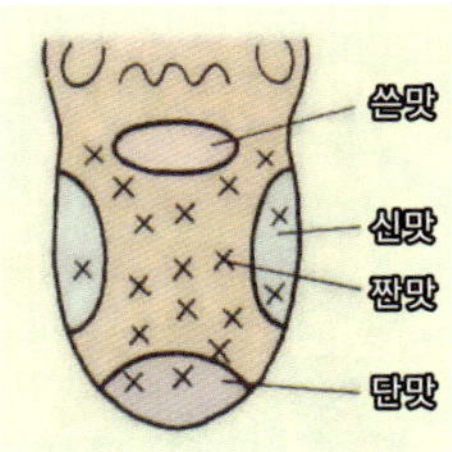

잘못된 옛날 미각 분포도

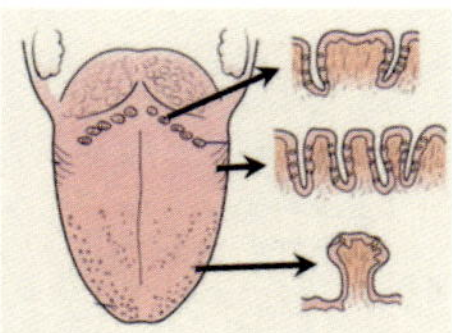
혀에 분포된 여러 형태의 미뢰

그 辛라면은 매운맛이 나는 라면으로 널리 알려져 있다. 한데 매운맛이라 하며 맛과 관련된 말로 흔히 표현하지만 사실 '매운 것'은 미각味覺과 상관相關이 없다.

미각은 맛[味]을 느끼는 감각[覺]으로, 주로 혀에 있는 맛봉오리인 미뢰味蕾가 침에 녹은 화학化學 물질物質에 반응反應해 일어난다. 단맛, 짠맛, 신맛, 쓴맛의 네 가지 기본基本 미각이 있다. 그 외에 감칠맛이나 지방맛을 느끼는 것도 가능可能하다.

하지만 매운맛은 맛이 아니다. 예전에 '매운맛'은 미각에 속하는 것으로 가르치고 배웠다. 그러나 오늘날 '매운 것'은 자극刺戟에 의한 감각感覺인 통각痛覺으로 가르치고 배우고 있다. '매운 것'은 미각이 아닌 통각인 것이다.

辛자는 문신의 도구

바로 그 통각과 관련된 '맵다'를 뜻하는 辛자는 갑골문 자형으로 살피면 위는 평평한 반면 아래는 뾰족하고 날카롭게 생겨 무언가 찌르는 데 사용하는 도구道具를 나타낸 한자로 보인다. 문신文身의 도구를 나타낸 것이다.

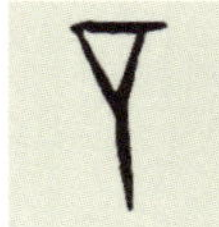
갑골문 辛자

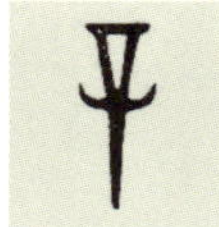
금문 辛자

소전 辛자

옛날에는 그 문신의 도구로 노예奴隸뿐만 아니라 포로捕虜나 죄인罪人처럼 허물이 있는 사람 낯에 검은 먹을 새겼다. 그렇게 검은 먹이 새겨진 사람은 뼈에 사무치는 괴로움을 겪으며 살아야 했다. 따라서 辛자는 '괴롭다'의 뜻을 지니게 되었고, 다시 사람을 괴롭게 하는 자극刺戟과 관련해 '맵다'의 뜻을 지니게 되었다.

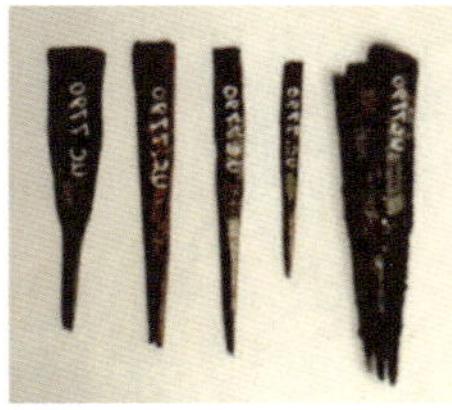
옛날 문신도구

문신을 새기는 형벌의 모습

신랄 · 신산 · 신고

辛자는 자신自身의 자형字形이 덧붙여져 같은 뜻을 지니게 된 辣[매울 랄]자와 어울려 辛辣(신랄)[1]이란 말에 쓰이고 있다. 따라서 辛辣은 한자의 뜻 그대로 풀이하면 '맵고[辛] 맵다[辣]'는 것인데, 이는 아주 맵다 함을 의미한다. 또 사물事物의 분석分析이나 비평批評 따위가 매우 날카롭고 예리하다 함을 이르기도 한다. 곧 맵게 분석이나 비평을 할 때에 사용하는 말이 되었다. "언니의 화법은 특이했다. 옆에서 듣는 사람 속까지 시원하게 해 주면서도 오빠의 자존심을 긁는 신랄함이 없이…『그 많던 싱아는 누가 다 먹었을까(박완서)』"의 글에서처럼 활용되고 있다.

또 매운 것 못지않게 음미吟味하기 쉽지 않은 것이 신 것이다.

따라서 辛자는 '시다'의 뜻을 지닌 酸[실 산]자와 어울려 辛酸(신산)[2]이란 말로도 쓰이고 있다. 결국 辛酸은 '맵고[辛] 시다[酸]'를 의미하는데, 맵고 신 것처럼 세상살이가 고됨을 이르는 말로도 사용되고 있다. "그녀를 대하고 받은 인상은 온통 신산한 삶의 그늘뿐이었다『도시의 늪(이동하)』"의 글에서처럼 활용되고 있다.

아울러 辛자는 '쓰다'의 뜻을 지닌 苦[쓸 고]자와 어울려 辛苦(신고)[3]라는 말로도 쓰이고 있다. 한데 '맵다'의 뜻을 지닌 辛자가 '괴롭다'의 뜻을 지니기도 하는 것처럼 苦자도 씀바귀처럼 쓴 것을 먹는 것이 괴롭기 때문에 '괴롭다'의 뜻을 지니기도 한다. 때문에 辛苦는 '어려운 일을 당하여 겪는 괴로움[辛苦]'을 의미한다.

매운 고추와 쓴 씀바귀

나아가 辛苦는 '몹시 어렵고[艱難] 괴롭다[辛苦]'는 의미의 艱難辛苦(간난신고)[4]에 덧붙여져 쓰이고 있다. 艱難辛苦의 艱[어려울 간]자와 難[어려울 난]자는 둘 다 '어렵다'의 뜻을 지니는데, 살림살이가 넉넉하지 못함을 이르는 '가난'이란 말이 바로 그 두 한자가 어우러진 '艱難(간난)'에서 비롯되었다. 艱難의 음音 '간난'이 발음發音의 편의便宜를 위해 연음連音된 동음同音 중 앞 자음子音 'ㄴ'이 탈락脫落해 '가난'으로 읽히게 된 것이다.

또 辛자와 苦자의 쓰임은 千辛萬苦(천신만고)[5]에서도 살펴볼 수 있다. 千辛萬苦는 '천[千] 가지 매운[辛] 것과 만[萬] 가지 쓴[苦] 것'이라는 의미로, 온갖 어려운 고비를 다 겪으며 심하게 고생함을 이른다. "트럭에 매달리고 탱크 포탑에 올라앉아 그들은 천신만고로 전선을 벗어나 야전 병원에 도착한 것이었다『육이오(홍성원)』"의 글에서처럼 활용되고 있다.

간신과 신승

그 외에 辛자는 '어렵고[艱] 괴롭다[辛]'는 의미의 말인 艱辛(간신)[6]에서도 그 쓰임을 엿볼 수 있다. 하지만 艱辛은 오늘날 부사副詞로 '겨우' 또는 '가까스로'의 의미인 '艱辛히'라는 말로 주로 활용되고 있다. 어렵고 괴로운 상황에서 '겨우' 또는 '가까스로' 버티고 있다는 데서 그런 의미가 주어진 것이다.

나아가 '괴로움[辛]을 겪으며 겨우 또는 가까스로 이겼다[勝]' 함을 의미하는 말인 辛勝(신승)[7]에서도 辛자의 쓰임을 엿볼 수 있다. 오늘날 辛勝은 주로 경기競技 따위에서 힘들게 艱辛히 이겼을 때 사용하고 있다.

향신료와 오신채

언급言及했듯 '매운맛'은 맛이 아니지만, 매운 식재료食材料의 캡사이신capsaicin 성분成分이 사람들에게 독특獨特한 향미香味를 가지고 있는 맛처럼 여겨지고 있어 이를 '매운맛'이라 하고 있다.

산초(상)와 초피(하)의 잎과 열매

오늘날 매운맛은 음식飮食의 맛을 더하는 재료材料로 흔히 사용되고 있다. 특히 스트레스 해소解消를 위한 음식의 맛을 책임責任지고 있다. 매운맛이 있는 음식을 먹으면 땀이 나면서 개운한 느낌이 들게 해 스트레스 완화緩和에 도움이 되는 것처럼 느껴진다.

깻잎(상)과 차조기(하)

그렇게 음식飮食에 '향기[香]와 매운맛[辛]을 더하는 재료[料]'는 香辛料(향신료)[8]라 한다. 우리나라 사람들이 자주 접하는 香辛料에는 고추·마늘·생강·강황·겨자·계피·고추냉이·산초·초피(제피)·후추 등이 있다. 그 외에 달래·부추·파·쑥갓·깻잎·차조기 등의 야채野菜도 香辛料에 속한다.

불가佛家에서는 그 가운데 마늘·달래·부추·파와 더불어 우리나라 사람에게 생소生疎한 흥거를 五辛菜(오신채)[9]라 하고 있다. 곧 五辛菜는 '다섯[五] 종류의 매운맛[辛]이 강한 나물[菜]'을 이른다. 불가에서는 이를 먹으면 음욕淫慾과 분노忿怒를 불러일으킨다고 하여 금禁하고 있다. 하지만 일반인一般人에게는 활기活氣와 기력氣力을 돕는 고마운 야채이기도 하다.

오신채의 하나인 흥거

辛자는 간지 가운데 여덟째 천간

뿐만 아니라 辛자는 간지干支 가운데 '여덟째 천간天干'으로도 빌려 쓰이고 있다. 그처럼 간지자干支字로 이뤄지는 육십갑자六十甲子에서 辛자를 덧붙이는 말에는 辛丑(신축)·辛卯(신묘)·辛巳(신사)·辛未(신미)·辛酉(신유)·辛亥(신해)가 있다.

천간(십간)과 지지(십이지)

干支	1	2	3	4	5	6	7	8	9	10	11	12
天干	甲갑	乙을	丙병	丁정	戊무	己기	庚경	辛신	壬임	癸계		
地支	子자	丑축	寅인	卯묘	辰진	巳사	午오	未미	申신	酉유	戌술	亥해
	쥐	소	범	토끼	용	뱀	말	양	원숭이	닭	개	돼지

육십갑자표

六十甲子 육십갑자									
甲子 갑자	乙丑 을축	丙寅 병인	丁卯 정묘	戊辰 무진	己巳 기사	庚午 경오	辛未 신미	壬申 임신	癸酉 계유
甲戌 갑술	乙亥 을해	丙子 병자	丁丑 정축	戊寅 무인	己卯 기묘	庚辰 경진	辛巳 신사	壬午 임오	癸未 계미
甲申 갑신	乙酉 을유	丙戌 병술	丁亥 정해	戊子 무자	己丑 기축	庚寅 경인	辛卯 신묘	壬辰 임진	癸巳 계사
甲午 갑오	乙未 을미	丙申 병신	丁酉 정유	戊戌 무술	己亥 기해	庚子 경자	辛丑 신축	壬寅 임인	癸卯 계묘
甲辰 갑진	乙巳 을사	丙午 병오	丁未 정미	戊申 무신	己酉 기유	庚戌 경술	辛亥 신해	壬子 임자	癸丑 계축
甲寅 갑인	乙卯 을묘	丙辰 병진	丁巳 정사	戊午 무오	己未 기미	庚申 경신	辛酉 신유	壬戌 임술	癸亥 계해

그중에 '1871년인 신미[辛未]년에 서양[洋] 미국美國 군함軍艦이 강화도江華島 해협海峽에 침입侵入해 우리나라를 어지럽힌[擾] 사건事件'이 바로 辛未洋擾(신미양요)[10]다. 당시當時 미국은 대동강大同江에서 불탄 제너럴셔먼호General Sherman號 사건에 대한 문책問責과 함께 조선朝鮮과의 통상조약通商條約을 맺고자 했으나 격퇴擊退되었다.

제너럴셔먼호

신미양요 때 점령당한 덕진진

또 '1911년인 신해[辛亥]년에 청淸나라를 무너뜨리고 중화민국中華民國을 세운 혁명[革命]'이 바로 辛亥革命(신해혁명)[11]이다. 10월에 우창武昌에서 봉기蜂起하여, 그 이듬해 1월에 쑨원孫文을 임시臨時 대총통大總統으로 하는 임시정부臨時政府를 수립竪立했으나, 혁명革命 세력勢力이 약弱한 탓에 위안스카이袁世凱가 대총통에 취임就任해 군벌정치軍閥政治를 폈다.

신해혁명 관련 사진

그 辛亥革命은 우리나라에서 중국中國 인명人名을 표기表記

쑨원과 위안스카이

하는 방법方法의 기준점基準點이 되는 사건이기도 하다. 辛亥革命 이전以前에 활동活動한 인물人物의 이름은 한자음漢字音으로 표기表記하도록 하고, 이후以後에는 중국 음音으로 표기하도록 하고 있기 때문이다. 따라서 바로 앞에 등장하는 孫文이나 袁世凱의 표기를 '손문'과 '원세개'가 아닌 '쑨원'과 '위안스카이'로 표기했다.

身
[몸 신]

흙으로 사람 몸을 빚었다

성경聖經 창세기創世記에 하나님이 흙으로 사람 몸을 빚었다고 했다. 실제實際로 사람 몸은 흙으로 만들어졌다고 해도 과언過言이 아니다. 사람은 누구나 몸을 유지維持하기 위해 무언가 먹어야 하는데, 사람이 먹는 모든 것은 흙과 관련關聯이 있기 때문이다.

흙으로 사람의 몸을 빚는 하나님

땅 속에 뿌리를 두고 사는 풀이나 나무와 같은 식물植物은 흙에서 영양분營養分을 흡수吸收해 열매를 만들며, 초식동물草食動物은 그 식물이나 열매를 먹고산다. 다시 육식동물肉食動物은 초식동물을 잡아먹는다. 먹이사슬에서 맨 위에 있는 사람은 식물을 먹든, 동물을 먹든 모두 흙에서 나는 것을 먹는 셈이 된다. 따라서 흙에서 나는 것을 먹고 유지하는 몸도 흙이라 본 것이다.

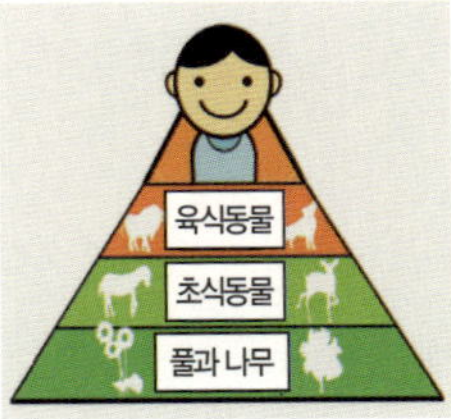

생태계 먹이사슬 피라미드

사람의 몸은 자연의 일부

흙에서 나는 것을 먹는 사람의 몸은 자연自然의 일부一部다.

그 몸은 자연에서 나서 자연에서 살다 자연으로 돌아간다.

몸을 아끼지 않고 세상世上을 열심히 사는 사람들은 말한다. "죽으면 썩어 흙으로 돌아갈 몸 아껴 뭐 하냐고……" 대체로 그런 사람에게는 '몸이 재산財産'이다. 가진 게 몸밖에 없으니 몸을 아끼지 않는다.

몸짱

하지만 요즘 연예인演藝人들 가운데는 그 몸을 군더더기 없는 근육질筋肉質로 잘 만들거나 늘씬하고 예쁘게 만들어 대중大衆에게 어필하고 있다. 그런 몸을 지닌 이들을 요즘 신조어新造語로 '몸짱'이라 하는데, 이들에게는 '몸짱이 재산'이 되는 셈이다.

문제問題는 적지 않은 이들이 몸짱을 만드는 데만 너무 매달리는 것이다. 몸은 정신精神을 담는 그릇으로, 정신이 온전穩全치 않는 몸은 아무리 몸짱이라도 별 소용所用이 없는 존재存在가 된다. 몸이 움직이려면 정신의 작용作用이 우선于先이고, 정신의 작용은 곧 생각이다. 그 생각이 그릇되면 몸의 행동行動도 그릇되게 나타난다. 그저 몸만 부리며 몸으로만 어필하는 존재存在가 되면 안 되겠다.

身자는 배가 부른 모습

갑골문 身자

금문 身자

소전 身자

한자에서 身[몸 신]자는 바로 그 '몸'을 뜻한다. 이를 갑골문 身자로 살피면 배가 부른 사람 모습을 나타냈다. 그렇게 배가 부른 모습은 여자가 아이를 배고 있을 때고, 여자가 아이를 배고 있으면 몸을 더욱 소중히 하기에 그 뜻이 '몸'이 된 것이다.

갑골문 孕자

빌렌도르프 비너스

身자는 다산多産을 숭배崇拜하던 시대時代에 아름답게 여겼던 풍만한 여자 몸을 나타낸 것인데, 그 본래 뜻인 '아이 배다'는 다시 女[계집 녀]자를 덧붙인 㑗[아이 밸 신]자가 대신하다가 다시 음의 역할자役割字를 辰[때 신(진)]자로 바꿔 오늘날은 娠[아이 밸 신]자로 쓰고 있다.

사대육신은

그렇게 '몸'을 뜻하는 身자는 같은 뜻을 지닌 體[몸 체]자와 어울려 身體(신체)란 말로 쓰이고 있고, 가끔은 한자를 서로 바꿔 써 體身(체신)이라 하기도 한다. 그 身體는 크게 '머리·몸통·두 팔·두 다리의 여섯[六] 부분의 몸[身]'으로 이뤄져 있다. 따라서 이를 六身(육신)[1]이라 하며, 다시 팔·다리·머리·몸통의 네[四] 개 큰[大] 부위部位로 나눠 본 데서 四大(사대)를 덧붙여 四大六身(사대육신)이라 하기도 한다.

그처럼 身體의 모든 부위部位를 아우르는 四大六身은 온몸을 이르는데, '온[全(渾)]몸[身]'은 다시 全身(전신)[2]이나 渾身(혼신)이라 하기도 한다. 全身과 渾身의 全[온전 전]자와 渾[흐릴 혼]자는 '모두'나 '온'의 뜻을 지니기도 하는 한자기 때문이다. 따라서 "渾身의 힘을 다하다"라고 하면 '온몸의 힘을 다하다'라는 의미가 된다.

아름다운 사람의 표준

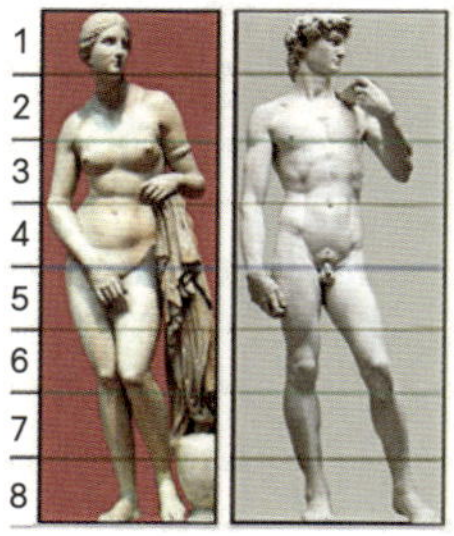

팔등신 조각상

등신불

또 온몸의 균형均衡이 잘 잡힌 사람은 八等身(팔등신)[3]이라 하는데, 八等身은 '키가 머리 길이의 여덟[八] 배로 등분[等]되는 몸[身]'을 이른다.

예부터 그런 몸을 아름다운 사람의 표준標準으로 삼고 있다. 오늘날은 머리가 작으면서 키가 큰 연예인演藝人들의 모습에서 八等身을 흔히 볼 수 있다.

아울러 '사람 키와 같은[等] 높이의 몸[身]'은 等身(등신)[4]이라 한다. 나아가 '사람과 같은[等] 몸[身]의 크기[大]'는 等身大(등신대)[5]라 하고, '사람의 크기와 같은[等] 몸[身]의 조각이나 그림의 형상[像]'은 等身像(등신상)[6]이라 하며, '사람과 같은[等] 높이의 몸[身]으로 만든 불상[佛]'은 等身佛(등신불)[7]이라 한다.

장신인 사람이 더 위신이 있어 보이기도

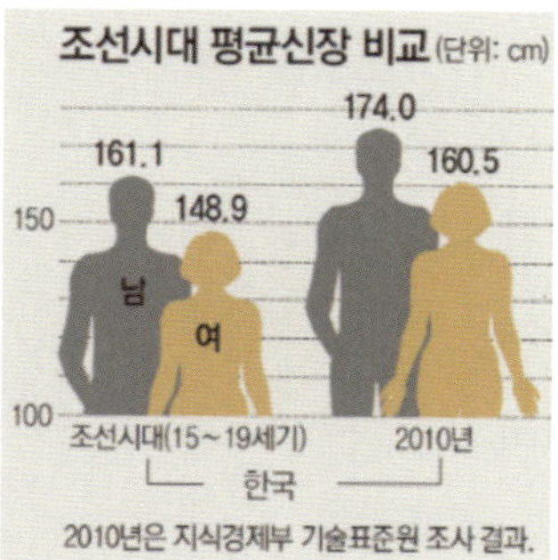

조선시대와 오늘날 신장 비교

나아가 '몸[身]의 길이[長]'를 의미하는 身長(신장)[8]은 그 길이에 따라 短身(단신)[9]과 長身(장신)[10]으로 나뉜다. 短身은 '길이가 짧은[短] 사람의 몸[身]'을, 長身은 '길이가 긴[長] 사람의 몸[身]'을 이른다. 아무래도 그냥 보기에 長身의 사람이 더 눈에 띌 수밖에 없다. 게다가 體身이 더 큰 長身인 사람이 더 위신威信이 있어 보이기도 한다.

실제로 임진왜란壬辰倭亂 때 뛰어난 리더십을 발휘發揮

했던 이순신李舜臣 장군將軍은 197cm나 되었던 그의 칼로 키를 헤아려 보면, 150~160cm쯤 되었던 일반 군사軍士들보다 머리 하나 정도가 더 큰 180cm쯤으로 추정推定된다. 또 2차二次 세계대전世界大戰 이후以後 미국美國 대통령大統領 선거選擧에서 키 작은 후보자候補者가 당선當選된 것도 단 한 번뿐이라 한다. 키가 리더십을 발휘하는 데 무시無視할 수 없는 조건임을 알 수 있다.

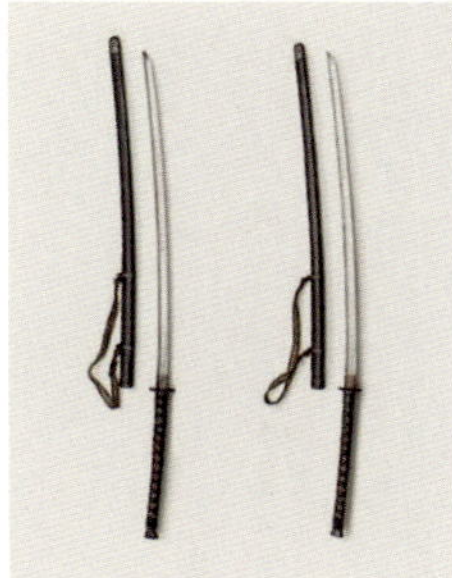

이순신 장군의 197cm 장검

한자에서도 원래 보통 이상으로 사람의 키가 '크다' 함을 뜻하는 偉[클 위/위대할 위] 자가 '위대偉大하다'의 뜻으로도 쓰이고 있는 것도 키가 큰 사람이 위대해 보이고, 실제로 위대한 일을 한 경우가 많기 때문이다.

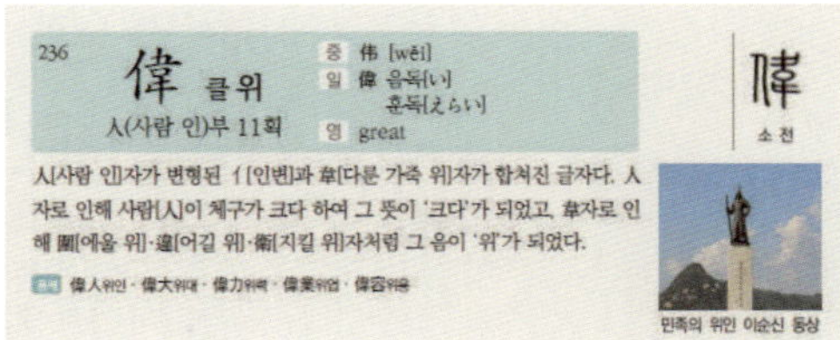

236 偉 클위
人(사람 인)부 11획
중 伟 [wěi]
일 偉 음독[い] 훈독[えらい]
영 great
소전

人[사람 인]자가 변형된 亻[인변]과 韋[다룬 가죽 위]자가 합쳐진 글자다. 人자로 인해 사람[人]이 체구가 크다 하여 그 뜻이 '크다'가 되었고, 韋자로 인해 圍[에울 위]·違[어길 위]·衛[지킬 위]자처럼 그 음이 '위'가 되었다.

偉人위인 · 偉大위대 · 偉力위력 · 偉業위업 · 偉容위용

민족의 위인 이순신 동상

偉자 관련 자료(『한중일 공용한자 808』)

그래서일까? 『키는 권력이다』라는 책冊에서도 키 큰 남자가 키 작은 남자보다 사회적社會的으로 성공成功할 확률確率이 높다고 했다. 키 큰 사람들이 가방끈이 더 길었고, 월급月給을 더 많이 받았고, 승진昇進에서도 더 많은 혜택惠澤이 주어졌다고 했다.

원서 『키는 권련이다』 표지

그래서였을까? 한때 TV 개그 코너에서 "키 컸으면, 키 컸으면" 하는 말이 많은 관심關心을 받았고, '숏다리'와 '롱다리'라는 말이 유행어流行語가 되기도 했다.

'롱다리'인 키 큰 사람은 예부터 七尺長身(칠척장신)이니 八尺長身(팔척장신)이니 하고, 더 나아가 九尺長身(구척장신)이니 하는 말로도 불렀다.

그 가운데 八尺長身의 경우는 시대時代마다 도량형度量衡이

달라 그 길이를 분명히 정定하기 쉽지 않지만 주척周尺으로 보면 1척一尺이 23.1cm이니 185cm쯤 된다 할 수 있다. 九尺長身은 과장誇張된 표현表現으로 보인다.

키가 작으면 '루저'

오죽하면 오래 전前의 중국中國 당唐나라 시대時代에 관리官吏를 선출選出하는 데 표준標準으로 삼았던 네 가지 조건條件인 身言書判(신언서판)[11] 가운데에서도 '身'을 맨 처음에 내세우고 있다.

身言書判은 身體의 풍위豐偉, 언사言辭의 변정辯正, 해법楷法의 준미遵美, 문리文理의 우장優長을 말한다. 쉽게 다시 말하면 '몸[身]과 말[言]과 글자[書]와 판단력[判]'의 네 가지를 이른다.

그처럼 예전에도 身長, 체모體貌가 있어 보이는 사람을 관리로 등용登用했는데, 이는 오늘날에도 예외例外가 아닌 듯싶다.

'루저' 관련 방송 자막

웃자는 소리로 하는 말하겠지만 일부에서 키가 작으면 '루저loser'라 하고 있기 때문이다. 게다가 돈 없으면 '후저', 못생겼으면 '꺼저', 세 가지에 모두 해당되면 '디저'라 하고 있고…….

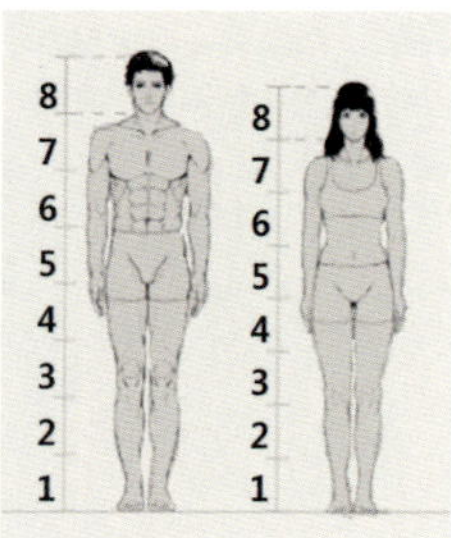
'팔등신' 남녀의 모습

그러나 보릿고개를 넘어서 풍요豊饒를 이룬 요즘의 세대世代는 대부분 잘 먹고 잘 입은 데다 의술醫術의 힘을 입을 수도 있기에 八等身에 가까운 이들이 적지 않다.

그렇게 몸은 八等身인데, 그 좋은 八等身 몸 안에 깃든 정신精神이 문제問題다. 언급言及했듯 몸은 정신을 담는 그릇이다. 그 그릇에 담기는 음식은 정신이다. 좋은 자기瓷器 그릇에 담긴 맛없는 음식보다 투박한 질그릇에 담긴 맛있는 음식이 더 낫다는 것을 깨달아야 할 것이다.

사람 몸을 의미하는 말이 인신

身長이나 八等身은 사람 몸과 관련이 있다. 바로 그 '사람[人] 몸[身]'을 의미하는 말이 人身(인신)[12]이다. 人身은 다시 개인個人의 신상身上이나 신분身分을 의미하기도 하고, 나아가 人身攻擊(인신공격)[13]·人身賣買(인신매매)[14]·人身供養(인신공양)[15]·人身拘束(인신구속)[16] 등의 말에 활용되기도 한다.

악플러 관련 사진

人身攻擊은 '다른 사람[人]의 신상[身]에 관해 비난하며 공격[攻擊]하다'라는 말이다. 흔히 상대방相對方의 외모外貌나 성격性格, 출신지出身地, 소속所屬 등에 대해 비난非難하며 공격을 하는 경우가 대부분이다. 불순不純한 의도意圖를 가지고 행하는 경우도 적지 않은데, 오늘날 악플러가 바로 그런 이들이다.

노예시장을 표현한 그림

人身賣買는 '사람[人]의 몸[身]을 물건처럼 팔고[賣] 사다[買]'라는 말이다. 과거過去 노예제도奴隸制度가 있었던 시절時節에 흔히 행行해졌던 일이었다.

몸을 던지는 모습의 효녀 심청상

人身供養은 '사람[人]의 몸[身]을 이바지하여[供] 봉양하다[養]'라는 말로, 심청沈淸이 아버지 눈을 뜨게 하기 위해 공양미供養米 300석石에 팔려 인당수印塘水에 몸을 던졌던 일이 바로 그런 경우境遇다. 또 아이를 넣어 만들었다는 에밀레종과 관련된 설화說話도 人身供養과 관련이 있다. 하지만 에밀레종과 관런된 설화는 종鐘에 대한 성분成分 분석分析의 결과結果 근거根據가 없는 것으로 밝혀졌다.

베트남 틱광둑 스님의 소신공양

人身供養은 달리 人身供犧(인신공희)라 하기도 한다. 아울러 '스스로 몸[身]을 불살라[燒] 하는 공양[供養]'은 燒身供養(소신공양)[17]이라 한다.

인신구속된 사람 모습

人身拘束은 '법法으로 사람[人]의 몸[身]을 잡아두거나[拘] 묶어서[束] 제한하는 일'을 의미하며, 그렇게 제한制限된 몸은 흔히 身柄(신병)[18]이라 한다.

身柄은 '보호나 구금의 대상이 되는 사람의 몸[身柄]'을 이르기 때문이다. "경찰은 이미 범인의 신병을 확보했다"에서처럼 쓰이고 있다.

단신 · 독신 · 일신

나아가 單身(단신)[19]은 '혼자[單]의 몸[身]'을 의미하고, 배우자配偶者나 형제자매兄弟姉妹가 없는 사람을 의미하기도 한다. 달리 '홀몸'이라고도 하는데, 이는 '딸린 사람이 없는 몸'이나 '임신하지 않은 몸'을 이르는 '홑몸'과 잘 구분해야 한다.

아울러 孑孑單身(혈혈단신)[20]은 '의지할 곳이 없는 외롭고[孑] 외로운[孑] 혼자[單]의 몸[身]'을 의미한다. 따라서 '6·25전쟁六二五戰爭 때에 孑孑單身으로 남한南韓에 내려 왔다'고 하면 이는 홀몸으로 내려왔다는 의미가 된다. 하지만 홀몸으로 내려왔다고 '홀로'의 '홀'을 덧붙여 '홀홀단신'이라 잘못 이르는 경우도 있다.

獨身(독신)[21]은 '형제자매가 없는 홀로[獨]인 몸[身]이나 배우자가 없는 홀로인 몸'을 의미한다. 그렇게 '홀로[獨]의 몸[身]으로 평생 배우자 없이 지내려는 주의[主義]를 따르는 사람[者]'은 獨身主義者(독신주의자)[22]라 한다.

一身(일신)[23]도 '하나[一]의 몸[身]'으로 풀이하면 單身이나 獨身과 같은 의미가 되나, '하나[一]가 되는 몸[身]'으로 풀이할 수도 있다. 同氣一身(동기일신)[24]의 '一身'이 바로 하나가 되는 몸이란 의미로 쓰이고 있다.

동기일신의 육남매

同氣一身은 '부모父母로부터 한가지[同] 기운[氣]을 받고 태어나 하나[一]가 되는 몸[身]'이란 의미로, 여러 형제자매가 한 몸이나 다름없음을 이른다.

나신 · 분신 · 화신 · 반신 · 변신

뿐만 아니라 身자는 裸身(나신)[25]· 分身(분신)[26]· 化身(화신)[27]· 半身(반신)[28]· 變身(변신)[29] 등의 말에서도 그 쓰임을 엿볼 수 있다.

裸身은 '벌거벗은[裸] 몸[身]'이란 말로, 같은 뜻의 體[몸 체]자로 바꿔 裸體(나체)라 하기도 한다.

〈희망 1〉(구스타프 클림트)

分身은 원래 불가佛家에서 나온 말로, '부처가 중생衆生을 교화敎化하기 위해 여러 가지로 나눠진[分] 몸[身]'을 이른다. 오늘날은 하나의 주체主體에서 갈라져 나온 것을 이르는 데 주로 쓰이고 있다.

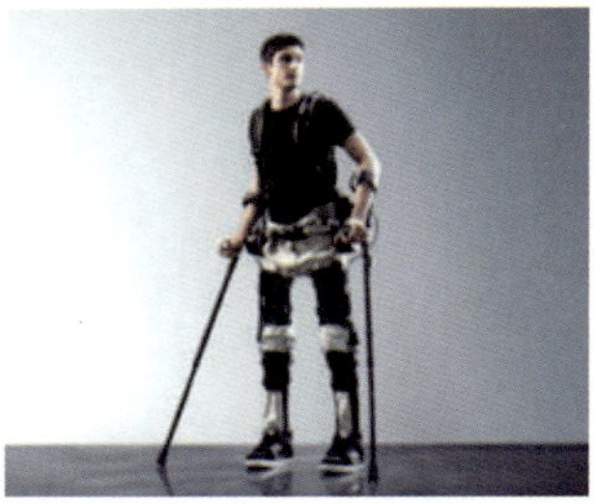
로봇 도움을 받는 반신불수 장애인

化身도 불가에서 나온 말로, '부처가 중생을 교화하기 위해 여러 모습으로 변화하는[化] 몸[身]'을 이른다. 곧 특정特定한 시대時代와 장소場所에 특정한 사람들을 구제救濟하기 위해 몸을 나눈 부처가 바로 化身이다. 오늘날은 어떤 추상적抽象的인 특질特質이 구체화具體化 또는 유형화有形化한 것을 주로 이르는데, '미美의 化身'이나 '복수復讐의 化身'과 같은 말로 활용活用되고 있다.

半身은 '절반[半]의 몸[身]'을 의미하며, 半身不隨(반신불수)[30]는 안타깝게 '병病이나 사고事故로 절반[半]의 몸[身]이 마비痲痺되어 자기의 마음대로 따르지[隨] 않음[不]'을 이른다.

變身은 '모양이나 태도 따위를 바꿔 변하는[變] 몸[身]'을 이르는 말이다. 흔히 "여자의 변신은 무죄"라고 하는데, 아름다워지고 싶은 것은 여자女子의 본능本能이기도 하다. 해서 화장化粧을 통해 아름답게 變身을 꾀하는 경우가 많은데, 너무 지나쳐 마치 변장變裝을 하듯 본래本來의 모습模襲을 전혀 알아볼 수 없을 정도로 화장하는 경우도 적지 않다.

불사신은 죽지 않은 몸

사람은 누구나 인생무상人生無常이요 생자필멸生者必滅인데, 不死身(불사신)[31]은 '죽지[死] 않은[不] 몸[身]'이란 의미의 말이다. 흔히 '不死(불사)의 神(신)'으로 오해誤解해 不死神(불사신)이라 잘못 여기는 사람도 있다.

실제로 不死身이 되고자 했던 사람인 진시황秦始皇은 불로불사不老不死를 꿈꿔 그저 죽지 않는 사람이 되고 싶어 했을 뿐 신이 되려고 하진 않았다. 진시황은 불로불사를 꿈꿨지만 천하天下를 통일統一하고 13년 후에 49세 나이로 결국結局 죽었다.

진시황 초상화

진시황과 달리 실제 不死身으로 잘 알려진 존재存在는 중국中國 고대古代 설화說話에 등장登場하는 동방삭東方朔이나 그리스 신화神話에 등장하는 아킬레우스Achilleus와 같은 이들이다.

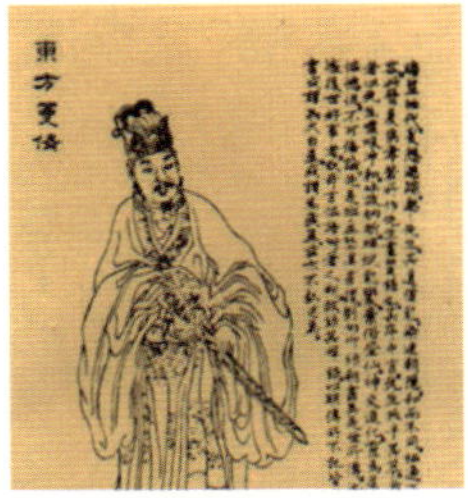
동방삭 초상화

오늘날 不死身은 진짜 죽지 않은 사람이란 의미가 아니라 보통 사람이라면 죽을 수밖에 없는 상황狀況임에도 불구不拘하고 어떻게든 살아 돌아온 사람을 이르는 말이 되었다. 총탄銃彈을 몸에 맞거나, 사고事故에서 몸의 주요主要 장기臟器가 훼손毁損되고도 살아남거나, 엄청난 화재火災 현장現場에서 살아남는 경우境遇 등에 사용하고 있다.

아킬레우스 조각상

국어사전國語辭典에도 "아무리 때려도 다치지도 아니하고 피도 나지 아니하는 특이하게 강한 몸을 비유적으로 이르는 말", 또는 "어떠한 곤란을 당하여도 기력을 잃거나 낙담하지 아니하는 사람을 비유적으로 이르는 말"로 풀이하고 있다.

그렇게 不死身처럼 어떠한 곤란困難을 당해 죽지 않는 이들도 있지만, 세상에는 '의義로운 일에 자신의 몸[身]을 바쳐[獻] 힘을 다하다'가 실제實際로 獻身(헌신)[32]을 하는 이들도 적지 않다.

그처럼 獻身을 하시는 분들이 바로 殺身成仁(살신성인)[33]을 몸소 행하는 이들이다. 殺身成仁은 '자기 몸[身]을 죽여[殺] 인[仁]을 이루다[成]'라는 의미로, 자기 몸을 희생犧牲해 옳은 도리道理를 행行한다는 말이다.

강재구 소령 동상

아울러 焚身(분신)[34]이나 投身(투신)[35]도 살신殺身의 행위行爲와 관련이 있다.

焚身은 '자기 몸[身]을 불사르다[焚]'라는 의미로, 그렇게 '자기 몸[身]을 불살라[焚] 스스로[自] 죽는다[殺]는 것'은 焚身自殺(분신자살)[36]이라 한다.

분신한 사람의 모습

焚身自殺은 일반적一般的으로 알려진 殺身의 행위 가운데 가장 어려운 방법方法으로 알려져 있다. 상상想像할 수 없는 끔찍한 고통苦痛 속에서 죽기 때문이다. 그럼에도 焚身自殺을 행하는 것은 사회적社會的으로 커다란 반향反響을 일으키기 때문인데, 무언가 세상世上에 호소呼訴하고 싶은 사람들이 최후最後의 항거抗拒 수단手段으로 이를 택擇하는 경우가 대부분大部分이다.

한강에 있었던 투신 예방 문구

投身은 '목숨을 끊기 위해 몸[身]을 던지다[投]'라는 의미로, 나아가 그렇게 '자기 몸[身]을 던져[投] 스스로[自] 죽다[殺]' 하는 것은 投身自殺(투신자살)[37]이라 한다.

아울러 投身은 어떤 직업職業이나 분야分野 따위에 몸을 던져 일을 한다는 의미를 지니기도 하는데, "제 선친께서는 반평생을 교육계에 투신하셨다"와 같은 말에서처럼 활용되고 있다.

교육계에 투신해 받은 훈장

그 외에 亡身(망신)[38]은 '말이나 행동을 잘못해 자기 몸[身]을 망치다[亡]'라는 말로, 자기의 지위地位·명예名譽·체면體面 따위까지 손상損傷됨을 이르기도 한다. 한데 그렇게 손상됨에서 끝나지 않고 '집안[家]까지 무너지게[敗]

하고 몸[身]을 망침[亡]'에 이른다면 이는 敗家亡身(패가망신)[39]이 된다.

身자는 '줄기'의 뜻을 지니기도

身자는 '탑[塔]의 주축主軸을 이루는 부분[身]'인 塔身(탑신)[40]과 '비석[碑]의 주축을 이루는 부분[身]'인 碑身(비신)[41]과 '대포[砲]의 주축을 이루는 부분[身]'인 砲身(포신)[42] '총[銃]의 주축을 이루는 부분[身]'인 銃身(총신)[43]에서처럼 단지但只 사람 몸만 뜻하지 않고 물체物體에서 주축을 이루는 부분, 즉 줄기를 나타낼 때에도 그 쓰임을 엿볼 수 있다. 따라서 身자는 '줄기'의 뜻을 지니기도 한다.

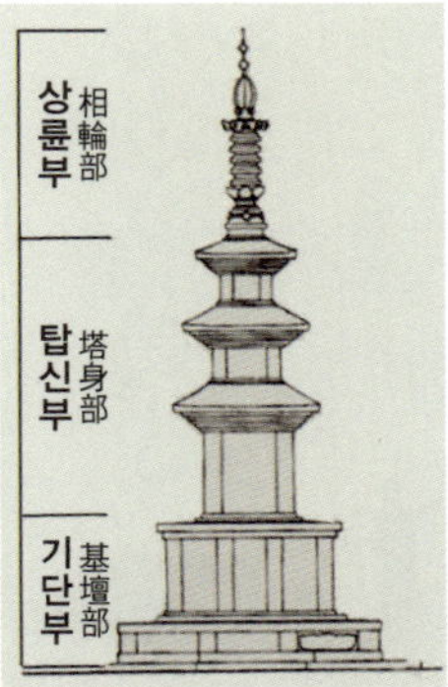

탑의 구성

辰 [때 신·별 진] 새벽부터 욕보는 일이 농사

새벽일을 나서는 모습

〈씨 뿌리는 사람〉(이반 그로하)

예나 지금이나 "새벽부터 욕辱보는 일이 농사農事"다. 이때 '새벽'은 '먼동이 트려 할 무렵'이고, '욕보다'는 '수고하다(일을 하느라고 힘을 들이고 애를 쓰다)'의 방언方言이다. 결국 농사는 먼동이 트려 할 무렵부터 수고하는 일인 것이다.

아침에는 땅에 습기濕氣가 있어서 심은 곡식穀食의 씨가 자랄 수가 있지만, 하루 종일 햇볕에 마른 저녁 땅에는 씨가 제대로 붙지 아니함을 이르는 "아침에 심은 곡식은 먹어도 저녁에 심은 것은 못 먹는다"라는 속담俗談도 아침부터 수고하며 부지런히 농사일을 해야 함을 알게 해 주는 말이다.

특히 무더운 여름에는 더욱 더 새벽에 부지런해야 한다. "오뉴월 볕은 솔개만 지나도 낫다"라는 속담에서 보듯 오뉴월 여름 뙤약볕 아래에서 농사일을 한다는 것은 예나 지금이나 감당堪當하기 쉽지 않기 때문이다.

그처럼 예부터 "하루 일이 본전이라도 식전에 하는 일만큼은 이익"이라 했듯, 아침밥 먹기 전에 행行하는 새벽일을 중요重要하게 여겼다. 해서 "새벽잠이 없으면 부자富者가 된다"는 속담도 있게 된 것이다.

사람은 속일 수 있어도 농사는 속일 수 없다

그렇게 농사일에는 때가 있다. 농사일에 때를 놓치면 결과結果를 얻을 수 없다. 결과를 얻기 전前에 결실結實이 있어야 하고, 결실이 있게 하려면 제때에 심어 가꿔야 하기 때문이다. 이는 비단非但 농사일에만 국한局限된 게 아니다. 세상世上 모든 일이 제때에 맞게 제 일을 해야 한다. 노도 물이 들어 왔을 때에 저어야 하고, 쇠도 달궈졌을 때에 두드려야 하듯.

학생學生의 때에 해야 할 일은 학업學業이다. 그처럼 해야 할 일을 해야 사회社會에 나가 하고 싶은 일도 할 수 있다.

사람과 곡식은 가꾸기에 달렸다. 그래서 "농작물은 땀의 양만큼 수확한다"는 말이 농사를 짓는 사람들 입에서 오르내리는 것이다. "사람은 속일 수 있어도 농사는 속일 수 없다." 사람은 거짓말로 속여 넘길 수 있으나 농사는 품을 들인 만큼 수확량收穫量으로 결과結果가 나타나기 때문에 속일 수 없다. 학생의 학업도 마찬가지다.

辰자는 대합조개 같은 큰 조개

"새벽부터 욕보는 일이 농사"라는 말에서 '새벽'과 '욕'과 '농

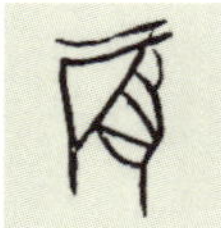
갑골문 辰자

금문 辰자

소전 辰자

사'를 뜻하는 한자漢字는 晨[새벽 신]자와 辱[욕될 욕]자와 農[농사 농]자다. 그리고 세 한자에 공통점共通點은 辰[때 신·별 진]자다. 辰자는 새벽부터 욕보는 일인 농사와 관련된 한자인 것이다.

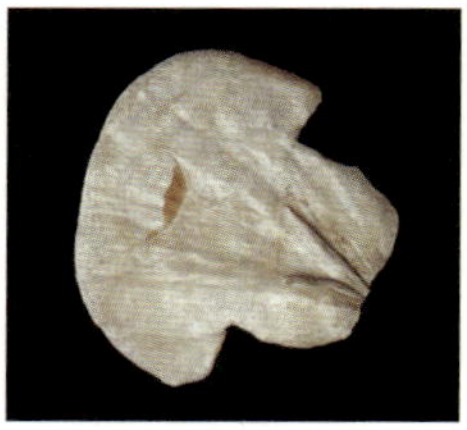
고대 패도(조개 칼)

실제로 辰자를 갑골문甲骨文 자형字形으로 살피면 옛날 농사도구農事道具로 사용使用되었던 대합大蛤조개 같은 큰 조개의 껍데기로 만든 패도貝刀를 나타낸 한자로 보인다.

패도는 농사를 맨 처음 짓기 시작始作하던 고대古代에 가볍고 다루기 편便할 뿐만 아니라 비교적比較的 단단한 데다 깨어진 부분部分이 예리銳利해 잡초雜草를 제거除去하거나 곡물穀物 이삭 등을 자르는 데 도움이 되는 이상적理想的인 농사도구였다. 옛날 사람들이 그런 도구로 농사지으면서 때를 잘 살펴야 했기에 대합조개와 관련된 辰자는 '때'의 뜻을 지니게 된 것으로 보인다. 그렇게 辰자가 '때'의 뜻을 지니게 되자, 虫[벌레 훼]자를 덧붙인 蜃[대합조개 신(蜄)]자가 그 본래本來의 뜻 '대합조개(큰 조개)'를 대신代身했다.

신도

그 음音은 蜃(신)자와 똑같게 '신'으로 읽힌다. 하지만 辰자는 '진'의 음으로도 익히는데, 원래 '신'의 음으로만 읽히는 한자였다. 한데 辰자가 간지干支에서 12지十二支의 하나로 빌려 쓰이면서 또 따른 12지의 하나인 申(신)자와 그 음이 같아 혼동混同

십간과 십이지

십간 十干	甲 갑	乙 을	丙 병	丁 정	戊 무	己 기	庚 경	辛 신	壬 임	癸 계

십이지 十二支	子 자	丑 축	寅 인	卯 묘	辰 진	巳 사	午 오	未 미	申 신	酉 유	戌 술	亥 해

이 되자 결국 그 음을 약간 달리해 '진'으로도 읽히게 된 것이다. 곧 甲辰과 甲申, 丙辰과 丙申, 戊辰과 戊申, 庚辰과 庚申, 壬辰과 壬申을 서로 구분區分하기 위해 그처럼 그 음을 달리했다.

그로 인해 辰자는 음의 쓰임에 혼선混線이 빚어져 상황狀況에 따라 '신'의 음으로도, '진'의 음으로도 읽히고 있다. 예컨대 辰자가 '때'의 뜻으로 쓰이는 말 가운데 生辰(생신)은 '신'의 음으로 읽히지만 時辰(시진)은 '진'의 음으로 읽힌다. 또 '별'의 뜻으로 쓰이는 말 가운데 星辰(성신)은 '신'의 음으로 읽히지만 辰宿(진수)는 '진'의 음으로 읽힌다. 아울러 北辰(북신·북진)도 '북신'으로 읽히지만 상황에 따라 '북진'으로 읽히는 경우境遇도 있다.

생신과 탄신

앞서 언급言及했듯 辰자가 '때'의 뜻으로 쓰이는 말에 生辰(생신)[1]이 있는데, 誕辰(탄신)[2]도 그와 비슷한 의미意味를 지닌 말이다.

生辰은 한자漢字 그대로 풀이하면 '태어난[生] 때[辰]'를 의미하며, 이를 국어사전國語辭典에서는 막연漠然히 "'생일'을 높여 이르는 말"이라 풀이하고 있다. 한데 어떻게 辰자를 덧붙이는 生辰이 日[날 일]자를 덧붙이는 生日(생일)보다 높여 이르는 말이 되었을까? 관련關聯된 여러 자료資料를 찾아봤지만 어디에도 명쾌明快하게 설명說明이 되어 있지 않았다.

해서 이를 나름대로 미뤄 짐작斟酌해 봤는데 '성인聖人이나

생신 生辰 명
'생일'을 높여 이르는 말.

'생신'의 뜻

탄신 誕辰 명
임금이나 성인이 태어난 날.

'탄신'의 뜻

위인偉人이 태어난[誕] 때[辰]'를 이르는 말인 誕辰처럼 生辰도 辰자를 쓰기 때문으로 보인다. 아니면 生日의 日(일)자는 흔히 많은 날 가운데 하나의 '날'의 의미로 쓰였다 여기는 반면反面에 生辰의 辰자는 많은 때 가운데 특정特定한 바로 그때의 의미로 쓰였다 여겨서 그처럼 사용使用한 것이 아닐까 짐작되기도 한다. 아울러 生日의 日자는 하루의 날을 이르지만 生辰의 辰자는 時辰(시진)이란 말에서 보듯 하루의 일정一定한 시각時刻까지 세세細細하게 이르면서 좀 더 분명分明한 때를 나타내 주고 있기 때문으로도 보인다.

석가탄신일(길상사)

나아가 誕辰은 다시 釋迦誕辰日(석가탄신일)[3]이나 忠武公誕辰日(충무공탄신일)[4]에서처럼 활용活用되기도 한다. 誕辰日(탄신일)[5]은 '성인이나 위인이 태어난[誕] 때[辰]를 기리는 날[日]'인데, 釋迦誕辰日은 '석가모니[釋迦牟尼]가 태어난[誕] 때[辰]를 기리는 날[日]'이다. 그날이 음력陰曆 4월 8일이기에 '사월四月 초파일初八日'이라 하기도 하고, 달리 '부처님 오신 날'이라 하기도 한다. '초파일'은 '초팔일初八日'에서 비롯된 말로, 발음發音의 편의便宜를 위해 입성자入聲字 'ㄹ'이 탈락脫落되었다. 한 달에 8일이 3번(8일, 18일, 28일)이 있는데, 그 가운데 '처음[初] 나오는 8일[八日]'이어서 초파일이라 한 것이다.

충무공 탄신일 관련 자료

忠武公誕辰日은 '충무공[忠武公] 이순신李舜臣의 높은 충의忠義를 기념記念하기 위해 태어난[誕] 때[辰]를 기리는 날[日]'이다. 충무공이 탄생誕生한 날은 1545년 3월 8일인데, 이를 양력陽曆으로 환산換算하면 4월 28일이기에 이날을 忠武公誕辰日로 정定했다.

북극성과 북두칠성

옛날 사람들이 때를 살피면서 별자리 운행運行을 참고參考하기도 했기에 '때'를 뜻하는 辰자는 '별'의 뜻을 지니기도 한다. 그런 뜻을 지니고 있는 말에는 日月星辰(일월성신)[6]이 있다.

〈일월성신도〉

日月星辰은 '해[日]와 달[月]과 별[星辰]을 통틀어 이르는 말'이다. 옛 물건物件이나 고분古墳에는 바로 그 日月星辰을 그렸거나 새긴 그림이 있다. 그처럼 '해[日]와 달[月]과 별[星辰] 따위를 그렸거나 새긴 그림[圖]'은 日月星辰圖(일월성신도)[7]라 한다. 이를 간혹 辰자 대신 神[귀신 신]자를 덧붙여 일월성신日月星神이나 일월성신도日月星神圖로 잘못 표기表記하는 경우도 있다.

북극성과 북두칠성

또 별 가운데 '북극성北極星'을 나타낼 때도 辰자를 써서 北辰(북신)이라 한다. 한데 北辰은 앞서 설명했듯 '북신'이 아닌 '북진'으로도 읽힌다. 다만 '북진'으로 읽힐 때는 '북두칠성'과 관련이 있다. 따라서 북두칠성[北辰]을 신격화神格化한 보살[菩薩]인 北辰菩薩은 '북진보살'로 읽는다. 하지만 약제藥劑인 拱辰丹(공진단)[8]은 원래 북극성과 관련이 있음에도 그 음을 '공신단'이라 하지 않고 '공진단'이라 하고 있다.

LY02-01. 子曰
자子께서 말씀하셨다.
爲政以德이 譬如北辰이 居其所어든 而衆星共之니라
"덕德으로써 나라 다스리게 됨이 비유하면 북신北辰(북극성北極星)이 〈있어야 할〉 그곳에 있으면 많은 별들이 함께하는 것과 같다."

북신北辰(북극성)

'북신' 관련 자료(문자학으로 배우는 논어)

拱辰丹은 녹용·당귀·산수유·사향 따위를 갈아서 빚어 만드는 약藥으로, 보혈補血 강심제强心劑로 쓰는 한약제韓藥劑의 하나다. 원래 '뭇 별이 북극성[辰]을 향해 에워싸듯[拱] 사방四方의 백성百姓이 천자天子의 덕德에 귀의歸依하여 에워싸 복종服從

한다는 의미를 가지고 단약[丹]처럼 만들어진 환약丸藥'이었다.

천자문의 진수열장

그 외에 辰宿(진수)는 星宿(성수)와 같은 의미의 말이고, 辰자처럼 宿[잘 숙·별 수(성수 수)]자와 星[별 성]자도 '별'의 뜻을 지니기도 하는 한자다.

천자문千字文에는 바로 그 辰자와 宿자가 포함包含되어 辰宿列張(진수열장)[9]으로 이뤄지는 구절句節이 있다. 한데 그 구절 한 자의 뜻과 음에 대해 좌측左側의 자료資料에서처럼 '별 진, 잘 숙, 벌릴 렬, 베풀 장'으로 표기表記한 책冊이 적지 않다. 하지만 그 자료에서 宿자는 마땅히 '별 수'나 모든 별자리의 별들을 이르는 '성수'의 뜻을 이용利用해 '성수 수'라 해야 한다. 또 列자도 '벌릴 렬'이 아니라 '벌일 렬'이라 해야 한다. '둘 사이를 넓히거나 멀게 하다'라는 의미의 '벌리다'와 '여러 가지 물건을 늘어놓다'라는 의미의 '벌이다'는 엄연儼然히 다른 의미의 말이기 때문이다. 결국 辰宿列張은 '별[辰宿]이 하늘에 벌이어[列] 베풀어져[張] 있다'라는 말이다.

辰	宿	列	張
별 진	잘 숙	벌릴 렬	베풀 장
辰宿列張(진숙열장) : 성좌가 해와 달과 같이 넓게 벌려져 있다.			

잘못된 천자문 관련 자료

列 벌일 렬(열), 동류 례(예)
부수 刂[刀, ⺈] (선칼도방, 2획)
모양자 刂(선칼도방 도) + 歹(살 바른 뼈 알)
총획수 6획

'列'자 관련 자료

또 辰자의 쓰임은 日辰(일진)이나 時辰(시진)의 말에서도 살펴볼 수 있다. 옛날 사람들은 연월일시年月日時를 나타내기 위해 간지干支를 만들었다. 그때 간지를 해마다 하나씩 배당配當한 것을 歲次(세차), 달마다 하나씩 배당한 것을 月建(월건), 날마다 하나씩 배당한 것을 日辰(일진), 시간마다 하나씩 배당한 것을 時辰(시진)이라 했다.

그 가운데 나날과 관련된 日辰은 오늘날 "일진이 좋지 않다"라는 말에서처럼 활용活用되고 있다. 또 時辰은 시각時刻이나 시간時間을 대신代身할 수 있는 말로, "그녀가 집으로 돌아간 것은 그로부터 두 시진이 지난 후였다"라는 말에서처럼 활용活用되고 있다.

임진왜란은 조선시대의 획기적인 사건

또 辰자는 간지干支 가운데 12지지十二地支의 한 글자로 쓰이기도 한다. 12지지는 子(자)·丑(축)·寅(인)·卯(묘)·辰(진)·巳(사)·午(오)·未(미)·申(신)·酉(유)·戌(술)·亥(해)인데, 그중에 辰자는 다섯째에 쓰이므로 '다섯째 지지'로 그 뜻을 이르기도 한다. 나아가 그 辰자로 이뤄지는 해에는 戊辰年(무진년)·庚辰年(경진년)·壬辰年(임진년)·甲辰年(갑진년)·丙辰年(병진년)이 있다.

그 가운데 '1592년 壬辰年에 왜나라[倭] 일본이 일으킨 난리[亂]'가 바로 壬辰倭亂(임진왜란)[10]이다. 壬辰倭亂은 조선시대朝鮮時代의 획기적劃期的 사건으로, 획기적이란 말은

육십갑자표

甲子갑자	乙丑을축	丙寅병인	丁卯정묘	戊辰무진	己巳기사
庚午경오	辛未신미	壬申임신	癸酉계유	甲戌갑술	乙亥을해
丙子병자	丁丑정축	戊寅무인	己卯기묘	庚辰경진	辛巳신사
壬午임오	癸未계미	甲申갑신	乙酉을유	丙戌병술	丁亥정해
戊子무자	己丑기축	庚寅경인	辛卯신묘	壬辰임진	癸巳계사
甲午갑오	乙未을미	丙申병신	丁酉정유	戊戌무술	己亥기해
庚子경자	辛丑신축	壬寅임인	癸卯계묘	甲辰갑진	乙巳을사
丙午병오	丁未정미	戊申무신	己酉기유	庚戌경술	辛亥신해
壬子임자	癸丑계축	甲寅갑인	乙卯을묘	丙辰병진	丁巳정사
戊午무오	己未기미	庚申경신	辛酉신유	壬戌임술	癸亥계해

조선시대 왕의 묘호

일정一定한 과정過程에서 새로운 기간[期]으로 뚜렷이 구분區分해 그어[劃] 놓을 만한 것[的]을 이른다. 임진왜란이 흔히 조선시대를 전기前期와 후기後期로 구분區分 짓는 사건이 되기 때문이다. 조선이 건국建國된 1392년에서 딱 200년이 된 해에 일어났는데 이때 왕王은 선조宣祖였다. 선조는 조선 왕 스물 일곱 명名 가운데 정확하게 중간中間인 14번째에 속하는 왕이니 이 또한 조선을 전기와 후기를 구분하는 데 기준基準이 된다 하겠다.

진한과 진사

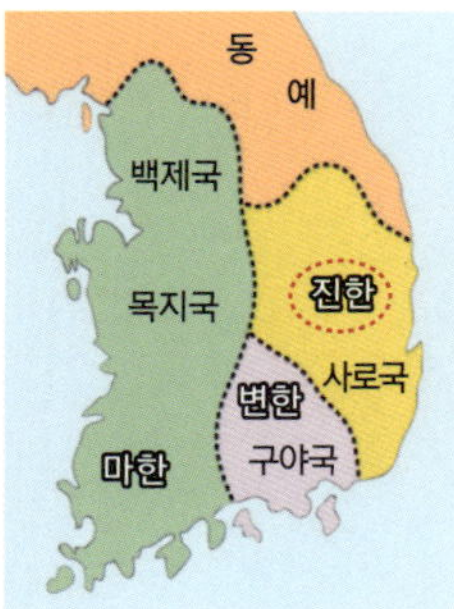

삼한 중 하나인 진한

나아가 辰자가 지명地名으로 쓰일 때도 그 음音이 '진'으로 읽힌다. 따라서 삼국시대三國時代 이전以前, 우리나라 남부南部에 있었던 세 나라인 삼한三韓 가운데 한 나라인 辰韓[11]도 '진한'이라 한다. 마한馬韓·변한弁韓과 더불어 삼한의 하나였던 辰韓은 경상북도慶尙北道를 중심中心으로 한 동북부東北部 지역地域에 있던 12국國을 말한다. 일본日本에 진출進出하여 그곳 문화文化 발전發展에 큰 영향影響을 주었으나 4세기世紀 중엽中葉에 辰韓 12국 가운데 하나인 사로斯盧에게 망亡하여 신라新羅에 병합併合되었다.

아울러 辰砂(진사)[12]도 지명地名과 관련關聯이 있다. 수은水銀으로 이뤄진 황화黃化 광물鑛物로 진한 붉은색을 띠고 있기에

'붉다'의 뜻을 지닌 朱[붉을 주]자나 丹[붉을 단]자를 써서 朱砂(주사)나 丹砂(단사)라 하기도 한다. 흔히 덩어리 모양으로 안료顔料나 약재藥材로 쓴다. 한데 '중국의 진주[辰州]에서 많이 나는 주사[朱砂]'라 하여 辰砂라 하기도 한다.

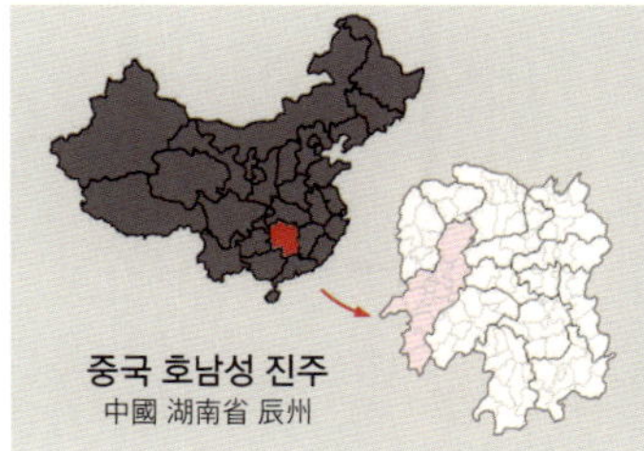

진사가 나는 진주

心
[마음 심]

시들을 줄 모르는 마음

주체스런 이 몸이야 그대로
썩은 낙엽(落葉)에 덮히그라만은
시들을 줄 모르는
마음의 꽃만이
영원(永遠)이 영원(永遠)이
나를 향기롭게 하리로다

〈마음〉(앙리 마티스)

권구현權九玄 시인詩의 시詩 「마음」의 일부다. 그 마음에 대해 국어사전國語辭典은 다음과 같이 풀이하고 있다.

1. 사람이 본래부터 지닌 성격이나 품성. 2. 사람이 다른 사람이나 사물에 대하여 감정이나 의지, 생각 따위를 느끼거나 일으키는 작용이나 태도. 3. 사람의 생각, 감정, 기억 따위가 생기거나 자리 잡는 공간이나 위치. 4. 사람이 어떤 일에 대하여 가지는 관심. 5. 사람이 사물의 옳고 그름이나 좋고 나쁨을 판단하는 심리나 심성의 바탕. 6. 이성이나 타인에 대한 사랑이나 호의의 감정. 7. 사람이 어떤 일을 생각하는 힘.

어디에도 심장心臟과 관련된 풀이가 없으나 사실 '마음'을 뜻하는 한자 心[마음 심]자는 '심장' 모양에서 비롯되었다. 영어英語에서도 '마음'을 뜻하는 heart가 '심장'을 뜻하기도 하며, heart로 불리는 심벌마크symbol mark '♡'도 심장을 표현한 것이다.

심장의 이미지 하트

우리말 '마음'도 고어古語가 'ᄆᆞᅀᆞᆷ'인데, 이는 '심장'을 뜻하기도 했다. 옛날 한자漢字 학습學習을 위해 지어진 책冊인 최세진崔世珍의 『훈몽자회訓蒙字會』에 "心 념통 심 又稱ᄆᆞᅀᆞᆷ 심. 心腸位南主夏火主藏神"이라고 했는데, 心자의 자훈字訓인 '념통(염통)'은 '심장'을 뜻한다. 해서 "심장이 떨린다"는 말은 "마음이 떨린다"는 말이 된다.

욕심을 버려야 마음이 가벼워

마음이 떨릴 때는 흔히 "심장이 두근두근거린다"라고 한다. 그러니 오늘날 사람들이 웃자고 심장 무게를 '두근두근' 합하여 '네 근'이라 한다. 한데 그 '두근두근'하는 심장도 욕심慾心을 부려 나쁜 일, 잘못한 일을 하면 '두 근 반 세 근 반'하여 '여섯 근'이 될 수도 있다. 욕심을 부리다가 심장이 무거워진 것이다. 욕심을 버려야 마음이 가벼워질 수 있다.

심장을 표현한 心

갑골문이나 금문 心[마음 심]자를 살피면 판막瓣膜이 보이는

갑골문 心자

금문 心자

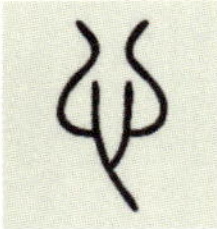
소전 心자

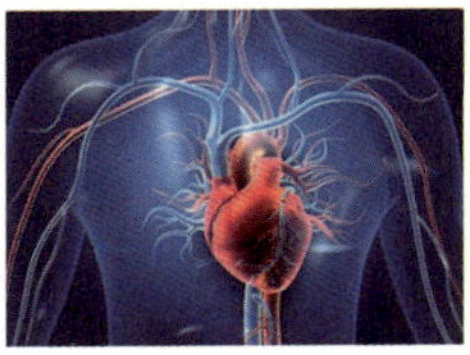

心臟(심장)을 나타내고 있다. 따라서 원래 心자는 心臟을 뜻했다. 한데 과학科學이 발달되지 않았던 시대에 살았던 옛날 사람들은 흥분興奮하면 心臟이 '두근두근'거리는 것이 心臟 속에서 사고思考의 작용作用이 일어나는 것으로 여겼다. 곧 心臟 속에 마음이 담겨있다고 여긴 것이다. 따라서 心臟을 표현한 心자가 '마음'의 뜻을 지니기도 했다.

心자는 의학용어

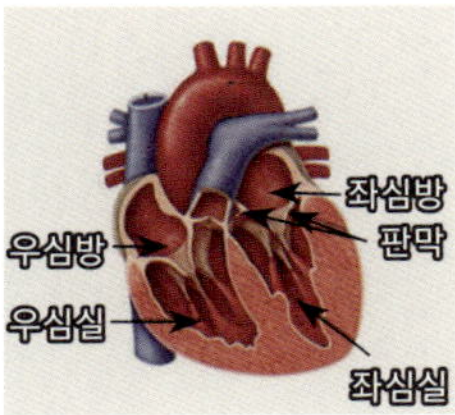

심장의 구조

心자는 '심장心臟'과 관련된 부위部位인 心房(심방)이나 心室(심실)에 쓰이고, 의학용어醫學用語인 心不全(심부전)·心搏動(심박동)·心筋炎(심근염)·強心劑(강심제)·狹心症(협심증)·心電圖(심전도)·心停止(심정지)의 心자도 모두 '심장'과 관련된 의미를 지닌다.

그 심장은 온몸에 피를 보내는 역할을 하는데, 마치 자동차自動車에서 중추적中樞的 역할役割을 하는 엔진에 비유比喩된다. 따라서 '어떤 조직組織에서 심장[心臟]처럼 중추적인 부분[部]'을 이를 때는 心臟部(심장부)[1]라 한다.

아울러 心血(심혈)[2]은 '심장[心]의 피[血]'를 의미하는 말로, 심장의 피는 온몸을 돌아다닌다. 그렇게 온몸을 돌아다니는 피를 한곳에 기울이듯 마음을 써 노력하는 행위가 "심혈心血을 기울이다"다. 이를 "심여를 기울이다"나 "심열을 기울이다"로 잘못 쓰는 이들이 있는데, 이 또한 한자를 모르기 때문이다.

또 心包(심포)[3]는 옛날 '한의학韓醫學에서 심장[心]을 에워싸고 [包] 있는 막膜으로 보았던 부위'로, 심장을 보호保護하면서 심장의 기능機能을 돕는 역할을 한다고 여겼다. 심장은 사람의 몸속에서 평생平生 동안 일정一定한 리듬으로 움직이는 것이 중요重要하기 때문에 이를 에워싸고 있는 자루가 있을 것이라는 생각에서 생겨난 말이 心包인 것이다. '나쁜 마음'을 가지고 있을 때에 쓰는 말인 '놀부 심보'나 '도둑 심보'의 '심보'가 바로 '心包'에서 나온 말이다. "돼지 눈에는 돼지만 보이고, 부처 눈에는 부처만 보인다" 했으니 이왕이면 좋은 심보를 가지고 살아야 하겠다.

心자는 다른 장기와 관련

心자는 몸속 장기臟器 가운데 일부一部이므로, 흔히 다른 장기와 관련된 한자와 어울려 쓰이기도 한다. 心肺(심폐)[4]·心腸(심장)[5]·心肝(심간)[6]이 그런 말이다.

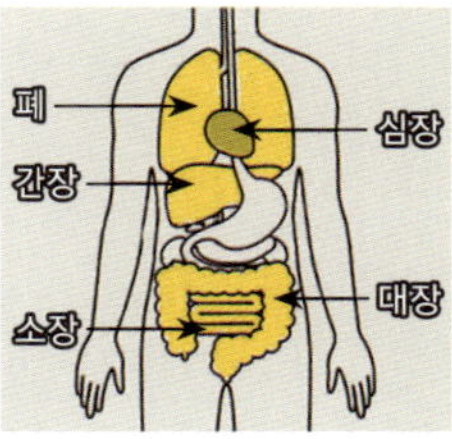

몸속의 여러 장기

心肺는 '심장[心]과 허파[肺]'를 아울러 이르는 말로, 두 장기는 사람 목숨과 직결直結되는 중요重要한 역할을 한다. 심장이 뛰지 않고, 허파가 숨 쉬지 않으면 죽은 사람이 되기 때문이다.

따라서 불의不意의 사고事故로 心肺가 충격衝擊받아 멈췄다면 이를 되살리는 일이 중요重要한데 그런 처치處置를 하는 방법方法이 한 사람의 생명生命을 살릴 수 있는 心肺蘇生術(심폐소생술)[7]이다.

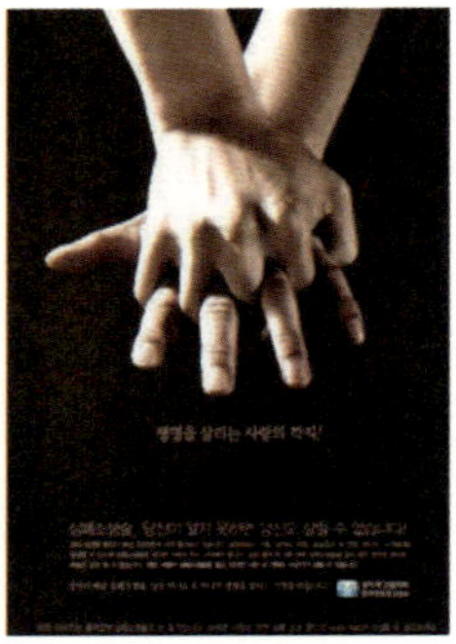

심폐소생술 관련 공익광고

곧 心肺蘇生術은 '심장[心]과 허파[肺]의 활동이 멈추었을 때 다시 깨어나[蘇] 살[生] 수 있도록 하는 처치술[術]'을 말한다.

心腸은 한자의 뜻대로 풀이하면 '심장[心]과 창자[腸]'를 의미하지만 그 심장과 창자가 몸통 속 자리에 있는 데서 다시 '마음이 우러나는 속 자리'를 의미하기도 한다.

換心腸(환심장)이나 抑何心腸(억하심장)[8]처럼 덧붙여져 쓰이기도 하는데, 換心腸은 오늘날 줄여서 換心(환심)[9]이나 換腸(환장)으로도 쓰이고 있다.

換心은 '마음[心腸] 따위가 바뀌어[換] 비정상적인 상태로 달라지다'라는 의미의 말이다. 抑何心腸은 '도대체[抑] 무슨[何] 마음[心腸]이냐'라는 의미로, 무슨 생각으로 그러는지 알 수 없거나 마음속 깊이 맺힌 마음을 이른다. 抑何心情(억하심정)이라 하기도 한다.

心肝은 '심장[心]과 간장[肝]'을 아울러 이르는데, 흔히 心肝이 자리하는 곳과 관련해 '깊은 마음'의 의미를 지니기도 한다.

흔히 걱정거리 없이 마음이 편便할 때에 "심간이 편하다"와 같은 식으로 활용活用되고 있다. 한데 이를 "신간이 편하다"로 잘못 쓰는 이들이 적지 않다. 신간身幹은 몸통이 되는 가슴과 배 부분을 말한다.

인심은 민심

心肺(심폐)·心腸(심장)·心肝(심간)의 心자는 겉뜻으로는 '심장'

을 이르지만 모두 속뜻으로는 '마음'을 이르고 있다. 그처럼 한자漢字 그대로 사람[人]의 심장[心]을 이르는 人心(인심)[10]도 오늘날 '사람[人]의 마음[心]'을 이르는 말로 쓰이고 있다. 게다가 人心은 '남의 딱한 처지處地를 헤아려 알아주고 도와주는 마음'을 이르기도 하고, 나아가 '백성의 마음'을 이르기도 한다.

영조 어진

첫 번째 왕비王妃를 잃은 66세 조선朝鮮의 영조英祖가 뒤이을 왕비를 뽑으면서 결국 왕비로 간택揀擇된 15세 정순왕후貞純王后에게 "무엇이 가장 깊은가?"라고 물었을 때에 대답對答한 말이 '人心'이었는데, 그 人心은 바로 '백성[民]의 마음[心]'이었을 것이다. 곧 人心은 民心(민심)[11]이고, 民心은 '하늘[天]의 마음[心]'인 天心(천심)[12]이니 백성의 마음을 하늘의 마음(뜻)처럼 중요하게 여겨 그것을 잘 헤아려야 한다고 말한 것이다.

정순왕후 가례도감 의궤 일부

'마음'의 뜻으로 쓰이는 말

아울러 心자가 '마음'의 뜻으로 쓰이는 말 가운데 不動心(부동심)[13]은 '외부外部 충동衝動에도 움직이지[動] 않는[不] 마음[心]'을 의미한다.

『孟子(맹자)』에 보면 공손추公孫丑가 맹자에게 묻는 글이 있다. "선생님께서는 제나라 재상이 되어 도를 행하시게 되면 覇(패)나 王(왕)을 이루시어도 이상할 것은 없습니다. 그러나 그렇

아성 맹자

게 되면 마음을 움직이게 되십니까? 그렇지 않습니까?" 맹자가 대답했다. "그렇지 않다. 나는 마흔에 움직이지[動] 않는[不] 마음[心]이 되었다." 그렇게 不動心은 유가儒家에서 나온 말이다.

또 不動心과 비슷한 의미의 말로, '어떤 경우든 항상[恒] 변함 없이 일정한[常] 마음[心]'은 恒常心(항상심)[14]이라 한다.

화살을 쏘는 옛날 복권 추첨

반면에 射倖心(사행심)[15]은 국어사전國語辭典에 '요행[倖]을 추구하는[射] 마음[心]'이라 풀이하고 있다. 射倖心의 射[쏠 사]자가 '쏘다'의 뜻을 지닌 한자인데, 무심코 하늘을 향해 화살을 쏘아 날아가는 새를 요행히 맞추기를 추구追求하는 것과 같은 마음이 바로 射倖心인 것이다. 좀 더 구체적具體的으로 말하면 1등等 당첨當籤의 확률確率이 814만분萬分의 1인 로또복권Lotto福券에 당첨되기를 바라는 사람의 마음을 射倖心이라 하겠다. 한데 사람이 벼락에 맞아 죽을 확률은 대략大略 180만분의 1이라 한다. 이로 보면 복권에 당첨되는 것보다 확률이 4.5배쯤 높은 벼락 맞아 죽는 일이 먼저라 하겠다.

로또복권

아울러 射倖心은 '기회[機]를 틈타 투자해[投] 큰 이익을 보려는 마음[心]'인 投機心(투기심)[16]과 비슷한 마음이다.

공명심과 평상심과 노파심

또 功名心(공명심)[17]은 '공[功]을 세워 자기 이름[名]을 널리 드러내려는 마음[心]'을 이른다. 이름은 누구나 갖고 있으나 사회적社會的으로 그 이름이 의미意味 있게 인식認識되려면 노력努力

으로 이뤄진 성과成果가 있어야 한다. 널리 드러내는 이름은 스스로 노력해 이룬 공功의 대가代價인 것이다. 한데 스스로 노력해 이룬 공이 없음에도 功名心을 갖는 이들이 적지 않은 세상世上이다.

平常心(평상심)[18]은 '어떤 상황에서도 동요되지 않고 평소[平]에 늘[常] 지니는 마음[心]'으로 있는 것을 말한다. 비상非常 상황狀況에 직면直面해 마음이 흔들리면 정신精神 활동活動의 균형均衡이 깨지면서 흔히 어려운 곡절曲折을 겪게 된다. 때문에 생사生死를 목전目前에 두고서도 마음의 동요가 없이 대담大膽하게, 위축萎縮되지 않고, 또 한쪽으로 기울지 않고 평정平靜한 가운데 언제든지 변화變化에 대응對應할 수 있는 자세姿勢로 사태事態에 임臨하는 게 平常心이다.

남천 선사

조주 스님

이는 불가佛家에서 나온 말로, 당唐나라 때 남천南泉 선사禪師와 조주趙州 스님과의 대화對話에서 비롯되었다. 조주 스님이 미처 깨닫지 못하고 있을 때에 "어떤 것이 도입니까?"라고 물으니 "평상심이도다"라고 남천 선사가 말한 데서 비롯된 것이다.

老婆心(노파심)[19]은 '늙은[老] 할미[婆]의 마음[心]'이다. 사전辭典에 "필요 이상으로 남의 일을 걱정하고 염려하는 마음"이라고 했는데, 풀이에 이른 '남'이 다른 사람이 아니라 자식이라면 노파의 마음이 어떤 마음일지 미뤄 짐작할 수 있을 것이다. "자식 둔 부모는 알 둔 새 같다"거나 "자식은 수염이 허해도 첫걸음마 떼던 어린애 같다"는 속담처럼 자식을 향한 어미 마음은 늘 노심초사勞心焦思하여 걱정을 놓지 못하니 필요 이상으로 이래라 저래라 할 수밖에……. 그것이 바로 老婆心인 것이다.

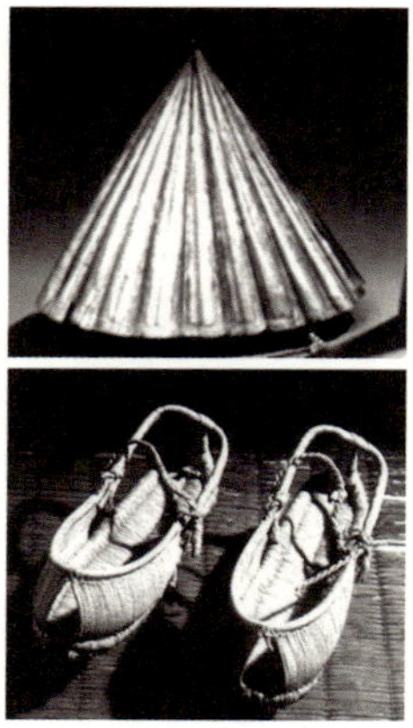

옛날 우산(상)과 짚신(하)

하지만 비 오면 짚신 장수 자식 걱정하고, 해 뜨면 우산 장수 자식 걱정을 할 게 아니라 비 오면 우산 장수 아들이 잘 되어 좋고, 해 뜨면 짚신 장수 아들이 잘 되어 좋다 여기면 될 것이다.

원래 불가에서 참선參禪을 잘하는 일이 쉽지 않기 때문에 선사가 제자弟子를 지도指導할 때에 늙은 할미가 자식을 아끼는 것처럼 했다고 해서 그런 선사의 마음을 老婆心이라 했다 한다.

불가에서는 마음 다스리는 일이 중요

平常心이나 老婆心처럼 불가佛家에서는 마음 다스리는 일이 중요했던지 心(심)자를 덧붙인 말이 적지 않다. 以心傳心(이심전심)[20]이나 心心相印(심심상인)[21]도 불가에서 비롯된 말이다.

'이심전심' 관련 그림

以心傳心은 '마음[心]으로써[以] 마음[心]에 전하다[傳]'라는 의미다. 석가釋迦가 말없이 연꽃[華]을 집어[拈] 무리[衆] 지은 제자에게 보였는데[示], 제자들은 그 행동을 알 수 없었다[拈華示衆(염화시중)]. 그러나 가섭迦葉만 그 의미를 깨닫고 빙그레 웃었다[拈華微笑(염화미소)]. 석가의 마음이 가섭의 마음에 전傳해진 것이다. 그것이 바로 以心傳心이다.

석가는 진리眞理란, 말이나 책冊에만 의존依存하지 않고 마음에서 마음으로 통通하는 점이 있어야 한다고 생각했다. 따라서 拈華示衆하여 以心傳心으로 제자들에게 불법佛法을 전한 것이다. 이를 달리 心心相印이라 하기도 한다.

心心相印도 '마음[心]과 마음[心]이 서로[相] 들어맞다[印]'라는 의미로 以心傳心과 같은 말이며, 달리 불립문자不立文字나 교외별전敎外別傳이라 하기도 한다. 뿐만 아니라 요즘에 흔히 하는 말인 "텔레파시가 통한다"와 비슷한 의미라 하겠다.

일심 · 심지 · 무심

아울러 心자의 쓰임은 一心(일심)[22]· 心地(심지)[23]· 無心(무심)[24]란 말에서도 엿볼 수 있다.

一心은 여러 뜻으로 풀이할 수 있는 말이다. '하나[一]로 합쳐진 마음[心]', '한쪽[一]에만 쓰는 마음[心]', '여러 사람이 일치하는 한[一]마음[心]', '단 하나[一]의 마음[心]', '하나[一]에 집중하는 마음[心]' 등이 그것이다.

이를 불가佛家에서는 그 일 그 일에 오롯이 전일專一하여 흐트러짐이 없는 마음으로 여기고 있다. 곧 이 일을 할 때에 저 일에 끌리지 않고 저 일을 할 때에 이 일에 끌리지 아니하여 오직 그 일 그 일에 전일하는 마음을 이른 것이다. 그렇게 '전일[一]하여 마음[心]이 흩어지지[亂] 아니하게[不] 하는 것'이 바로 一心不亂(일심불란)[25]이다. 一心不亂은 오롯이 전일한 마음으로 불도佛道를 닦는 일을 이른 것이다.

'일심불란' 관련 그림

心地는 '마음[心]의 본바탕[地]'을 의미한다. 그렇게 마음의 본바탕을 의미하는 데 '땅'을 뜻하는 地[땅 지]자를 쓴 것은 땅에서 만물萬物이 생장生長하듯이, 마음에서 일체一切의 현상現象이 일어나기 때문이다.

메달을 시상한 후의 모습

그런 '마음이 아래[下]를 향하는 마음[心]'이면 이는 下心(하심)[26]이라 한다. 下心은 자기 자신을 낮추고 남을 높이는 마음이며, 자기의 마음을 스스로 겸손謙遜하게 갖는 것이다. 下心을 갖지 못하면 웃고 살 수 없다. 만세萬歲를 부를 수 없다. 항상恒常 불만不滿을 갖고 살기 때문이다.

또 '처음[初]으로 깨달음을 구하려 일으키는[發] 마음[心]'이면 이는 初發心(초발심)[27]이라 한다. 初發心은 처음으로 깨달음의 경지境地에 이르려는 마음을 낸다는 말이기도 하다.

無心은 '감정이나 생각하는 마음[心]이 없음[無]'을 의미하기도 하지만, 불가佛家에서는 속세俗世에 전혀 관심關心이 없는 경지境地를 의미하기도 한다.

『양사梁史』의 기록記錄에 의하면 유응지劉凝之는 자신의 신발을 남이 보고 자기 신발이라고 했을 때에 그 신발을 주었고, 나중에 그 사람이 잃었던 자신의 신발을 찾았다 하며 되돌려주었을 때에 받지 않았다. 반면에 심인사沈麟士는 자신의 신발을 남이 보고 자기 신발이라고 했을 때에 그 신발을 주었고, 나중에 그 사람이 잃었던 자신의 신발을 찾았다 하며 되돌려주었을 때에 웃으며 받았다. 이를 두고 소동파蘇東坡가 "이는 비록 작은 일이지만 처세는 마땅히 심인사처럼 해야지 유응지처럼 해서는 안 된다"고 했다. 심인사는 無心히 주고 無心히 돌려받았지만 유응지는 無心하지 못해 돌려받지 않았다는 것이다. 無心함이 무언지 알게 해 주는 일화逸話라 하겠다.

소동파 초상화

일체유심조

나아가 불가佛家에서 나온 말인 一切唯心造(일체유심조)[28]는 '세상世上 모든[一切] 것은 오직[唯] 마음[心]에서 만들어진다[造]'는 의미로, 모든 일에 마음가짐이 중요重要함을 이르는 말이다.

원효대사元曉大師가 불법佛法을 공부工夫하기 위해 당唐나라로 가는 길에 비를 만나 동굴 안에서 하룻밤을 보내면서 잠결에 목이 말라 무심코 옆에 있는 물을 마셨다. 다음날 잠에서 깨어 간밤에 자신이 달게 마셨던 물이 해골바가지 안에 괸 물이었음을 알고, 사물事物 자체自體에는 정淨도 부정不淨도 없고 모든 것은 오로지 마음에 달렸다는 一切唯心造의 깨달음을 얻게 되었다. 원효대사는 그 길로 당나라로 가기를 포기하고, 지혜로운 사람을 찾아 이곳저곳을 떠돌며 자유로운 삶을 살았다.

원효대사 초상화

그처럼 모든 것이 마음먹기에 달렸으니 부처의 마음을 가지면 모든 게 부처로 보이게 되고, 돼지의 마음을 가지면 모든 게 돼지로 보이게 된다. 그때 부처의 마음은 '중생衆生을 사랑하고[慈] 가엽게[悲] 여기는 마음[心]'인 慈悲心(자비심)[29]이고, 돼지의 마음은 '자기만을 이롭게 하고자 하는 탐내는[慾] 마음[心]'인 慾心(욕심)[30]이다.

기심이나 종심

반면反面에 機心(기심)[31]은 도가道家에서, 從心(종심)[32]은 유가

열자

儒家에서 비롯된 말이다.

機心은 '기회[機]를 보아 움직이는 마음[心]', 책략策略을 꾸미는 마음이다. 『列子(열자)』에 나오는 이야기다.

바닷가에 사는 사람 가운데 갈매기를 좋아하는 자가 있었다. 매일 아침 바닷가에서 갈매기와 놀았는데, 갈매기 수백 마리가 이르기를 그치지 않았다. 어느 날 그 아버지가 말했다. "내가 들으니 갈매기가 모두 너를 따라 놀고 있으니, 네가 잡아 오면 내가 그 갈매기와 놀아보겠다." 그다음 날 그 사람이 바닷가로 나가니 갈매기들이 주위周圍를 맴돌기만 할 뿐 내려오지 않았다. 미물微物인 갈매기도 사람의 機心, 책략策略을 꾸미는 마음을 알아차린 것이다.

LY02-04. 子曰
자子께서 말씀하셨다.
吾十有五而志于學하고 三十而立하고 四十而不惑하고 五十而知天命하고 六十而耳順하고 七十而從心所欲하되 不踰矩하니라

공자상孔子像

"나는 15세에 배움에 뜻을 두었고, 30세에 그리고 서게 되었고, 40세에 미혹迷惑되지 않았고, 50세에 천명天命을 알았고, 60세에 귀로 들으면 〈그대로〉 순順하게 되었고, 70세에 마음이 하고자 하는 바를 좇아도 법도法度를 넘지 않았다."

'종심' 관련 자료(문자학으로 배우는 논어)

從心은 고희古稀의 나이를 이르는 말로, 『논어論語』에서 공자孔子가 "70세에 마음이 하고자 하는 바를 좇아도 법도를 넘지 않았다(七十而從心所欲不踰矩)"라고 한 말에서 유래由來했다. 곧 從心은 '마음[心]이 하고자 하는 바를 좇다[從]'라는 의미로, 일흔 살을 달리 이르는 말이다.

유가에서 나온 말로 사단

또 유가儒家에서 나온 말에 사단四端이 있다. 『孟子(맹자)』에 의하면 인간人間의 신체身體에 네 개의 수족手足이 있듯, 사람의 본성本性에서도 우러나오는 네 가지 마음이 있다고 했다. 인仁에서 우러나오는 惻隱之心(측은지심)[33], 의義에서 우러나오는 羞惡之心(수오지심)[34], 예禮에서 우러나오는 辭讓之心(사양지심)[35], 지智에서 우러나오는 是非之心(시비지심)[36]이 그것이다.

惻隱之心은 '가엾게[惻隱] 여기는[之] 마음[心]'이고, 羞惡之心은 '옳지 못함을 부끄러워하고[羞] 착하지 못함을 미워하는[惡之] 마음[心]'이고, 辭讓之心은 '겸손히 남에게 사양[辭讓]하는[之] 마음[心]'이고, 是非之心은 '옳고[是] 그름[非]을 가릴 줄 아는[之] 마음[心]'이다.

적자지심과 일편단심과 견마지심

『孟子(맹자)』에는 또 다음과 같은 내용이 나온다. "대인이란 그 갓난아이 때의 마음을 잃지 않는 사람이다(大人者 不失其赤子之心者也)."

그 내용에 赤子之心(적자지심)[37]은 '낳은 지 얼마 되지 않은 갓난아이[赤子]의[之] 마음[心]'으로, 거짓이 없는 순진무구純眞無垢한 마음을 이른다. 적자赤子는 갓 태어나 몸이 붉어[赤] 보이는 아이[子]기 때문에 생긴 말로, 갓난아이를 의미하는 말로 통한다. 맹자는 갓난아이 때의 순수한 마음을 잃지 않은 사람을 대인大人으로 생각했다. 나아가 赤子之心은 임금에게 一片丹心(일편단심)[38]으로 충심忠心을 다하는 백성의 마음을 의미하기도 한다.

一片丹心은 '한[一] 조각[片]의 붉은[丹] 마음[心]'이라는 의미로, 거짓이 없이 우러나오는 변치 아니하는 마음을 이른다. 그 一片丹心의 丹心은 '붉은[赤] 마음[心]'으로, 달리 赤心(적심)[39]이라 할 수 있다. 따라서 赤心도 거짓이 없는 참된 마음을 의미한다.

아울러 犬馬之心(견마지심)[40]은 한자 그대로 풀이하면 '개[犬]와 말[馬]의[之] 마음[心]'인데, 개나 말처럼 주인主人에게 충성忠誠을 다하는 태도態度를 비유比喩하는 데 쓰이고 있다. 임금이나 나라에 충성을 다하고자 하는 마음을 낮추어 이르는 말이다.

그 외에 '나라[國]를 걱정[憂]하는[之] 마음[心]'을 憂國之心(우국지심)[41]이라 하며, '자기가 한 일에 대하여 미흡하게 여겨 스스로[自] 분발시키는[激] 마음[心]'을 自激之心(자격지심)[42]이라 하고, '스스로[自] 부끄럽게[愧] 여기는 마음[心]'을 自愧之心(자괴지심)[43]이라 한다.

心자는 '가슴'이나 '가운데'의 뜻을 지니기도

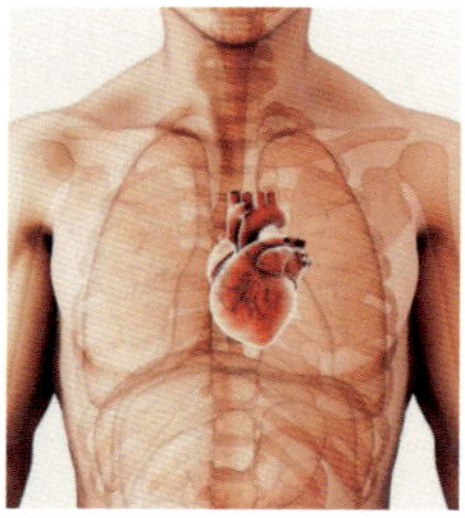

가슴에서 심장의 위치

心자는 심장心臟이 가슴 가운데에 있다고 옛사람들이 본 데서 '가슴'이나 '가운데'의 뜻을 지니기도 한다.

心腹(심복)[44]의 心자가 바로 '가슴'의 뜻으로 쓰였고, 腹[배 복]자는 '배'의 뜻으로 쓰였다. 따라서 心腹은 '가슴[心]과 배[腹]'를 아울러 이르는 말인데, 가슴과 배는 신체身體에서 중심이 되는 몸통을 이루는 부위部位다. 그 때문에 心腹은 오늘날 '썩 긴하여 없어서는 안 될 사물'을 의미하기도 한다.

한데 요즘에 心腹은 부정적否定的인 의미로 사용되고 있다.

흔히 권력權力에 빌붙어 발호跋扈하는 사람을 心腹이라 하기 때문이다. 권력 등에 빌붙어 앞장서서 못된 짓을 하는 사람을 이르는 주구走狗와 별반 다르지 않게 쓰이고 있는 것이다.

그러나 心腹은 애초에 부정적否定的 의미로 쓰이지 않았다. 중국中國 전국시대戰國時代 말기末期에 통일統一을 꾀하는 진秦나라, 그 동쪽으로 바짝 붙어 있던 한韓나라의 관계關係를 설명說明하는 말이었다. 한나라가 지니는 지리적地理的 중요성重要性을 '가슴[心]과 배[腹]'로 설명說明하면서 나왔던 말이었던 것이다.

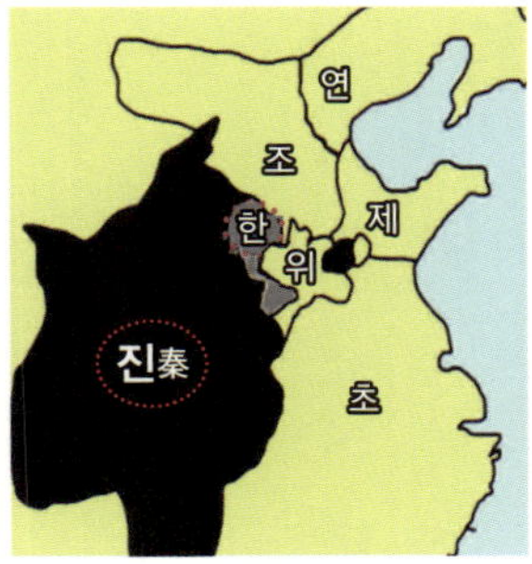

전국시대 말기 형세도

또 中心(중심)[45]의 心자는 中[가운데]자의 뜻과 똑같게 '가운데'의 뜻을 지닌다. 그처럼 '물[水]의 가운데[心]'인 水心(수심)[46], '도시[都]의 가운데[心]'인 都心(도심)[47], '연필[鉛筆]의 가운데[心]'인 鉛筆心(연필심)[48]의 心자도 '가운데'를 뜻한다. 뿐만 아니라 核心(핵심)·摘心(적심)·求心點(구심점)·同心圓(동심원)·遠心力(원심력)의 心자도 '가운데'의 뜻으로 쓰이고 있다.

十
[열 십]

손가락이 모두 열 개인 이유

열 손가락

사람의 손가락이 모두 열 개인 이유理由는?

교육현장教育現場에서 수업授業을 통해 十[열 십]자를 설명說明할 때마다 종종 물어보는 질문質問이다.

"한 달, 두 달, 세 달, 네 달, …… 아홉 달, 열 달"

두 손의 손가락을 하나씩 접으며 달수數로 세다 보면 마지막은 '열 달'이 된다. 그처럼 해서 원願하는 대답對答은 어머니 배 속에서 열 달을 세고 나오기 위해 손가락이 열 개가 되었다고 하는 것이다. 물론 그냥 재미있자고 하는 이야기다.

두 손의 열 손가락

하지만 오늘날 사람들이 '열'을 한 단위單位로 해서 수數를 헤아리는 것은 바로 그 두 손의 열 손가락에 영향을 받았다. 그렇게 '열 손가락'의 '열[十]'을 기본수基本數로 헤아려 나아가면서[進] 숫자를 사용해 수를 적는 방법[法]이 바로 十進法(십진법)

이다.

그처럼 오늘날 十進法이 세계적世界的으로 정착定着되어 쓰이게 된 것은, 동서고금東西古今을 통해 사람은 누구나 손가락이 열(10) 개이기 때문이다. 더 정확正確하게는 사람이 수數를 셀 때 열 개 손가락 중 몇 개가 펴지고 접히는지로 세어 왔기 때문이다. 사람이 손가락으로 가장 많이 펴거나 접을 수 있는 수가 열 개이므로 자연스럽게 상당수相當數의 단위가 열을 묶음으로 형성形成되었던 것이다. 만일萬一 사람 손가락이 n개였다면 자연스럽게 n진법進法이 정착定着되었을 것이다.

그렇게 오늘날 대부분大部分의 사람들이 기본적基本的인 일상생활日常生活에서 그 십진법十進法을 사용使用하고 있다. 세상世上에 수많은 언어言語가 존재存在함에도 불구不拘하고 十進法은 고대古代 이집트 때부터 거의 전全 세계적世界的으로 통일統一되어 있다. 열 개의 숫자를 가지고 수를 헤아리면서 그 열배마다 '백百·천千·만萬'으로 자릿수를 하나씩 올려 나타내고 있는 것이다. 바로 그 '열'은 완전수完全數로, 한자漢字에서는 十[열 십]자로 나타내고 있다.

10개 산가지와 100개 산가지

十자는 세로로 된 하나의 선

十(십)자는 갑골문 자형으로 살피면 세로로 된 하나의 선線만으로 이뤄져 있다. 그것이 후대後代에 결승結繩을 한 것처럼 세로의 선 가운데가 뭉뚝해지고, 다시

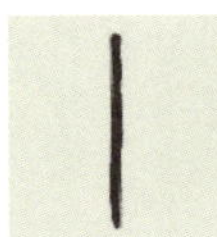

갑골문 十자

금문 十자

소전 十자

10개 산가지 묶음과 결승문자

뭉뚝한 부분이 가로의 짧은 선으로 바뀌면서 오늘날의 형태形態로 이어지고 있다. 그렇게 十자는 맨 처음 세로로 내려 그은 선 하나로 십진법十進法의 단위單位에서 하나와 관련된 열의 수數와 관련되어 뜻이 '열'이 되었다.

예부터 가로의 선으로는 一(일)·二(이)·三(삼)자를 만들어 썼으며, 세로의 선으로는 十[열 십]·卄[스물 입]·卅[서른 삽]·卌[마흔 십]자를 만들어 썼다. 다만 오늘날 卄자나 卅자나 卌자는 二十(이십)과 三十(삼십)과 四十(사십)으로 나타내면서 쓰이지 않고 있다.

〈십자가 위의 예수〉(들라크루아)

十자는 그리스도를 상징하는 표상

十자는 그 자체自體 형태가 가로와 세로를 얽어 맨 아주 간단한 하나의 도안圖案으로, 특히 그리스도를 상징象徵하는 표상表象으로 사용되고 있다.

조선시대의 형틀

그렇게 그리스도를 상징하게 된 것은 고대古代에 서양西洋에서 죄인罪人을 못 박아 죽이던 '십자[十字]로 얽어 맨[架] 형틀'인 十字架(십자가)[1]에 예수가 모든 사람의 죄罪를 대속代贖하기 위해 못 박혀 죽은 데서 유래由來했으며, 十字架는 오늘날 존경尊敬·명예名譽·희생犧牲·속죄贖罪의 의미로 쓰이고 있다.

그러고 보면 조선시대朝鮮時代에 곤장棍杖을 맞는 형틀도 마찬가지로 十字架 형태였다.

십자군 관련 그림

또 중세中世 유럽에서, 그리스도가 팔레스타인과 예루살렘을 이슬람교도로부터 다시 찾기 위해 일으킨 전쟁戰爭에 참여한 이들도 '십자가[十字架]를 상징으로 삼았던 군사[軍]'인 데서 十字軍(십자군)[2]이라 했다. 十字軍은 1096년부터 13세기世紀 후반後半까지 7회에 걸쳐 약 700만의 군사를 동원動員했으나 목적目的을 달성達成하지 못했다.

그 외에 十字는 十字路(십자로)[3]나 十字繡(십자수)[4]나 十字花(십자화)[5]에서도 그 쓰임을 볼 수 있다.

十字路는 '십자[十字] 형태의 길[路]'로, 한 지점地點에서 길이 네 방향方向으로 갈라져 나간 사거리를 이른다.

十字繡는 '실을 십자[十字] 형태로 엇걸리게 놓는 수[繡]'를 이르는데, 정확히 말하면 十字가 아닌 ×의 형태다.

十字花는 '네 개의 꽃잎이 십자[十字] 형태를 이루는 꽃[花]'으로, 무나 배추의 꽃에서 볼 수 있다.

나아가 十字는 十字砲火(십자포화)[6]나 十字靭帶(십자인대)[7]에서도 그 쓰임을 살펴볼 수 있다.

十字砲火는 '앞뒤 양옆에서 쏘아서 십자[十字]처럼 교차交叉되어 떨어지는 포탄[砲]에서 일어나는 불[火]'을 말한다.

十字靭帶는 '무릎 관절에서 십자[十字] 형태로 엇갈리며 정강뼈와 넙다리뼈에 붙는 두 인대[靭帶]'를 말한다. 무릎에서 앞쪽의 인대는 前方十字靭帶(전방십대인자), 뒤쪽의 인대는 後方十字靭帶(후방십자인대)라 한다.

뿐만 아니라 十字는 赤十字(적십자)[8]·綠十字(녹십자)[9]·鐵十字(철십자)[10]·複十字(복십자)[11]에서도 그 쓰임을 볼 수 있다.

赤十字는 '흰 바탕에 붉은[赤] 십자[十字] 표지標識'를 말하는데, 나이팅게일의 뜻을 이은 뒤낭이 전쟁戰爭 시時 부상자負傷者

십자로

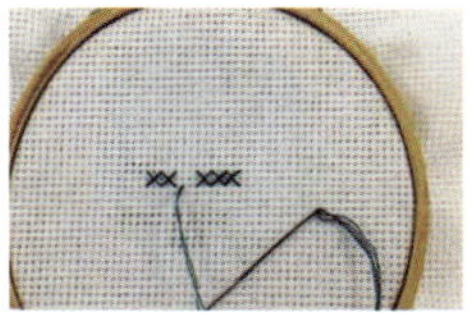
십자수

십자화(무꽃)

십자포화

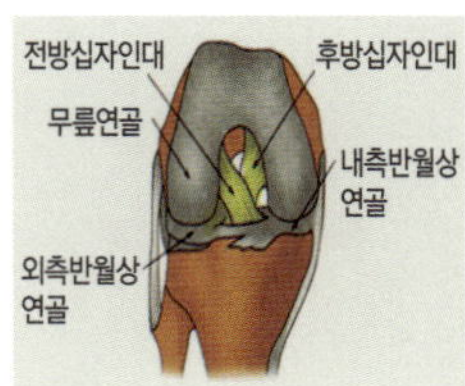

십자인대

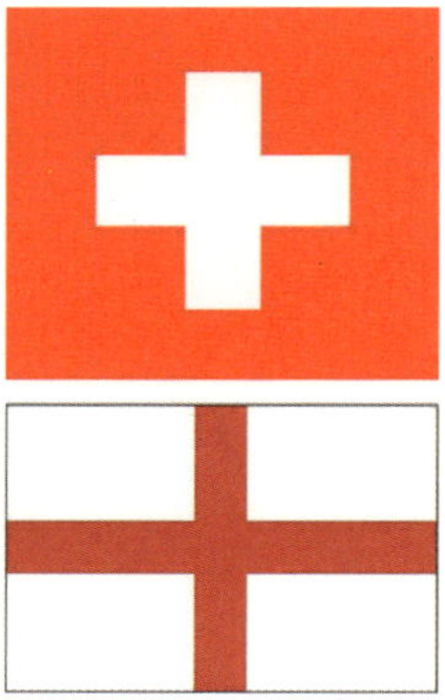

스위스 국기(상)와 적십자기(하)

등을 구호救護할 목적目的으로 설립設立한 인도적人道的 기구機構인 赤十字社(적십자사)가 상징象徵으로 삼고 있는 것이다. 赤十字社가 맨 처음 조직組織된 나라인 스위스의 국기國旗 白十字(백십자) 바탕과 十字의 색色을 서로 바꿔 만들었다.

녹십자

綠十字는 '녹색[綠]의 십자[十字] 형태 표지'로, 재해災害나 위험危險으로부터의 안전安全을 상징한다. 병원病院이나 사설구급차私設救急車나 보건소保健所, 병원 소속所屬 구급차에서 볼 수 있다.

철십자 훈장

鐵十字는 독일군獨逸軍에게 가장 잘 알려진 훈장勳章으로, 말 그대로 '철[鐵]로 된 십자[十字] 형태의 훈장'이다. 제2차第二次 세계대전世界大戰 전후前後 나치당으로 인한 정치적政治的 이유理由 때문에 사라졌다. 다만 문양文樣으로서는 오늘날의 독일 연방군聯邦軍에서 모양만 약간 바꿔 쓰고 있다.

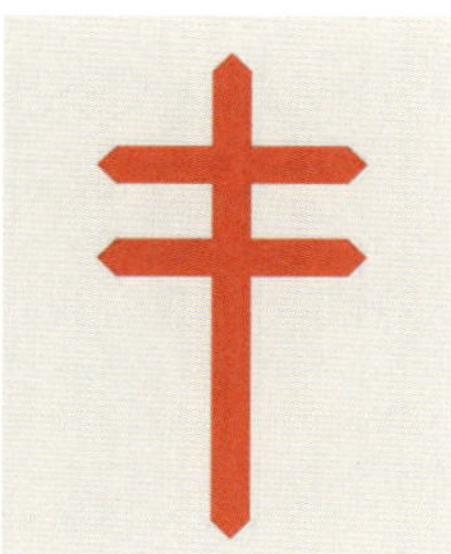

복십자

複十字는 '위아래로 겹친[複] 붉은 빛깔의 십자[十字] 형태로, 결핵結核 예방豫防 운동運動의 국제적國際的 상징물象徵物'이다. 1902년 베를린에서 개최開催된 제1회 국제國際 결핵 예방 회의會議에서 결핵에 대한 투쟁鬪爭을 상징하는 징표徵標로 이 모양을 결정決定했다.

'십자매'는 '십'과 '자매'가 합쳐진 말

이상以上에서 설명한 '십자가·십자군·십자로·십자수·십자화·십자포화·십자인대·적십자·녹십자·철십자·복십자'처럼 '십자매'도 한글로 똑같은 '십자'를 쓰고 있다. 더구나 새의 일종인 '참매', '송골매', '보라매'의 '매'처럼 새와 관련된 '십자매'도 '매'를 덧붙이고 있다. 그러다보니 '십자매'는 '십자'와 '매'가 합쳐진 말로 여기는 이들이 적지 않다. 하지만 '십자매'는 '십'과 '자매'가 합쳐진 말로, 한자漢字로는 十姉妹(십자매)[12]로 쓰고 있다.

十姉妹는 '한 새장에 열[十] 마리를 넣어도 자매[姉妹]처럼 친하게 지내는 새'라 하여 그런 이름이 붙여졌다. 애완용愛玩用으로 흔히 길러지는 새이며, 오랫동안 개량改良을 거치면서 좁은 새장에 잘 적응適應한 개체個體들만 선택選擇받은 까닭에 매우 유순柔順하다.

한 새장 속의 십자매

시간의 단위 가운데 십 년

예부터 시간時間의 단위單位 가운데 十年(십 년)은 꽤 의미가 있는 기간期間으로 여겨졌다. 해서 우리 속담俗談에도 그 '十年'을 들어 말하는 경우가 적지 않다.

예컨대 "십 년이면 강산도 변한다", "십 년 묵은 체증이 내리다", "돌도 십 년을 보고 있으면 구멍이 뚫린다", "십 년을 같이 산 시어미 성도 모른다", "집장 십 년이면 호랑이도 안 먹는다", "술장사 십 년에 깨진 주전자만 남는다", "처가살이 십 년이면 아이들도 외탁한다", "십 년 가는 거짓말 없다", "십 년 묵은 빚은 본전만 받아도 반갑다", "십 년 과부도 시집갈 마음은 못 버린다" 등의 속담이 그런 경우다.

또 十年은 사자성어四字成語에도 덧붙여 쓰이고 있는데, 十年知己(십년지기)[13]· 十年工夫(십년공부)[14]· 十年減壽(십년감수)[15]· 十年之計(십년지계)[16] 등이 그런 말이다.

지기지우와 함께

十年知己는 '열[十] 해[年] 쯤부터 자기[己]를 알다[知]'라는 의미로, 오래전부터 친히 사귀어 잘 아는 친구親舊와 같은 이를 이른다.

十年工夫는 '열[十] 해[年] 동안 쌓은 공부[工夫]'라는 의미로, 오랜 세월歲月을 두고 쌓은 공功을 이른다. 그 十年工夫가 허사虛事가 되었음을 이를 때는 "십년공부 도로 아미타불"이라 하고 있다.

十年減壽는 '열[十] 해[年]의 수명[壽]이 줄어들다[減]'라는 의미로, 몹시 위험危險하거나 놀랐을 때 쓰는 말이다.

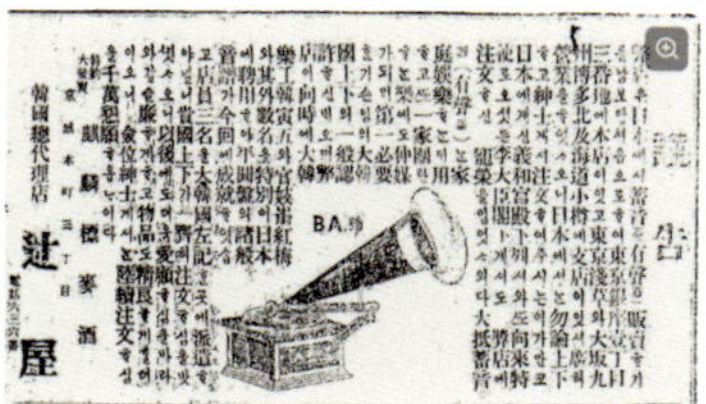

구한말 축음기 광고

우리나라에 축음기蓄音機가 처음 전傳해졌을 때, 그 당시當時 명창名唱이 녹음錄音한 노래가 흘러나오자 고종高宗이 명창의 기氣가 축음기에 빨려들어 갔다고 생각하며 "네 수명이 십 년은 줄었겠구나"라고 말했다는 데서 비롯된 말이라 한다.

관중(관이오)과 『관자』

十年之計는 '열[十] 해[年]를 내다보는 계획[計]'이란 의미인데, 『관자管子』에 "한 해의 계획은 곡식을 심는 것만 한 게 없고, 열 해의 계획은 나무를 심는 것만 한 게 없고, 백년의 계획은 사람을 기르는 것만 한 게 없다(一年之計 莫如樹穀, 十年之計 莫如樹木, 百年之計 莫如樹人)"고 했다. 이로 보면 十年之計는 나무를 심는 일임을 알 수 있다. 사실事實 오늘날 우리가 먹는 과실果實도 그렇게 나무를 심은 사람들 덕분德分이라 하겠다.

십 년의 법칙

또 十年(십 년)과 관련關聯해 '十年의 법칙法則'이란 말이 있는데, 이는 사회社會 일반一般 한 분야分野에서 十年 동안 최선最善을 다하면 높은 수준水準의 경지境地에 올라 그 능력能力을 인정認定받고 성공成功할 수 있다는 법칙을 말한다.

'十年의 법칙'은 '일만一萬 시간時間의 법칙'이라고도 하는데, 이는 十年 동안 일만 시간을 한 분야에 투자投資한다는 것이다. 언뜻 생각하면 일만 시간은 적지 않아 보인다. 그렇다면 十年 동안 일만 시간을 투자하려면 하루 얼마쯤 시간을 할애割愛해야 할까?

十年에 일만 시간이면 일 년一年에 일천一千 시간을 투자한다는 것인데, 일 년은 365일이니 하루 3시간 투자하면 1,095시간이 되어 일천 시간이 넘는다는 것을 알 수 있다. 따라서 하루 3시간 할애해 十年을 한 분야에 투자하면 누구나 그 분야에서 높은 수준의 경지에 올라 능력을 인정받고 성공할 수 있음을 알 수 있다.

저녁에 집필하고 있는 필자

근거根據 없이 만들어진 속담俗談이 없다 하는데, 속담에도 "십 년 적공이면 한 가지 성공을 한다"고 했다. 한데 필자筆者는 거의 매일 하루 24시간 가운데 먹고 자는 시간 빼고 35년 넘게 오로지 문자학文字學(한자학漢字學) 하나에만 매달려 꽤 많은 시간을 보냈는데 여태 공功을 이루지

못하고, 부족한 부분을 채우는 데 시간을 보내고 있다. 고대문화古代文化를 담고 있는 한자漢字는 해도 해도 끝이 없는 통섭統攝의 학문學問이기 때문이다.

십 년 세도 없고 열흘 붉은 꽃 없다

아울러 "십 년 세도 없고 열흘 붉은 꽃 없다"는 속담과 관련된 말에서도 十年(십 년)의 쓰임을 살펴볼 수 있다. '십 년 세도 없고'와 관련된 사자성어四字成語가 權不十年(권불십년)[17]이기 때문이다. 사실 權不十年을 한자 그대로 풀이하면 '권세[權]는 열[十] 해[年]를 가지 않는다[不]'라는 의미다. 또 이어져 쓰인 '열흘 붉은 꽃 없다'는 花無十日紅(화무십일홍)[18]이란 말과 관련이 있다. 花無十日紅도 한자 그대로 풀이하면 '꽃[花]도 열흘[十日] 붉지[紅] 않는다[無]'라는 의미다.

다시 말하면 權不十年 花無十日紅은 영원永遠할 것만 같은 권력權力이나 꽃의 아름다움도 언젠가는 쇠衰하게 된다는 것이다. 정치권력政治權力의 무상無常함과 덧없음을 비유比喩할 때 자주 쓰이고 있다.

십일지국이란

또 花無十日紅의 十日은 十日之菊(십일지국)[19]이란 말에서도 엿볼 수 있는데, 두 말에 쓰인 '十日'은 그 의미의 쓰임이 서로 다르다. 花無十日紅의 '十日'은 기간期間과 관련이 있고, 十日之菊의 '十日'은 기한期限과 관련이 있기 때문이다. 따라서 花無十日紅의 十日은 '열흘'로 풀이하지만 十日之菊의 十日은 '열흘'로 풀이하면 안 된다. 十日之菊의 '十日'은 음력陰曆 9월 10일의 기한과 관련이 있는 말이기 때문이다. 예전에 한자교육관련단체漢字教育關聯團體에서 20여餘 년年 넘게 강의講義한 바가 있었는데, 그 단체에서 만든 책자冊子에 十日之菊을 '열흘 피어있는 국화'라 잘못 풀이한 것을 보고 깜짝 놀란 적이 있었다.

十日之菊 십일지국
국화는 핀 지 9일 되는 날이 절정이므로 이미 때가 늦었다는 말이다.

잘못 풀이된 '十日之菊' 관련 자료

사실 十日之菊은 음력 9월 9일인 중양절重陽節의 풍속風俗과 관련되어 나온 말이다. 이날은 장수長壽와 관련된 국화菊花를 감상鑑賞하고, 국화주菊花酒나 국화전菊花煎을 먹는 풍습風習이 있는 날이다.

야생의 구절초

이날 국화주를 담그거나 국화전을 해 먹기 위해 꺾는 국화로 '구절초九節草'가 있는데, '구절초'를 한자로 九자를 써서 九節草라 한 것도 9월 9일인 중양절과 관련이 있다. 九節草를 달리 '구일초九日草'라 할 때의 '구일九日'도 마찬가지다. 뿐만 아니라 화투花鬪에서 9월을 상징하는 패牌인 국준菊樽도 중양절과 관련이 있다.

화투패 국준(국진)

국준菊樽은 중양절에 마시는 국화로 담근 술과 관련해 '국화'를 뜻하는 菊[국화 국]자와 '술잔'을 뜻하는 樽[술잔 준]자를 합친 말이다. 9월을 상징하는 화투패花鬪牌에서 장수長壽의 壽자를 새긴 그림이 술을 다 마시고 기울어진 술잔을 나타낸 것이다. 한데 오늘날 '국준'은 '국진'으로 잘못 불려 국어사전國語辭典에

국화주

국진 菊진 명
국화가 그려져 있는 화투 짝. 9월이나 아홉 끗을 나타낸다.

'국진'의 뜻

도 '국진'으로 표기表記하고 있다.

결국 十日之菊은 음력 9월 9일 '중양절을 보내는 데 사용하는 국화가 아닌 하루가 더 지난 9월 10일[十日]의[之] 국화[菊]'로, 이는 이미 중양절이 지난 뒤의 국화가 된다. 그렇게 중양절에 의미意味 있게 사용될 국화가 아니기에 十日之菊은 이미 때가 늦었음을 비유적比喩的으로 이르는 말이 되었다. 국립국어원國立國語院이 펴낸 표준국어사전標準國語辭典에 "한창때인 9월 9일이 지난 9월 10일의 국화라는 뜻"으로 풀이했는데, 국화는 일정一定한 시기時期를 두고 피고 지는 것이니 꼭 9월 9일이라고 해서 국화가 한창때인 것은 아니라고 생각한다. 다만 의미意味 있게 사용될 시한時限을 넘긴 국화일 뿐이다.

일정한 거리의 단위인 십 리

그 외에 十자의 쓰임은 일정한 거리의 단위單位인 十里(십 리)라는 말에서도 살펴볼 수 있다.

十里는 원래 장정壯丁이 한 시간時間쯤 걸려 걸을 수 있는 거리인데, 往十里(왕십리)[20]·城底十里(성저십리)[21]·明沙十里(명사십리)[22] 등의 말에 활용活用되고 있다.

往十里는 지명地名으로, 전傳해지는 바에 의하면 조선朝鮮이 건국建國되자 무학대사無學大師가 태조太祖 이성계李成桂의 명命을 받아 새로운 도읍지都邑地를 찾으면서 비롯된 명칭名稱으로 알려져 있다. 무학대사가 도읍지를 찾아 돌아다니다가 往十

里에 이르러 마땅한 터로 여겼는데, 소를 끌고 지나가던 한 노인老人이 “십 리를 더 가보시오. 도읍이 될 만한 터가 있을 것이오”라고 말하며 사라졌다고 한다. 무학대사가 그 말에 따라 十里를 더 걸어 간 곳이 지금의 경복궁景福宮 터이고, 원래 도읍都邑으로 정定하려 했던 곳은 ‘십 리[十里]를 가라[往]’는 의미의 往十里가 되었다는 것이다. 하지만 이는 정설定說이 아니고 그냥 재미있자고 지어낸 말로 알려져 있다.

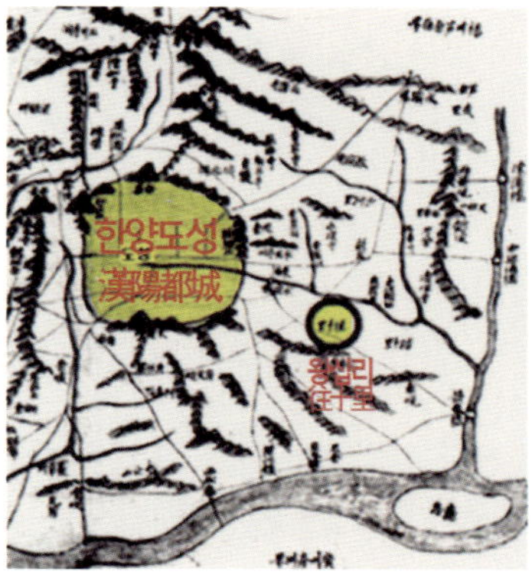

한양도성과 왕십리

그렇더라도 往十里는 그 말 그대로 하면 도성都城으로부터 十里쯤 떨어져 있다는 곳이 된다. 그처럼 ‘도성[城] 속[底]으로부터 십 리[十里]쯤 떨어져 있는 안쪽 지역’을 城底十里라 한다.

조선 말기 한양의 성저십리

조선시대朝鮮時代 경우에 그 지역地域을 한성漢城의 행정구역行政區域으로 편입編入시켜 한성부漢城府에서 통치統治했고, 도성 안에서 죽은 사람은 왕王을 포함包含해 모두 城底十里 밖에 묻었다. 따라서 오늘날 조선의 대부분 왕릉王陵이 서울 주변周邊에 十里쯤 떨어져 흩여져 있는 것도 그 때문이다.

한양 주변 조선왕릉 분포도

明沙十里는 ‘밝고[明] 깨끗한 모래[沙]가 십 리[十里]’라는 의미로, 뛰어난 경관景觀으로 이름난 강가나 바닷가에 있는 모래벌판을 이른다. 그런 모래벌판으로 널리 알려진 곳이 해당화海棠花로 유명有名한 함경남도咸鏡南道 원산시元山市의 동남東南쪽에 있는 해수욕장海水浴場이다. 오늘날은 곱고 부드러운 모래가 끝없이 펼쳐진

원산 관광도에 보이는 ‘명사십리’

바닷가를 비유적比喩的으로 이르는 데 쓰이기도 한다.

十자는 '열 번'이나 '모두'의 뜻을 지니기도

나아가 수효數爻 '열'을 뜻하는 十자는 횟수回數 '열 번'을 뜻하기도 한다. 十伐之木(십벌지목)[23]의 十자가 그런 뜻으로 쓰이고 있다.

十伐之木은 '열 번[十] 쳐서[伐] 베는 나무[木]'라는 의미로, 도끼로 열 번 쳐서 안 넘어가는 나무가 없음을 이르는 말이다. 어떤 어려운 일이라도 여러 번 계속繼續해 끊임없이 노력努力하면 기어이 이뤄내고야 만다는 의미로 사용하고 있다.

또 성수成數인 '열'을 뜻하는 十자는 '모두'나 '완전'의 뜻을 지니기도 한다. '아주 충분히'라는 의미의 十分(십분)[24]의 十자가 그런 뜻으로 쓰이고 있다.

일정一定한 분량分量을 열로 나눌 때에 그 분량의 1할割로 나눠 이뤄진 부분은 일분一分이고, 2할로 나눠 이뤄진 부분은 이분二分이라면 '10할이 모두 찬[充] 부분[分]'은 充分(충분)이 되고, 그 充分이 十分이 된다. 따라서 十分은 '충분하다'와 관련된 의미를 지니고, 十分의 十자는 '모두'나 '완전'의 뜻을 지니게 된 것이다. 예컨대 "너의 처지를 십분 이해한다"라고 하면 '너의 처지를 충분히 이해하다'라는 의미가 된다.

그처럼 十全大補湯(십전대보탕)[25]의 十자도 '모두'나 '완전'의 뜻으로 쓰이고 있다. 十全大補湯은 기氣와 혈血을 보강補强하는 대표적代表的인 보약補藥 중 하나로 알려져 있다. 10개의 재료材料가 들어가서 十이 아니고 '모두'나 '완전'의 뜻으로도 쓰이는 十자를 덧붙여 '모두[十] 온전하고[全] 지극하게[大] 보하는[補] 탕[湯]'인 데서 十全大補湯이다. 『동의보감東醫寶鑑』에는 "허약하고 피로해서 기와 혈이 모두 약해진 것을 치료하고, 음과 양을 조화롭게 한다"고 기록記錄되어 있는 탕약湯藥이다.

십전대보탕에 시용하는 여러 약재

十자는 그 음을 '시'로

이상에서 十字(십자)·十年(십년)·十日(십일)·十里(십리)·十分(십분)의 十자는 그 음이 '십'으로 읽히는데, 十月(→시월)[26]·十五里(→시오리)[27]·十王殿(→시왕전)[28]·十方世界(→시방세계)[29]의 十자는 오늘날 그 음이 '시'로 읽힌다.

한자 가운데 종성終聲의 음音이 입성자入聲字 'ㄱ·ㄹ·ㅂ'일 때는 발음發音의 편의便宜를 위해 흔히 탈락脫落되는 경우가 적지 않은데, 十자도 종성의 'ㅂ'이 생략省略되어 '시'로 읽힌 것이다.

그렇게 十자가 '시'로 읽히는 十月은 '한 해의 열두 달 가운데 열[十]째 달[月]'을 의미한다. 1972년 10월에 당시 박정희朴正熙 대통령大統領의 특별特別 선언宣言으로 유신헌법維新憲法이 공포公布되고, 제4공화국第四共和國이 등장登場한 일과 관련된 말인 十月維新도 '시월유신'이라 한다.

유신헌법 공포식

十五里는 '십[十] 리에 다시 오 리[五里]를 더한 거리'를 말한다.

시왕전

十王殿은 불가佛家에서 사용하는 말로, '저승에서 죽은 사람을 재판裁判하는 열[十] 명의 왕[王]을 모신 법당法堂과 같은 큰 집[殿]'을 말한다.

十方世界도 불가佛家에서 비롯된 말인데, 十方은 사방四方·사우四隅·상하上下를 통틀어 이른다. 곧 '동東·서西·남南·북北'의 사방과 '북동北東·남동南東·남서南西·북서北西'의 사우와 '하늘'인 상上과 '땅'인 하下를 포함包含한 여러 방면方面을 이른다. 따라서 '여러 방면[十方]에 있는 온 세계[世界]'는 十方世界라 한다. 또 '시방[十方]에 여러 부처가 사는 번뇌煩惱의 굴레를 벗어난 아주 깨끗한[淨] 땅[土]'을 이르는 十方淨土[30]도 '시방정토'로 읽는다. '시방정토'의 '정토'는 달리 극락極樂이라 할 수 있으며, 괴로움으로 가득한 세상世上인 예토穢土의 반대反對 개념槪念이다.

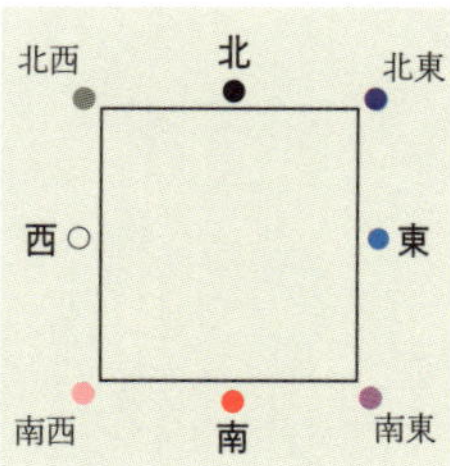

사방과 사우

氏
[성씨 씨]

성을 갈겠다

흔히 하는 말에 “성을 갈겠다”는 조상祖上의 뿌리처럼 여겨지는 성씨姓氏를 갈겠다는 의미意味인데, 어떤 일을 다시는 하지 않겠다고 맹서盟誓하거나 어떤 상황狀況에서 단언斷言할 때에 사용使用하는 말이다. 그렇게 예부터 성씨는 자기 정체성正體性을 부정否定할 때나 사용될 정도로 중요重要하게 여겨졌다.

그런 성씨로 김金·이李·박朴·최崔·정鄭·강姜·조趙·윤尹·장張·임林은 우리나라에서 열 손가락 안에 들어간다. 그 외에 제갈諸葛·남궁南宮·독고獨孤·선우鮮于·황보皇甫 등의 복성씨複姓氏까지 포함包含해 오늘날 우리나라 사람이라면 누구나 성씨를 쓰고 있다.

성씨 관련 공익광고

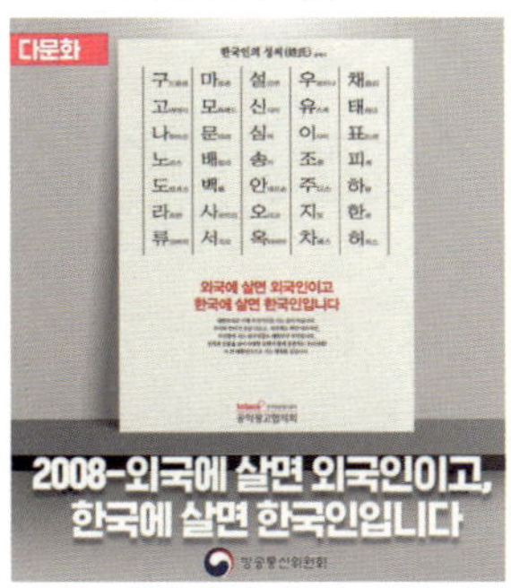

그렇게 누구나 성씨를 쓸 수 있게 된 것은 1909년에 민적법民籍法이 시행施行되면서부터다. 그 이전以前 고려高麗 때는 양반兩班만 성씨를 썼고, 더 이전 삼국시대三國時代 때는 왕족王族이나 일부一部 특권층特權層만 성씨를 썼다.

그런 성씨는 2000년까지만 해도 286개였지만 2015년 통계청統計廳의 인구주택총조사人口住宅總調査 결과結果 외국外

國에서 귀화歸化해 생긴 성씨까지 합合하면 5,582개나 있는 것으로 조사調査되었다.

다시 성씨별姓氏別 본관조사本貫調査가 실시實施되는 2030년에는 예상豫想보다 더 많은 성씨가 생길 것으로 보인다. 우리나라가 다문화사회多文化社會로 진입進入하고 있기 때문이다.

성씨 성과 성씨 씨

그 같은 성씨는 혈족血族을 나타내기 위해 붙이는 칭호稱號인데, '성씨'의 '성'과 '씨'는 한자로 '성씨 성(姓)'과 '성씨 씨(氏)'로 같은 뜻이다. 그러나 애초에 두 한자는 그 쓰임에 차이差異가 있었다.

姓자는 그 자형에 女[계집 녀]자가 덧붙여진 것에서 보듯 본래 부녀자婦女子에게 사용使用되었고, 氏자는 같은 성姓을 가진 집단集團 내內에서 분화分化되었다. 같은 성을 가진 종족宗族이 점차 그 수數가 늘어나고 여러 지역地域으로 흩어져 살게 되면서 새로운 거주지居住地나 조상祖上의 자字나 시호諡號, 관직官職이나 작위爵位 등을 따서 자신自身들을 구별區別하는 칭호를 만들게 되면서 氏가 생기게 된 것이다.

그렇게 두 한자의 의미意味가 점차 변화變化하여 姓자는 동일同一한 조상을 표시表示했고, 氏자는 동일한 조상이 갈래를 달리한 경우를 표시했다. 하지만 다시 두 글자의 의미가 확대擴大되면서 한漢나라 이후以後에는 '姓'과 '氏'의 구분區分을 하지 않고 결국 모두 혈족을 나타내는 '성씨'를 의미하는 같은 뜻의 말이 되었다. 그렇게 氏자는 '성씨'를 뜻하는 한자가 된 것이다.

氏자는 뿌리가 움트는 씨를 나타낸 한자

갑골문 氏자 금문 氏자 소전 氏자

氏[성씨 씨]자는 그 자원字源에 대해 문자학자文字學者의 의견意見이 분분紛紛하지만 갑골문甲骨文 자형字形을 살피면 뿌리가 움트는 씨(씨앗)를 나타낸 한자로 보인다. 씨(씨앗)에서 비롯된 뿌리처럼 한 시조始祖에서 나와 뿌리가 같은 혈통血統으로 이어져 같은 성씨를 쓰는 종족種族과 관련되면서 결국 그 뜻이 '성씨'가 되었다고 본 것이다.

땅 속의 씨(씨앗)

氏자 자형에 一의 형태를 덧붙인 氐[근본 저]자의 뜻 '근본'과 같은 뜻을 지닌 本[근본 본]자가 木[나무 목]자에 一의 형태를 덧붙이고, 氏자 자형에 日[날 일]자를 덧붙인 昏[어두울 혼]자의 뜻 '어둡다'와 같은 뜻을 지닌 杳[어두울 묘]자가 木자에 日자를 덧붙인 데서 보듯 氏자는 木자와 서로 밀접密接하게 관련된 한자로 보인다. 다만 氏자는 木자와 관련해 나무가 씨(씨앗)에서 막 자라나는 모양을 나타낸 한자로 보인다.

문익점의 목화씨

진위眞僞를 떠나 고려高麗 문관文官인 문익점文益漸과 관련해

문익점 관련 우표

씨가축인 한우 씨수소

잘 알려진 이야기가 있다.

문익점은 원元나라로 갔다가 돌아오면서 목화木花씨 열 개를 가져왔다. 그리고 고향故鄕인 산청山淸으로 가서 장인丈人어른 정천익鄭天益과 함께 그 목화씨를 뿌리고 정성껏 돌봐 마침내 목화 한 그루를 재배栽培하는 데 성공成功했다. 하나의 씨만 싹을 틔워 죽지 않고 자라 목화를 피우고 여러 열매를 맺은 것이다. 그리고 그 열매는 다시 우리나라 사람이 목화를 얻기 위해 심는 수많은 목화씨가 되었다. 하나의 씨가 온 나라에 심을 수 있는 수많은 씨가 된 것이다.

그처럼 수많은 씨가 되어 주는 것에는 氏穀(씨곡)·氏果實(씨과실)·氏家畜(씨가축)이 있다. 氏자가 그 자원字源의 설명에서처럼 '씨(씨앗)'의 뜻으로 쓰이고 있음은 그런 말에서 엿볼 수 있다.

씨족사회나 창씨개명

그런 氏자는 다시 氏族社會(씨족사회)[1]나 創氏改名(창씨개명)[2]에서 '성씨'의 뜻으로도 쓰이고 있다.

氏族社會의 氏族은 공동共同의 조상祖上을 가진 같은 성씨[氏]의 친족[族]으로 이뤄진 공동체共同體를 말한다. 원시사회原始社會에서 흔히 찾아볼 수 있는 부족사회部族社會의 기초基礎단위單位가 되기도 하면서, 대개는 족외혼族外婚의 관습慣習에 의해 유지維持되었다. 결국 氏族社會는 '씨족[氏族] 제도制度를 바탕으로 하여 성립된 원시 사회[社會]'를 말한다.

創氏改名은 '일제강점기日帝强占期에 일본日本이 우리나라 사람의 성씨[氏]를 새롭게 만들고[創] 이름[名]을 고쳐[改] 일본식으로 바꿀 것을 강요한 일'에서 비롯된 말이다. 일본은 創氏改名을 하지 않으면 자신들이 마음대로[逞] 할 수 없는[不] 조선[鮮] 사람[人]이란 의미인 '불령선인不逞鮮人'으로 부르며 여러 가지 불이익不利益을 주었다.

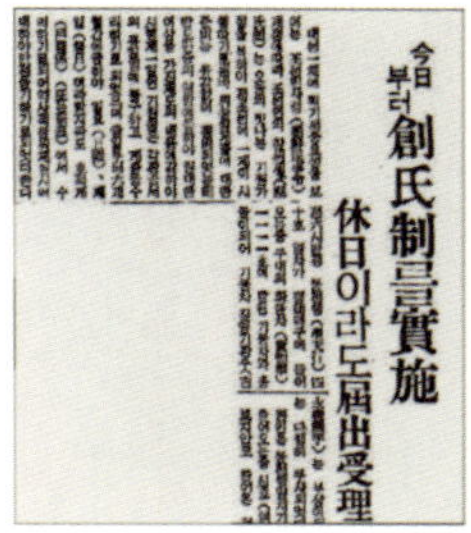
今日부터 創氏制를實施
休日이라도屆出受理

1940년 『동아일보』 창씨개명 관련 기사

여씨향약이나 화씨지벽

나아가 氏자는 사람의 성씨나 이름 뒤에 붙여 호칭呼稱이나 존칭尊稱의 뜻으로 쓰이기도 한다. 또는 사람을 지칭指稱하는 데 붙여 쓰는 칭호稱號로도 쓰이고 있다.

여대균 초상화

呂氏鄕約(여씨향약)[3]이나 和氏之璧(화씨지벽)[4]의 氏(씨)자가 그런 뜻으로 쓰였다.

呂氏鄕約의 呂氏는 중국中國 송宋나라 때에 여대균呂大鈞이란 사람을 이른다. 바로 그 '여대균[呂大鈞]이란 사람[氏]이 향리[鄕]에서 실시한 자치 규약[約]'을 呂氏鄕約이라 한다.

呂氏鄕約은 덕업상권德業相勸·과실상규過失相規·예속상교禮俗相交·환난상휼患難相恤을 강령綱領으로 했으며, 조선朝鮮 후기後期에 실시實施된 우리나라 향약鄕約의 모체母體가 되었다.

和氏之璧의 和氏는 중국 춘추시대春秋時代 때에 초楚나라의 변화卞和라는 사람을 이른다. 바로 그 '변화[和]란 사람[氏]의[之] 구슬[璧]'을 和氏之璧이라 한 것이다.

벽璧

和氏之璧은 和氏가 옥돌 원석原石을 처음 여왕厲王에게 바쳤으나 돌로 판정判定되면서 왕을 속였다 하여 그 벌로 왼쪽 발꿈치가 잘렸고, 무왕武王에게 바쳤으나 역시 돌로 판정되면서 오른쪽 발꿈치가 잘렸던 일과 관련이 있다. 그 후에 문왕文王이 즉위卽位해 다시 바쳤는데, 문왕이 그 옥돌을 다듬게 하니 천하天下에 둘도 없는 명옥名玉이 실체實體를 드러냈다. 그리해 그 명옥을 그의 이름을 따서 '和氏之璧'이라 했고, '和氏之璧'은 결국 천하의 명옥을 이르는 말이 되었다.

이씨조선이나 이씨왕조

태조 이성계 어진

또 李氏朝鮮(이씨조선)[5]이나 李氏王朝(이씨왕조)[6]의 李氏도 성씨 뒤에 氏자를 덧붙여 호칭이나 존칭의 뜻으로 쓰이고 있다.

한데 李氏朝鮮이나 李氏王朝는 '이씨[李氏]가 세운 조선[朝鮮]'이나 '이씨[李氏]가 세운 왕조[王朝]'라는 의미로, '조선'을 폄하貶下시키는 말로 받아들여지고 있다.

일본日本이 한일강제병합韓日强制倂合 이후 우리나라를 식민지배植民支配하면서 조선왕조朝鮮王朝의 부정적否定的인 면面을 강조하며, 자신들의 통치적統治的 정당성正當性을 간접적間接的으로 강조强調하려고 당시 우리나라 일부一部에서 사용하고 있던 李氏朝鮮이나 李氏王朝를 의도적意圖的으로 썼기 때문이다. 한 나라의 왕조에 한 가문家門의 성씨를 덧붙인 말은 온당穩當치 않기에 오늘날은 조선왕조라 하고 있다.

무명씨나 모씨

그 외에 氏자는 無名氏(무명씨)[7]나 某氏(모씨)[8] 등에서도 그 쓰임을 살펴볼 수 있다.

無名氏는 이름[名]이 없다[無] 함을 이르는 말인 無名(무명)에 사람의 이름 뒤에 붙여 호칭이나 존칭의 뜻으로 쓰이는 氏자를 덧붙였다.

"말하기 죠타하고 남의 말을 마롤 거시/ 남의 말 내하면 남도 내 말하는 거시/ 말로셔 말이 만흐니 말 모로미 죠해라"의 시조時調는 『청구영언靑丘永言』에 나오는데, '이름[名]이 알려짐이 없는[無] 사람[氏]'이 지었기에 지은이는 無名氏로 알려져 있다.

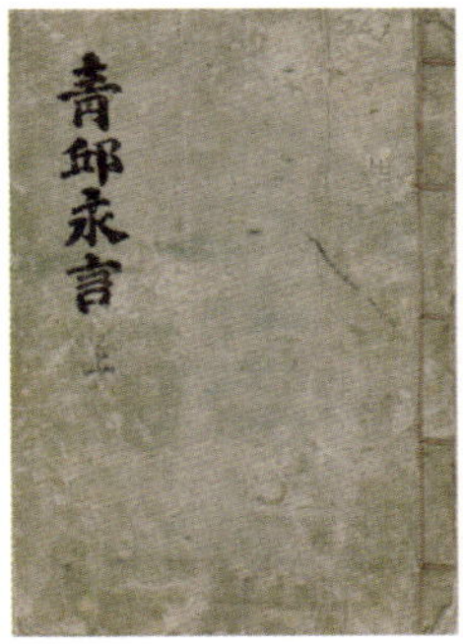

『청구영언』

또 어떤 사람인지 구체적인 이름 대신 쓰는 말인 '아무(아무개)'의 뜻을 지닌 한자 某[아무 모]자를 써서 某氏(모씨)라 하는 말에서도 氏(씨)자의 쓰임을 살펴볼 수 있는데, 某氏는 '아무개[某]가 되는 사람[氏]'을 이르는 말이다.

섭씨나 화씨

셀시우스

아울러 氏자의 쓰임은 온도溫度 단위單位와 관련關聯된 攝氏(섭씨)나 華氏(화씨)에서도 살펴볼 수 있다.

攝氏는 스웨덴인Sweden人 셀시우스Celsius의 중국中國 음역어音譯語 '섭이사攝爾思' 표기表記와 관련이 있다. 그는 얼음의 녹는점을 0℃, 물의 끓는점을 100℃로 하여 그 사이를 100등분

파렌하이트

等分한 단위單位를 고안考案했다. 따라서 그와 관련된 기호記號인 ℃를 攝氏라 했다.

반면에 華氏는 독일인獨逸人 파렌하이트Fahrenheit의 중국 음역어 '화륜해華倫海' 표기와 관련이 있다. 그는 얼음의 녹는점을 32°F, 물의 끓는점을 212°F로 하여 그 사이를 등분한 온도 단위를 고안했다. 따라서 그와 관련된 기호인 °F를 華氏라 했다.

종씨나 형씨, 또는 형수씨와 제수씨

뿐만 아니라 氏자는 宗氏(종씨)[9]나 兄氏(형씨)[10], 또는 兄嫂氏(형수씨)[11]나 弟嫂氏(제수씨)[12] 등에서도 그 쓰임을 볼 수 있다.

宗氏는 '같은 성을 쓰는 종족[宗]으로 촌수를 따질 정도가 못 되는 사람[氏]'을 이른다. 兄氏는 '잘 알지 못하는 사이에서, 자기보다 나이가 더 많아 형[兄]처럼 보이는 사람[氏]'을 이른다.

兄嫂氏는 '서로 알고 지내는 남자 가운데 형[兄]의 아내[嫂] 되는 사람[氏]'을 이른다. 반면에 弟嫂氏는 '서로 알고 지내는 남자 가운데 동생[弟]의 아내[嫂] 되는 사람[氏]'을 이른다. 季嫂氏(계수씨)라고도 한다.

氏자는 '각시'의 뜻을 지니기도

또 氏자는 '각시'의 뜻을 지니기도 한다. 옛날에 부인婦人은 친정親庭의 성씨에 氏자를 붙여 이름을 대신했기 때문에 생긴 뜻이 바로 '각시'다. 율곡栗谷 선생先生의 어머니를 師任堂申氏(사임당신씨)라 부를 때, 氏자가 바로 그런 경우로 쓰였다.

오 만원권 지폐의 신사임당

師任堂의 '師任'은 호號인데, 師[스승 사]자는 '스승으로 삼다(모범으로 삼다)'의 의미로 쓰였다. 任[맡길 임]자는 주문왕周文王의 어머니인 태임太任을 이른다. 곧 태임[任]을 스승으로 삼겠다[師]는 의미로 '師任'이란 호를 직접 지은 것이다. 후대後代에 여자임을 알기 쉽도록 안주인이 기거寄居하는 집[堂]이라는 뜻의 堂[집 당]자를 붙여 '師任堂'이라 부르게 되었다. 본 이름은 언급言及된 문헌文獻이 오늘날까지 발견發見되지 않아 정확正確히 알 수 없고, 친정親庭의 성姓인 申(신)자에 부인夫人을 이르는 '각시'의 뜻을 지닌 氏(씨)자를 붙여 지칭指稱한 것이다.

문왕의 할머니 태강, 어머니 태임, 부인 태사

방상시와 대월지

방상시

나아가 氏자는 方相氏(방상시)[13]에서처럼 본음本音인 '시'로도 읽히며, 大月氏(대월지)에서처럼 '나라 이름'으로 쓰일 때는 그 음이 '지'로도 읽힌다.

方相氏는 음력陰曆 섣달 그믐날에 묵은해의 마귀魔鬼와 사신邪神을 쫓아내려고 베풀던 국가적國家的 의식儀式인 나례儺禮나 장례葬禮 행렬行列에서 '악귀惡鬼를 쫓아내는 네모난[方] 모양

[相]의 탈을 쓴 사람[氏]'을 이른다. 탈에는 네 눈이 있다. 또 몸에는 붉은 옷에 검은 치마를 걸치고, 손에는 창槍과 방패防牌를 들고 있다.

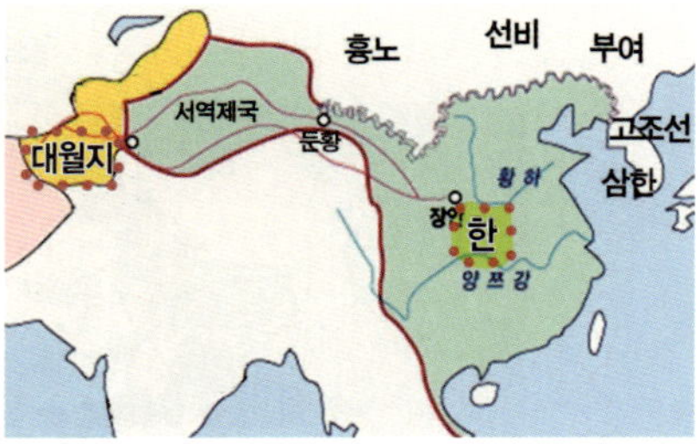

대월지와 한나라

大月氏는 중국中國 전국시대戰國時代에서 한漢나라 때까지 중앙아시아中央亞細亞 아무다르야강 유역流域에서 활약活躍한 이란계 또는 투르크계의 민족民族이 세운 나라 이름이다. 大月氏는 불교佛教를 받아들이고 불교가 매우 유행流行하면서 북쪽 실크로드를 통해 불교라는 종교宗教가 없었던 동아시아東亞細亞에 불교를 전파傳播하는 데 큰 영향影響을 끼쳤다.